Kohlhammer

Die Autorinnen

Prof. Dr. Natalie Fischer ist Diplompsychologin und seit 20 Jahren in der Lehrerbildung und Bildungsforschung tätig. Seit 2014 hat sie die Professur für Erziehungswissenschaft mit dem Schwerpunkt »Soziale Beziehungen in der Schule« an der Universität Kassel inne. Ihre Forschung umfasst u. a. Evaluations- und Interventionsstudien im Zusammenhang mit (inklusiver) Ganztagsschule sowie mit der Professionalisierung von Lehrpersonen und pädagogischem Personal. Dabei stehen Zusammenhänge der Beziehungen aller an Schule Beteiligten mit der Entwicklung von Schülerinnen und Schülern in der Sekundarstufe I im Mittelpunkt.

Dr. Petra Richey hat an der Universität Tübingen Erziehungswissenschaft und Romanistik studiert und zum Thema »Lehrer-Schüler-Beziehung« promoviert. Seit 2016 ist sie wissenschaftliche Mitarbeiterin an der Professur für Erziehungswissenschaft mit dem Schwerpunkt »Soziale Beziehungen in der Schule« an der Universität Kassel. Ihre Forschung umfasst u. a. Lehrer-Schüler-Beziehung (v. a. normative Erwartungen, anerkennendes und verletzendes Verhalten von Lehrpersonen), Unterrichtsqualität und videobasierte Unterrichtsforschung.

Natalie Fischer, Petra Richey

Pädagogische Beziehungen für nachhaltiges Lernen

Eine Einführung für Studium und Unterrichtspraxis

Verlag W. Kohlhammer

Dieses Werk einschließlich aller seiner Teile ist urheberrechtlich geschützt. Jede Verwendung außerhalb der engen Grenzen des Urheberrechts ist ohne Zustimmung des Verlags unzulässig und strafbar. Das gilt insbesondere für Vervielfältigungen, Übersetzungen, Mikroverfilmungen und für die Einspeicherung und Verarbeitung in elektronischen Systemen.

Die Wiedergabe von Warenbezeichnungen, Handelsnamen und sonstigen Kennzeichen in diesem Buch berechtigt nicht zu der Annahme, dass diese von jedermann frei benutzt werden dürfen. Vielmehr kann es sich auch dann um eingetragene Warenzeichen oder sonstige geschützte Kennzeichen handeln, wenn sie nicht eigens als solche gekennzeichnet sind.

Es konnten nicht alle Rechtsinhaber von Abbildungen ermittelt werden. Sollte dem Verlag gegenüber der Nachweis der Rechtsinhaberschaft geführt werden, wird das branchenübliche Honorar nachträglich gezahlt.

Dieses Werk enthält Hinweise/Links zu externen Websites Dritter, auf deren Inhalt der Verlag keinen Einfluss hat und die der Haftung der jeweiligen Seitenanbieter oder -betreiber unterliegen. Zum Zeitpunkt der Verlinkung wurden die externen Websites auf mögliche Rechtsverstöße überprüft und dabei keine Rechtsverletzung festgestellt. Ohne konkrete Hinweise auf eine solche Rechtsverletzung ist eine permanente inhaltliche Kontrolle der verlinkten Seiten nicht zumutbar. Sollten jedoch Rechtsverletzungen bekannt werden, werden die betroffenen externen Links soweit möglich unverzüglich entfernt.

1. Auflage 2021

Alle Rechte vorbehalten
© W. Kohlhammer GmbH, Stuttgart
Gesamtherstellung: W. Kohlhammer GmbH, Stuttgart

Print:
ISBN 978-3-17-036885-9

E-Book-Formate:
pdf: ISBN 978-3-17-036886-6
epub: ISBN 978-3-17-036887-3
mobi: ISBN 978-3-17-036888-0

Vorwort

An welche Lehrperson haben Sie besondere Erinnerungen? Da müssen die meisten Menschen nicht lange nachdenken – schnell fällt ihnen die Lehrerin ein, die das Interesse für ein bestimmtes Thema geweckt hat, der Lehrer, bei dem Mathematik zum ersten Mal Spaß gemacht hat oder aber auch die Lehrperson, wegen der man nächtelang nicht schlafen konnte und am liebsten gar nicht mehr in die Schule gegangen wäre. Auch wenn die gemeinsame Zeit mit diesen Personen kurz war und sich die Beziehung nur im Kontext der Schule abspielte, bleibt sie doch oft lange im Gedächtnis.

Die Beziehung von Schülerinnen und Schülern und ihren Lehrpersonen beeinflusst nicht nur thematische Interessen und die Einstellung zum Lernen und zur Schule allgemein, sondern kann auch die Entwicklung der Persönlichkeit sowie den Lebensweg der Schülerinnen und Schüler entscheidend (mit-)beeinflussen. Dementsprechend gibt es in der Psychologie und in der Erziehungswissenschaft schon lange Bestrebungen, die Natur dieser Beziehung zu fassen und zu beschreiben, wie pädagogische Beziehungen gestaltet sein müssen, um das Lernen der Schülerinnen und Schüler zu unterstützen. Dennoch war die Bedeutsamkeit dieses Themas lange umstritten, es bekommt jedoch in den letzten zehn Jahren zunehmend mehr Aufmerksamkeit.

Trotz aller Unterschiedlichkeit der beteiligten Personen, ihrer Präferenzen und spezifischen Bedürfnisse gibt es inzwischen aus Theorie und Forschung viele Hinweise darauf, welche Merkmale der Beziehungsgestaltung nachhaltig wirksames Lernen unterstützen können und wie Unterricht gestaltet sein sollte, um Voraussetzungen des Lernens, wie das schulische Wohlbefinden, Motivation und Interesse sowie die Selbststeuerung bei den Lernenden, aber auch die Gesundheit der Lehrenden, zu fördern. Die Intention dieses Bandes ist es, diese Erkenntnisse für (angehende) Lehrpersonen praktisch nutzbar zu machen. Er soll eine verständliche und praxisrelevante Einführung geben, die aktuell diskutierte Theorien und den zugehörigen Forschungsstand aufbereitet und anhand von Beispielen aus der Unterrichtspraxis nachvollziehbar macht. Die verwendete Literatur bietet den interessierten Leserinnen und Lesern weitere Möglichkeiten, sich vertieft und kritisch mit den jeweiligen Schwerpunkten auseinanderzusetzen. Die jeweils abgeleiteten Hinweise für die Schul- und Unterrichtspraxis können individuell zur Reflexion der eigenen Beziehungsgestaltung im Unterricht genutzt werden.

Bei der Entstehung des Buches haben neben den Autorinnen weitere Personen mitgewirkt. Wir danken unseren Testlesenden, die uns kritische und wertvolle Rückmeldungen zu Relevanz, Verständlichkeit und Nachvollziehbarkeit der Inhalte aus der Sicht von Lehramtsstudierenden und eines Oberstufenschülers gaben: Tom Fischer, Yannik Himstedt, Selime Miftari und Timo Schmitz. Für die Mitarbeit bei Korrekturen, Format und Literaturverzeichnis danken wir Ute Ochtendung und Selime Miftari. Zudem bedanken wir uns bei den Studierenden und (ehemaligen) Schülerinnen und Schülern, die uns die Beispiele für den vorliegenden Band geliefert haben.

Kassel, Mai 2021
Natalie Fischer & Petra Richey

Inhaltsverzeichnis

Vorwort		**5**

I	**Voraussetzungen und Ziele schulischen Lernens**	

1	**Nachhaltiges Lernen als Ziel schulischer Bildung**	**13**
1.1	Nachhaltiges Lernen und die gemäßigt konstruktivistische Perspektive	13
1.2	Nachhaltiges Lernen für das Leben nach der Schule	16
1.3	Voraussetzungen und Ziele nachhaltigen Lernens	20
1.4	Lernumgebungen für nachhaltiges Lernen	28

II	**Bedingungen und Wirkungen pädagogischer Beziehungen**	

2	**Pädagogische Beziehungen in Schule und Unterricht**	**33**
2.1	Begriffsbestimmung	33
2.2	Rahmenbedingungen pädagogischer Beziehungen in der Schule	41
2.3	Pädagogische Beziehungen als Merkmale guten Unterrichts	46
2.4	Pädagogische Beziehungen und Lehrerbelastung	55

III Beziehungsgestaltung als Voraussetzung nachhaltigen Lernens im Unterricht: Theorien und Forschungsergebnisse

3	Erwartungen von Lehrpersonen und Beziehungsgestaltung	61
3.1	Normative Erwartungen	62
3.2	Antizipatorische Erwartungen: Pygmalion und Golem	67
3.3	Stör- und Fehlerquellen bei der Personenwahrnehmung	70
3.4	Ergebnisse der Schul- und Unterrichtsforschung	73
3.5	Schlussfolgerungen für die Schul- und Unterrichtspraxis	79

4	Humanistisch orientierte Grundlagen der Beziehungsgestaltung	82
4.1	Grundannahmen humanistischer Psychologie und Pädagogik	82
4.2	Die Lernenden im Zentrum: Personenzentrierte Ansätze	84
4.3	Drei Grundbedürfnisse: Die Bedeutung der Selbstbestimmungstheorie für pädagogische Beziehungen	89
4.4	Ergebnisse der Schul- und Unterrichtsforschung	94
4.5	Schlussfolgerungen für die Schul- und Unterrichtspraxis	101

5	Anerkennungstheoretische Grundlagen der Beziehungsgestaltung	103
5.1	Anerkennung in pädagogischen Beziehungen	105
5.2	Missachtung in pädagogischen Beziehungen	110
5.3	Ergebnisse der Schul- und Unterrichtsforschung	112
5.4	Schlussfolgerungen für die Schul- und Unterrichtspraxis	119

6	**Vertrauenstheoretische Grundlagen der Beziehungsgestaltung**	**123**
6.1	Vertrauen im Kontext Schule	126
6.2	Personales Vertrauen in pädagogischen Beziehungen: Die differentielle Vertrauenstheorie	127
6.3	Ergebnisse der Schul- und Unterrichtsforschung	133
6.4	Schlussfolgerungen für die Schul- und Unterrichtspraxis	138

IV Pädagogische Beziehungen und Schulorganisation

7	**Pädagogische Beziehungen und Inklusion**	**145**
7.1	Inklusive Schulen	146
7.2	Inklusion und nachhaltiges Lernen	154
7.3	Beziehungsgestaltung in inklusiven Schulen	156
7.4	Ergebnisse der Schul- und Unterrichtsforschung	158
7.5	Hinweise für die Beziehungsgestaltung in inklusiven Schulen	165

8	**Pädagogische Beziehungen in Ganztagsschulen**	**167**
8.1	Organisation von Ganztagsschulen in Deutschland	167
8.2	Potenziale der Ganztagsschule	170
8.3	Ergebnisse der Schul- und Unterrichtsforschung	177
8.4	Hinweise für die beziehungsförderliche Gestaltung von Ganztagsschulen	183

Abbildungs- und Tabellenverzeichnis — **185**

Literaturverzeichnis — **187**

I

Voraussetzungen und Ziele schulischen Lernens

Die Qualität von Lernumgebungen kann immer nur in Bezug auf bestimmte Ziele beurteilt werden. Die Gestaltung eines positiven Beziehungsklimas im Unterricht steht im Dienste des Bildungs- und Erziehungsauftrags der Schule und der Vorbereitung der Schülerinnen und Schüler auf das Leben nach der Schule. Im ersten Kapitel des vorliegenden Bandes wird daher zunächst das *nachhaltige Lernen* als Ziel schulischer Bildung eingeführt. Dabei wird ausgehend von einer *gemäßigt konstruktivistischen Perspektive* dargestellt, welche Merkmale der Lernumgebung nachhaltiges Lernen unterstützen (▶ Kap. 1.1) und welche relevanten Kompetenzen in Bezug auf lebenslanges Lernen, Studier- und Ausbildungsfähigkeit dabei erworben werden können (▶ Kap. 1.2). Schließlich wird, basierend auf dem Prozessmodell selbstregulierten Lernens, die Bedeutung von *Motivation, Lernstrategien, Emotionen* und *schulischem Wohlbefinden* in konstruktivistischen Lernsettings thematisiert. Diese Merkmale stellen gleichzeitig Ziele und Voraussetzungen nachhaltigen Lernens dar (▶ Kap. 1.3). Zuletzt werden didaktische Hinweise zur Realisierung von Lernumgebungen für nachhaltiges Lernen gegeben (▶ Kap. 1.4).

1

Nachhaltiges Lernen als Ziel schulischer Bildung

1.1 Nachhaltiges Lernen und die gemäßigt konstruktivistische Perspektive

Bereits im alten Rom wurde kritisiert, dass die Schulbildung eher lebensfern sei. »Non vitae sed scholae discimus« (Nicht für das Leben, sondern für die Schule lernen wir; Briefe an Lucilius 106, 12). So formulierte es Seneca im ersten Jahrhundert nach Christus als Kritik an den Philosophenschulen dieser Zeit (Bartels, 2006). Fast 2000 Jahre später findet sich eine ähnliche Kritik bei Gruber, Mandl und Renkl (2000). Schulisches und hochschulisches Lernen führe zu *trägem Wissen*, welches für die Lösung komplexer, alltagsnaher Probleme nicht zu gebrauchen sei. Es bestehe also eine Kluft zwischen Wissen und Handeln.

Im Sprachgebrauch hat sich die Umkehrung von Senecas Satz »Nicht für die Schule, sondern für das Leben lernen wir« durchgesetzt und wird häufig ins Feld geführt, wenn sich Schülerinnen und Schüler über ihr

Pensum beschweren, den Sinn des Lernens in Frage stellen, negative Emotionen mit dem Lernen verbinden oder oberflächliche Lernstrategien anwenden, die nur darauf ausgelegt sind, den Lernstoff bei der nächsten Klassenarbeit abrufen zu können (sogenanntes Bulimie-Lernen). Dahinter steckt der Wunsch, die Schülerinnen und Schüler mögen das Gelernte dauerhaft behalten und anwenden können – kurz: Das Lernen soll nachhaltig sein.

Nachhaltiges Lernen wird hier im Sinne des »Lernens für das Leben« verstanden (z. B. Schüßler, 2004). Im Gegensatz zu trägem Wissen soll das Gelernte ...

1. dauerhaft wirksam (gespeichert und abrufbar),
2. über verschiedene Kontexte hinweg nutz- und transferierbar,
3. lebensnah und zukunftsrelevant sein.

Auch das angewendete *Lernverhalten* selbst soll nachhaltig wirksam sein. Der Erwerb nachhaltigen Wissens steht daher auch immer im Dienste des Erwerbs von weiteren Kompetenzen (Stadelmann, 2017). Nachhaltiges Lernen sollte also auch

4. die Bereitschaft und Befähigung zu lebenslangem Lernen fördern.

Nachhaltiges Lernen weist somit Bezüge zu verschiedenen lerntheoretischen psychologischen und pädagogischen Konzepten auf.

Die Grundannahmen beruhen auf dem *Informationsverarbeitungsansatz* des Lernens und dem Mehrspeichermodell des Gedächtnisses. Nachhaltig ist Wissen dann, wenn es (1) den Langzeitspeicher erreicht und (2) in vielfältigen Situationen abrufbar ist. Aus der Forschung in diesem Kontext ist auch bekannt, dass der Aufbau von Wissen sich kumuliert, d. h., dass der Wissenserwerb bei vorhandenem Vorwissen erleichtert wird (lebenslanges Lernen). Gleichzeitig wird hier die Bedeutung von Lernstrategien und Motivation für den Wissensaufbau betont (Hasselhorn & Gold, 2017), diese Komponenten sind ebenfalls Voraussetzungen des lebenslangen Lernens (4).

Hinsichtlich der zu lernenden zukunftsrelevanten und lebensnahen Inhalte (3) lassen sich Bezüge zum *Literacy-Konzept* herstellen, welches den Bildungsstandards der KMK sowie den internationalen Leistungsvergleichen in den PISA-Studien zugrunde liegt (Köller, 2018). Literacy (Grundbildung in Bezug auf verschiedene Domänen wie z. B. Lesen und Schreiben) beinhaltet Basisqualifikationen, die soziale und kulturelle Teilhabe sowie lebenslanges Lernen ermöglichen.

1 Nachhaltiges Lernen als Ziel schulischer Bildung

Bei der Gestaltung von Lernumgebungen für nachhaltiges (fachbezogenes) Lernen gilt es also, die Förderung weiterer Kompetenzen mit einzuplanen. Didaktisch wird dabei eine *konstruktivistische* Perspektive auf das Lernen zugrunde gelegt (▶ Abb. 1.1).

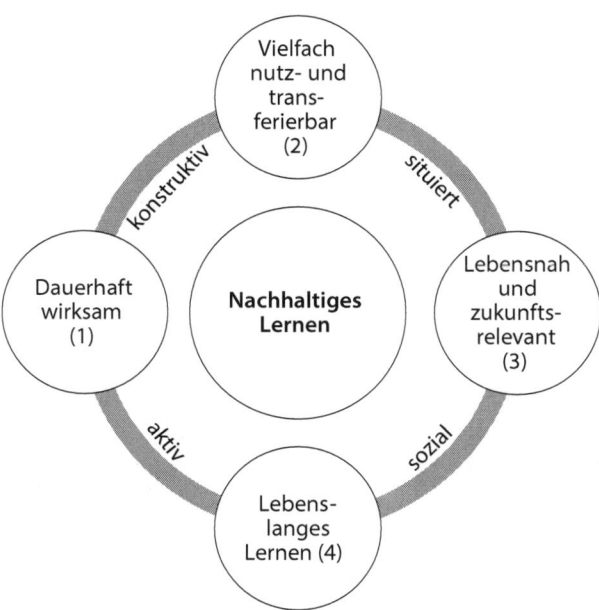

Abb. 1.1: Elemente nachhaltigen Lernens und konstruktivistischer Lernumgebungen

Der Ausgangspunkt ist, dass Wissen individuell und *sozial* (gemeinsam mit anderen) (ko-)*konstruiert* und erweitert wird. Das Lernen erfolgt also einerseits *selbstgesteuert*, andererseits kooperativ. Wichtig ist, dass die Lernenden sich *aktiv* mit dem Gegenstand auseinandersetzen. Dabei werden Ansätze *situierten Lernens* zugrunde gelegt. Lernen findet demnach in konkreten Situationen im sozialen Raum statt und ist an bestimmte Verwendungskontexte gebunden (Reinmann & Mandl, 2006). Daher sollten Aufgabenstellungen möglichst alltagsnah erfolgen. Lernende sollen ihr Wissen anhand *authentischer Probleme* konstruieren. Die Wissenskonstruktionen werden mit situationsspezifischen Eindrücken und Gegebenheiten verknüpft, daher ist es wichtig, Transfer sowie (durch Austausch und Diskussion) die Auseinandersetzung mit multiplen Perspektiven gezielt einzuplanen. Die Lehrperson begleitet bei der Konstruktion von Wissen und hebt immer wieder Verbindungen von Wissen und Handeln hervor.

I Voraussetzungen und Ziele schulischen Lernens

> **Die kognitive Meisterlehre als Methode situierten Lernens**
> Eine Methode situierten Lernens, die einen Kompromiss zwischen Selbst- und Fremdsteuerung (durch die Lehrperson) darstellt, ist die sogenannte *kognitive Meisterlehre*, in der Schülerinnen und Schüler als Novizen und die Lehrpersonen als Expertinnen bzw. Experten angesehen werden. Anhand von alltagsnahen Problemen modelliert die Lehrperson den Weg zur Lösung und die Lernenden ahmen dies zunächst nach. Selbstständiges Problemlösen wird durch schrittweisen Rückzug der Lehrenden aus dem Geschehen ermöglicht. Dieses Prinzip wird auch beim *reziproken Lehren* genutzt, bei dem die Schülerinnen und Schüler abwechselnd die Lehrendenrolle übernehmen und kooperativ lernen. Diese Methode ist nach den Daten aus Hatties (2009) Synthese von Metaanalysen unter den Top Ten der wirksamen Lehrmethoden (Hasselhorn & Gold, 2017).

Diese Art des Lehrens erfordert einerseits die Abgabe von Verantwortung für den Lernprozess an die Lernenden, andererseits eine gute Strukturierung durch die Lehrperson im Sinne einer »Balance zwischen Instruktion und Konstruktion« (Reinmann & Mandl, 2006, S. 639). Gerade für leistungsschwächere Schülerinnen und Schüler ist ein hoher Strukturierungs- und Lenkungsgrad wichtig für positive Effekte konstruktivistischer Lernumgebungen. Daher wird in Bezug auf die Vermeidung von trägem Wissen von einer »gemäßigt konstruktivistischen Position« gesprochen (ebd., S. 637). Neben den Grundprinzipien Aktivität, Selbststeuerung, Konstruktion, Situiertheit und sozialer Bezug wird die Rolle von Emotionen und Motivation für das nachhaltige Lernen betont. Fähigkeiten zum selbstgesteuerten und kooperativen Lernen sowie Motivation und positive Emotionen beim Lernen sind somit gleichzeitig Voraussetzung und Ziel nachhaltigen Lernens (▶ Kap. 1.3).

1.2 Nachhaltiges Lernen für das Leben nach der Schule

Nachhaltiges Lernen sollte Schülerinnen und Schüler also optimal auf das Leben nach der Schule vorbereiten und umfasst vielfältige Inhalte. Im Folgenden soll die Perspektive auf die zu lernenden Kompetenzen, Fähigkeiten und Fertigkeiten erweitert und mit dem Bildungs- und Erziehungsauftrag der Schule sowie den Anforderungen an Ausbildungs- und Studierfähigkeit in Verbindung gebracht werden.

Der Bildungs- und Erziehungsauftrag der Schule, der in den Schulgesetzen der Bundesländer verankert ist, ist in allen Ländern auf soziale und demokratische Werte sowie die Förderung eigenständigen Handelns ausgerichtet. Diese Ziele, die außerhalb der Vermittlung von Fachwissen liegen, werden von Eltern und Lehrpersonen übereinstimmend als wichtig, jedoch in der Schule als wenig umgesetzt, angesehen (Drahmann et al., 2018). Unterscheidet man, wie die Schulqualitätsforschung, zwischen fachspezifischen und bereichsübergreifenden Wirkungen von Schule, so erfolgt nach Ansicht der Befragten in der Schule eine Konzentration auf die fachliche Förderung. Für Lehrpersonen stehen bei der Unterrichtsplanung häufig die in einem Schul(halb)jahr zu vermittelnden fachlichen Kompetenzen und curricularen Inhalte im Vordergrund. Dabei kann es allerdings nicht das Ziel sein, träges und nur kurzfristig abrufbares Wissen zu vermitteln (▶ Kap. 1.1).

So sieht z. B. das Hessische Kultusministerium (HKM) insbesondere die Vermittlung von Selbstständigkeit und Schlüsselqualifikationen als wichtige Qualitätsmerkmale von Schule und Unterricht an:

> »Der globale Wandel und die damit verbundenen Umbrüche erfordern heute von zukünftigen Erwachsenen eine ständige Neuorientierung in komplexer werdenden Lebenssituationen, um handlungsfähig zu sein. Zur Bewältigung dieser Herausforderungen sind Lernformen nötig, die Selbstständigkeit und entsprechende Kompetenzen fördern. Die Beherrschung von ›Schlüsselqualifikationen‹ wird im Beruf vorausgesetzt« (Brömer et al., 2013, S. 38).

Im Folgenden wird darauf eingegangen, was man sich unter Schlüsselqualifikationen vorstellen kann, dabei werden zunächst die Schlüsselkompetenzen der OECD in den Blick genommen und schließlich die für Studium und Berufsausbildung benötigten Qualifikationen.

Als *Schlüsselkompetenzen* werden häufig Sozialkompetenz, Selbstkompetenz, Methodenkompetenz und Sach- (bzw. Fach-)Kompetenz unterschieden. Solche Kompetenzen ermöglichen es, mit komplexen Anforderungen der Umwelt und der Gesellschaft umzugehen und ein erfolgreiches Leben zu führen. Es gibt zahlreiche Listen und Aufzählungen von Schlüsselkompetenzen, die hier nicht umfassend behandelt werden sollen. Die OECD (2005) fasst Schlüsselkompetenzen unter drei Oberkategorien zusammen, die sich überschneiden und ergänzen (▶ Abb. 1.2). Jeder einzelne Bereich beinhaltet sehr unterschiedliche Kompetenzen. Unter die *Interaktive Anwendung von Medien und Mitteln* fallen z. B. so unterschiedliche Dinge wie

I Voraussetzungen und Ziele schulischen Lernens

sprachliche, mathematische und Lesekompetenzen sowie die interaktive Anwendung von Informationstechnologien.

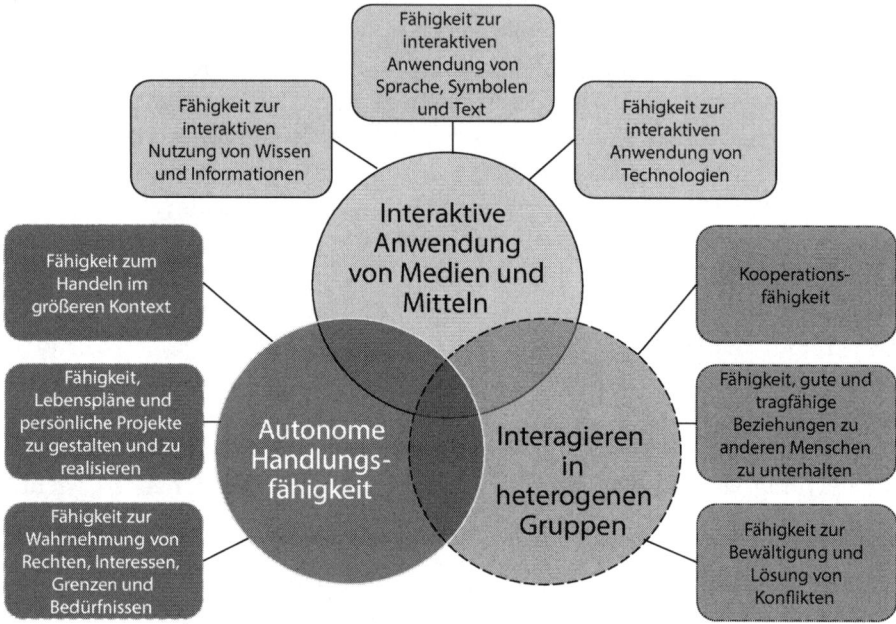

Abb. 1.2: Schlüsselkompetenzen der OECD (2005; eigene Darstellung)

Nachhaltige fachbezogene Lernprozesse fördern (und erfordern) immer auch zukunftsrelevante Schlüsselkompetenzen. Dies leitet direkt zu der Frage nach den Schlüsselqualifikationen über, die Schulabgängerinnen und -abgänger aufweisen sollten, um eine Berufsausbildung oder ein Studium erfolgreich absolvieren zu können.

In Bezug auf die *Ausbildungsfähigkeit* legt die Bundesagentur für Arbeit (BfA, 2009) einen *Kriterienkatalog zur Ausbildungsreife* vor, anhand dessen Schulabgängerinnen und Schulabgänger überprüfen können, inwieweit sie die nötigen Kenntnisse und Fähigkeiten besitzen. Diese sind in schulische Basiskenntnisse, psychologische Leistungsmerkmale sowie psychologische Merkmale des Arbeitsverhaltens und der Persönlichkeit unterteilt (▶ Tab. 1.1). Daneben gibt es noch die Kategorien Physische Merkmale (altersgerechter Entwicklungsstand und gesundheitliche Voraussetzungen) und Berufswahlreife (Selbsteinschätzungs- und Informationskompetenz). Die Merkmale der Ausbildungsreife weisen einen großen Überschneidungsbereich mit den OECD-Schlüsselkompetenzen auf (▶ Abb. 1.2).

Interessant ist nun die Frage, wie die Ausbildungsbetriebe die verschiedenen Kompetenzen gewichten. Eine regelmäßige Befragung an mehr als 10.000 Ausbildungsunternehmen durch die Deutsche Industrie- und Handelskammer (DIHK) zeigt seit Jahren, dass gerade die Merkmale des Arbeitsverhaltens und der Persönlichkeit (▶ Tab. 1.1) für die Betriebe von Bedeutung sind:

> »Immer mehr Unternehmen erkennen: Fachlich Versäumtes kann durch Nachhilfe ausgeglichen werden. Sozialkompetenzen lassen sich hingegen nicht so leicht nachholen. Dies schlägt sich auf die Eignungsfeststellung von künftigen Azubis nieder« (DIHK, 2019, S. 10).

Tab. 1.1: Merkmale der Ausbildungsreife aus dem Kriterienkatalog der BfA (2009)

Schulische Basiskenntnisse	Psychologische Leistungsmerkmale	Psychologische Merkmale des Arbeitsverhaltens und der Persönlichkeit
• (Recht-)Schreiben • Lesen, mit Texten und Medien umgehen • Sprechen und Zuhören • Mathematische Grundkenntnisse • Wirtschaftliche Grundkenntnisse	• Sprachbeherrschung • Rechnerisches Denken • Logisches Denken • Räumliches Vorstellungsvermögen • Merkfähigkeit • Bearbeitungsgeschwindigkeit • Befähigung zur Daueraufmerksamkeit	• Durchhaltevermögen und Frustrationstoleranz • Kommunikationsfähigkeit • Konfliktfähigkeit • Kritikfähigkeit • Leistungsbereitschaft • Selbstorganisation und Selbstständigkeit • Sorgfalt • Teamfähigkeit • Umgangsformen • Verantwortungsbewusstsein • Zuverlässigkeit

Aber auch für ein erfolgreiches Studium werden u. a. soziale Kompetenzen benötigt. Dies ergab z. B. eine Studie der Universität Hamburg, in der Studierende und Dozierende befragt wurden, welche Anforderungen sich im ersten Studienjahr stellen (▶ Abb. 1.3; vgl. Schultes et al., 2016). Studierfähigkeit lässt sich demnach als die Fähigkeit, mit *inhaltlichen, personalen, sozialen* und *organisatorischen* Anforderungen im Studium umzugehen, beschreiben (Schultes et al., 2016). Der Ausbildungsmarkt genauso wie die Universität erwarten von den ehemaligen Schülerinnen und Schülern neben fachlichen Kenntnissen also auch bereichsübergreifende (Schlüssel-) Kompetenzen.

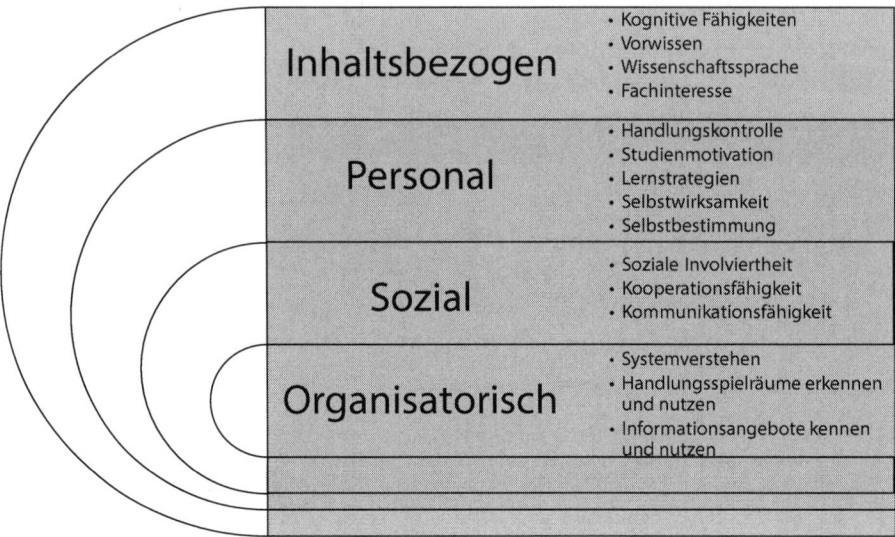

Abb. 1.3: Komponenten der Studierfähigkeit

Nun bedeutet das nicht, dass fachliches Lernen (Sachkompetenz) unwichtig wäre. Denn »[n]ur indem bereichsspezifische Kompetenzen (Expertisen) aufgebaut werden, können auch bereichsübergreifende Kompetenzen aufgebaut werden, die diesen Namen verdienen« (Hasselhorn & Gold, 2017, S. 142). Die genannten Anforderungen sprechen allerdings dafür, in der Schule das nachhaltige Lernen zu unterstützen, bei dem bereichsübergreifende Kompetenzen in der Auseinandersetzung mit fachlichen Inhalten gefördert werden.

1.3 Voraussetzungen und Ziele nachhaltigen Lernens

Hasselhorn und Gold (2017) unterscheiden unter den *bereichsübergreifenden* Schlüsselkompetenzen kognitive (z. B. Lernstrategien), motivationale (z. B. Lernfreude) und volitionale (z. B. Selbstkontrolle) Kompetenzen. Im Folgenden soll dargelegt werden, welche Rolle Motivation, Lernstrategien, Emotionen und schulisches Wohlbefinden für den *selbstregulierten* Lernprozess spielen. Es wird davon ausgegangen, dass die Lernenden ihren Lernprozess selbst initiieren, planen, überwachen und bewerten. Damit wird der konstruktivistischen Sichtweise einer aktiven selbstgesteuerten Konstruktion von Wissen Rechnung getragen (▶ Kap. 1.1).

Nach dem Prozessmodell des selbstregulierten Lernens von Schmitz und Schmidt (2007, S. 12; ▶ Abb. 1.4) beginnt der Lernprozess in der präaktionalen Phase mit der Handlungsplanung (u. a. Planung des Strategieeinsatzes) und Lernvorbereitung.

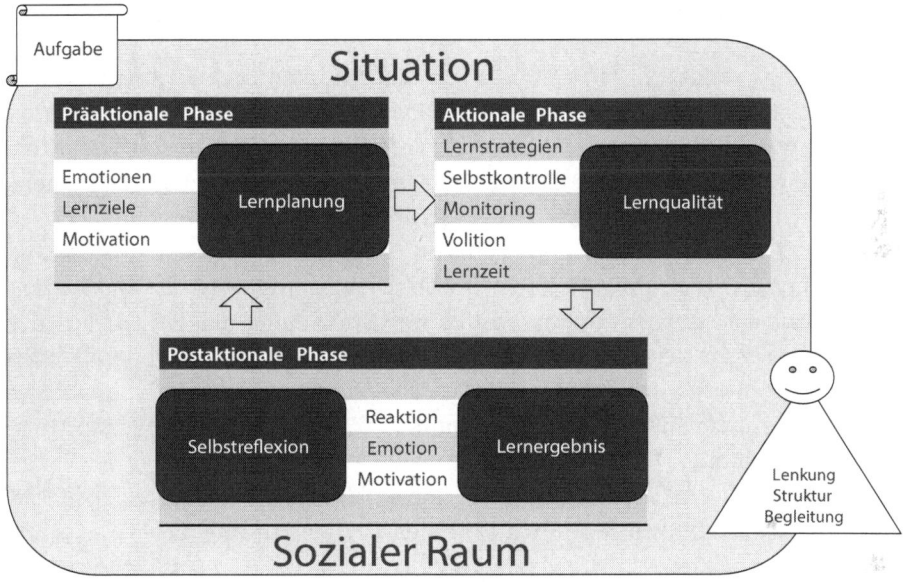

Abb. 1.4: Gemäßigt konstruktivistische Sichtweise auf selbstreguliertes nachhaltiges Lernen

Diese Planung wird in der aktionalen Phase umgesetzt (Lernqualität) und führt zum Lernergebnis. In der postaktionalen Phase werden schließlich der Lernprozess und das Ergebnis vom Lernenden selbst bewertet und mit der Planung abgeglichen. Da der Lernprozess als Zyklus betrachtet wird, also die jeweilige Bewertung sich auf zukünftiges Lernen auswirkt, entwickeln sich die in jeder Phase aktiven Strategien und weiteren bereichsübergreifenden Kompetenzen beim fachlichen Lernen weiter, womit die Voraussetzungen für lebenslanges Lernen geschaffen und erweitert werden.

Verbindet man dies mit der gemäßigt konstruktivistischen Sichtweise von nachhaltigem Lernen, so erfolgt die Selbstregulation nicht nur in Abhängigkeit von der Lernaufgabe sowie dem Kontext bzw. der Lernsituation (situiert), sondern auch im sozialen Raum (ko-konstruktiv bzw. kooperativ). Die Lehrperson begleitet und unterstützt, je nach Leistungsniveau und weiteren Merkmalen der Lernenden, mit mehr oder weniger Lenkung und Strukturierung (▶ Abb. 1.4).

In den verschiedenen Phasen des Prozessmodells werden Motivation, Emotionen und Lernstrategien auf verschiedene Weise wirksam und weiterentwickelt.

1.3.1 Motivation

Eine häufig genutzte Definition beschreibt Motivation als »aktivierende Ausrichtung des momentanen Lebensvollzugs auf einen positiv bewerteten Zielzustand« (Rheinberg & Vollmeyer, 2012, S. 15). Dies macht deutlich, dass eine positive Bewertung des Lerngegenstandes, aber auch des Lernens an sich wichtig ist, um Lernprozesse anzuregen. Im Prozessmodell selbstregulierten Lernens (▶ Abb. 1.4) bestimmt Motivation die Lernvorbereitung und Planung in der präaktionalen Phase. Gleichzeitig wird die Motivation für zukünftiges Lernen durch das Lernergebnis und die Bewertung des Lernprozesses in der postaktionalen Phase beeinflusst. Eine generell hoch ausgeprägte Motivation zu lernen kann als Voraussetzung für lebenslanges Lernen verstanden werden und ist somit ein Ziel nachhaltiger Lernprozesse im Unterricht.

Hier kann ein direkter Bezug zum Konzept der motivationalen Orientierungen hergestellt werden. Ein Fokus der Lernenden auf die Erweiterung des eigenen Wissens und eigener Fähigkeiten wird als *Lernzielorientierung* bezeichnet. Diese kann man von der *Leistungszielorientierung* abgrenzen, bei der es Lernenden hauptsächlich darum geht, sekundäre, externe Ziele zu erreichen (z. B. eine gute Bewertung; Dweck, 1986). Motivationale Orientierungen sind insbesondere im 21. Jahrhundert vielfach erforscht und immer weiter ausdifferenziert worden.[1] Eine Lernzielorientierung der Schülerinnen und Schüler basiert auf der Annahme, dass es grundsätzlich möglich ist, seine eigenen Fähigkeiten zu verbessern, z. B. durch Anstrengung, Lernstrategien oder Unterstützung anderer. Dies wird in der aktuellen Literatur auch als *growth mindset* bezeichnet (Dweck, 2017). Ein *fixed mindset* ist dagegen die Annahme, dass Fähigkeiten eher unveränderbar (angeboren) sind. Insgesamt zeigen sich die Vorteile eines *growth mindsets* und einer Lernziel-

---

1 Lern- und Leistungszielorientierung werden dabei nicht als zwei sich ausschließende Pole einer Dimension betrachtet, sondern können gleichzeitig auftreten und sich in unterschiedlichen Domänen (z. B. Schulfächern) unterscheiden.

orientierung für nachhaltiges Lernen recht deutlich, denn sie hängen mit Interesse, Engagement, Lernfreude und tieferer Verarbeitung von Lerninhalten zusammen (zusf. Covington, 2000; Fischer, 2006).

> **Förderung der Lernzielorientierung im Unterricht**
> Unterricht, der die Entwicklung einer Lernzielorientierung und eines *growth mindset* bei Schülerinnen und Schülern unterstützen soll, zeichnet sich durch die Abgabe von Verantwortung für den Lernprozess an die Lernenden aus. Aufgaben sollen motivierend, herausfordernd und lebensnah sein. Belohnungen sind grundsätzlich für alle Mitglieder der Klasse möglich, da auch Ideen, eigenständiges Arbeiten, Neugier und die Setzung realistischer Ziele positiv bewertet werden. Dabei steht der individuelle Lernfortschritt im Fokus (individuelle Bezugsnormen) und Lern- und Selbstmanagementstrategien sollten stetig angewendet und weiterentwickelt werden. Lernzielorientierte Lernumgebungen sind weiter durch ein positives Fehlerklima sowie vielfältige Lehrmethoden und Aufgabenstellungen gekennzeichnet. Es wird empfohlen, einen Wechsel von Einzel- und Kleingruppenarbeit in flexiblen Gruppierungen vorzunehmen (Wentzel & Brophy, 2014).

Tatsächlich ergeben sich große Überschneidungen der Prinzipien nachhaltigen Lernens (▶ Kap. 1.1; 1.4) mit den Empfehlungen für ein Lernklima, das geeignet ist, eine Lernzielorientierung und ein *growth mindset* zu unterstützen. Ein solcher Unterricht kann sowohl den *subjektiven Wert*, den ein Lernender einem Schulfach beimisst, als auch die *Erwartung*, in diesem Fach gut abschneiden zu können (Selbstwirksamkeitserwartung), beeinflussen (Fischer & Rustemeyer, 2007).

Nach dem erweiterten Erwartungs-Wert-Modell spielen diese beiden Komponenten eine wichtige Rolle für die Motivation, eine (Lern-)Handlung aufzunehmen (Wigfield & Eccles, 2000). Der *subjektive Wert* setzt sich aus dem *Anreiz der Aufgabenausführung* (Interesse und erwartete positive Gefühle bei der Aufgabenausführung), der wahrgenommenen *Nützlichkeit* (für die Erreichung eigener kurz- und langfristiger Ziele) und persönlichen *Wichtigkeit* (z. B. des Faches, der Schule, guten Abschneidens) zusammen. Diese werden ins Verhältnis zu den mit der Aufgabe verbundenen *Kosten* (z. B. negative emotionale Zustände beim Lernen, verpasste Möglichkeiten, aufzuwendende Anstrengung) gesetzt.

Schülerinnen und Schüler sollten also positive Zustände beim Lernen erleben und positive Folgen wahrnehmen. Dies kann zu (gegenstandsbezogenem) Interesse führen (Krapp, 2005) und die Lernmotivation allgemein steigern. Die Nützlichkeit und persönliche Wichtigkeit des Lernstoffes kann beim nachhaltigen Lernen durch alltagsnahe, lebensweltbezogene Aufgaben, die Einplanung von Transfer und das explizite Einüben von Lerntechniken verdeutlicht werden.

1.3.2 Lernstrategien

Der Erfolg gemäßigt konstruktivistischer Lernumgebungen ist in großem Maße abhängig von selbstgesteuerten Lernaktivitäten der Schülerinnen und Schüler, die ihrerseits gelernt werden müssen. Daher ist die Vermittlung und Einübung von Lernstrategien ein Element nachhaltigen Lernens. Hier spielen *kognitive* und *metakognitive* Lernstrategien ebenso eine Rolle wie motivationale, volitionale (willensmäßige) und organisationale *Stützstrategien* (Hasselhorn & Gold, 2017).

Kognitive Lernstrategien werden klassisch in Wiederholungs-, Organisations- und Elaborationsstrategien oder mnemonische, strukturierende und generative Strategien unterteilt. Dabei dienen *mnemonische* Techniken dem Behalten von Informationen im Arbeitsspeicher (z. B. durch Wiederholen), um die Übertragung in das Langzeitgedächtnis zu erleichtern. Bei *strukturierenden* Strategien geht es darum, den Lernstoff sinnvoll zu organisieren und aufeinander zu beziehen (z. B. durch Kategorienbildung), um durch die Zusammenfassung der Inhalte weniger Kapazität im Arbeitsgedächtnis für das Lernen zu benötigen. *Generative* Techniken schließlich sind elaborativ, d. h. der Lernstoff wird mit weiteren Wissensbeständen verknüpft und angereichert. Diese Formen verlangen und erzeugen das *tiefste* Verständnis des zu Lernenden und das Wissen wird über einen längeren Zeitraum gespeichert (ebd.). Es hat sich gezeigt, dass Tiefenverarbeitungsstrategien (strukturierende und generative Techniken) eher bei hoher Lernzielorientierung (▶ Kap. 1.3.1) angewendet werden, während eine Leistungszielorientierung mit Oberflächenstrategien (Wiederholen) verbunden ist (Covington, 2000).

Metakognitive Strategien beziehen sich auf das Wissen über eigene Lern- und Verstehensprozesse. Sie beinhalten die Reflexion über das eigene Lernen sowie strategische Aktivitäten zur Steuerung des Lernprozesses (z. B. die Auswahl und Anwendung der zum Inhalt und zum Lernenden passenden Lernstrategie). Um selbstgesteuert zu lernen, werden Wissen über die Anforderungen der Aufgabe, passende Lernstrategien und das eigene spezifische Vorwissen genauso benötigt wie Erfahrungen in Bezug auf das eigene Lernen und dafür förderliche Bedingungen.

Motivationale und volitionale *Stützstrategien* unterstützen die Selbstregulation. Während sich die Motivation (▶ Kap. 1.3.1) vor allen Dingen auf die Auswahl und Einschätzung des Lernziels in der präaktionalen Phase (▶ Abb. 1.4) sowie die Bewertung des Lernerfolgs in der postaktionalen Phase bezieht, werden während der aktionalen Phase *volitionale* Strategien wirksam, die bei der Ausführung des Lernens unterstützen. Es geht also darum, den Lernwillen aufrechtzuerhalten und (auch bei auftauchenden Hindernissen oder Ablenkungen) diszipliniert bei der Sache zu bleiben. In diesem Sinne kann Volition als Handlungskontrolle verstanden werden. Durch volitionale Prozesse wird der Lernprozess in allen Phasen kontrolliert, der Einsatz kognitiver und metakognitiver Strategien genauso wie motivationale und emotionale Lagen (Hasselhorn & Gold, 2017). Organisationale Stützstrategien beziehen sich auf die Rahmenbedingungen des Lernens, z. B. die Ausstattung des Arbeitsplatzes mit Materialien und den Schutz vor Ablenkungen.

Die genannten Strategien haben erheblichen Einfluss auf die effektive Nutzung von Lern- und Selbstregulationsstrategien, wichtig ist aber auch das emotionale Erleben im Lernprozess.

1.3.3 Emotionen

Emotionen besitzen für Lernprozesse und die Informationsverarbeitung insgesamt einen hohen Stellenwert. Sie steuern bereits, worauf wir unsere Aufmerksamkeit lenken, beeinflussen die Motivation und spielen beim Speichern und Abrufen von Informationen sowie bei der Bewertung des Lernprozesses eine Rolle.

Während negative Emotionen wie *Angst*, *Scham* oder *Langeweile* mit reduzierter Aufmerksamkeit und Gedächtniskapazität einhergehen, fördern positive aufgabenbezogene Emotionen wie *Lernfreude*, *Stolz* oder *Neugierde* die Aufmerksamkeit und die Motivation, sich mit einer Aufgabe auseinanderzusetzen (Pekrun, 2018)[2]. Gerade für nachhaltiges Lernen sind positive Emotionen wichtig, denn Lernfreude und Begeisterung unterstützen die

---

2 Pekrun (2018) unterscheidet zwei Dimensionen der Emotion, die hier eine Rolle spielen. Neben der Unterscheidung positiv/negativ spielt es eine Rolle für die Lernmotivation und den Lernerfolg, inwieweit Emotionen aktivierend oder deaktivierend sind, dies ist allerdings stark von Personenmerkmalen abhängig und soll an dieser Stelle nicht weiter ausgeführt werden.

wirksame Anwendung von Tiefenverarbeitungsstrategien (Elaboration und Organisation; ▶ Kap. 1.3.2) und kritisches Denken (Pekrun, 2018).

Am deutlichsten wird der Einfluss negativer Emotionen auf das Lernen im Zusammenhang mit *Angst*. So kann eine stark ausgeprägte Prüfungsangst dazu führen, dass in der Prüfungssituation vorhandenes Wissen nicht mehr abgerufen werden kann. Solche Misserfolge können wiederum in höherer Prüfungsangst resultieren, die Gedächtniskapazitäten bindet und das weitere Lernen behindert. Das Erleben von Misserfolgen ist dabei oft mit einem niedrigeren Selbstkonzept verbunden und beeinträchtigt schließlich die Lernmotivation.

Verwirrung dagegen ist eine negative Emotion, die unter Umständen das Lernen fördern kann. Kognitive Konflikte oder überraschende Einstiege in ein Thema können Interesse und Motivation steigern. Im Zusammenhang mit nachhaltigem Lernen wird auch auf Irritationen im Lernprozess, die emotional aufgeladen sind, hingewiesen (Schüßler, 2004). Dabei ist es jedoch wichtig, dass die Irritation sich auf den Lerngegenstand bezieht und nicht auf die Lernsituation oder die eigene Person. Letzteres führt dazu, dass zwar die (unangenehm empfundene) Situation, nicht aber der Lernstoff erinnert wird. Bei Irritationen in Bezug auf den Lerngegenstand hingegen entsteht zunächst der Wunsch, diese aufzulösen, was zu höherer Anstrengung und Persistenz führen kann. Dies wirkt nur dann nachhaltig, wenn die Irritation im Laufe des Lernprozesses reduziert wird, damit sich nicht etwa negative deaktivierende Emotionen, wie Hoffnungslosigkeit oder Langeweile, einstellen (Pekrun, 2018). Insgesamt ist ein positives akademisches Selbstkonzept eine Bedingung dafür, auch Emotionen wie Verwirrung und Scham positiv nutzen zu können. Daher kommt der Förderung von Selbstwirksamkeit und Zutrauen in die eigenen Fähigkeiten ein hoher Stellenwert zu.

In diesem Zusammenhang sei auf die Bedeutung eines positiven Fehlerklimas im Unterricht verwiesen. Die aktive Auseinandersetzung mit Fehlern führt nicht nur zum Aufbau negativen Wissens (»wissen, was eine Sache nicht ist«; Oser & Spychiger, 2005, S. 11), sondern unterstützt auch die Wissenskonstruktion und das entdeckende Lernen (Pekrun, 2018). Gleichzeitig kann durch die Auseinandersetzung mit eigenen Fehlern wichtiges metakognitives Wissen aufgebaut werden (Chott, 2006; ▶ Kap. 1.3.2). Emotionen spielen für die Wirksamkeit des Lernens aus Fehlern eine wichtige Rolle.

Die Auseinandersetzung mit Fehlern in einem positiven Lernklima verlangt eine klare Trennung von Lernprozess und Bewertung (Chott, 2006). Während Fehler im Lernprozess als Lernchancen zu sehen sind, werden sie in der Klassenarbeit negativ bewertet. Um das Lernpotenzial von Fehlern im Unterricht zu nutzen, ist es notwendig, dass Lern- und Leistungssituation nicht vermischt werden. Auch ein positives Beziehungsklima in der Klasse ist eine Voraussetzung für das Lernen aus Fehlern.

> **Emotionen und das Fehlerklima**
> Fehler sind mit Emotionen verbunden. Dies gilt sowohl für Lernende als auch für Lehrende. Letztere sind häufig bestrebt, den Unterrichtsstoff möglichst schnell und reibungslos abzuhandeln, was dazu führen kann, dass Fehler im Unterrichtsgespräch übergangen werden oder Anlass für Bloßstellungen im Unterrichtsgeschehen sind und schwächere Lernende gar nicht erst einbezogen werden (▶ Kap. 5.2). Für Lernende sind Fehler häufig mit Angst und Scham besetzt, wodurch die Fehlervermeidung beim Lernen im Vordergrund steht und dieses schließlich behindert (Chott, 2006).
>
> In Bezug auf die Scham unterscheiden Oser und Spychiger (2005, S. 74 f.) in diesem Zusammenhang zwischen produktiven versus destruktiven »Beschämern«. Produktiv ist Scham über einen Fehler, die sich bei der Person selbst einstellt und dazu führt, dass sie durch Erinnerung an diese negative Emotion den Fehler in ähnlichen Lernsituationen nicht noch einmal machen wird. Destruktiv hingegen ist Scham, die durch einen unangemessenen Umgang mit Fehlern seitens anderer Personen hervorgerufen wird. So führen z. B. Zorn oder Zynismus einer Lehrperson und das Bloßstellen von Lernenden zu einer emotionalen Lage, die die Informationsverarbeitung erschwert bzw. verhindert und Vermeidungsverhalten in Bezug auf ähnliche (Lern-)Situationen auslöst (▶ Kap. 5.3.3).

Da Emotionen im Lernprozess stark mit erlebten Erfolgen bzw. Misserfolgen zusammenhängen, empfiehlt es sich für positive Lernerlebnisse und die Förderung von Lernfreude und Motivation für lebenslanges Lernen, allen Schülerinnen und Schülern Erfolgserlebnisse zu ermöglichen (Pekrun, 2018). Dies kann z. B. durch einen Fokus auf die Erweiterung der eigenen Kompetenzen im Unterricht (Lernzielorientierung; ▶ Kap. 1.3.1) anstelle einer Wettbewerbsorientierung mit starkem Fokus auf sozialen Bezugsnormen (Leistungszielorientierung) erfolgen.

1.3.4 Schulisches Wohlbefinden

Es sollte klargeworden sein: Nachhaltiges Lernen erfordert eine Atmosphäre, in der sich die Beteiligten wohlfühlen. Schulisches Wohlbefinden kann als eine »grundsätzlich positive Haltung gegenüber der Schule und den mit ihr verbundenen Themen und Tätigkeiten« (Hascher, 2004, S. 16) verstanden werden und beinhaltet sowohl kognitive als auch emotionale Anteile. Drei Funktionen des schulischen Wohlbefindens begründen, dass es nicht nur Lernvoraussetzung, sondern auch ein eigenständiges Ziel von Schule ist (Hascher & Hagenauer, 2011; ▶ Beispiel 1.1):

- *Indikationsfunktion:* Es zeigt die erfolgreiche Bewältigung der schulischen Anforderungen und die Beziehungsqualität in der Schule an.
- *Bildungsfunktion:* Es ist die Grundlage für Lernerfolg.
- *Präventionsfunktion:* Es ist eine Ressource für den Umgang mit der Schule.

Beispiel 1.1
Jonathan fühlt sich in der Schule wohl, er ist zufrieden mit seinen Lernergebnissen, hat viele Freunde dort und kommt gut mit den Lehrpersonen aus *(Indikationsfunktion)*. Seine grundlegend positive Haltung zur Schule nimmt er auch mit in den Unterricht, was das Lernen begünstigt *(Bildungsfunktion)*. Als er letztens in seinem Lieblingsfach mal schlecht abgeschnitten hat, konnte er gut damit umgehen und auch Konflikte auf dem Schulhof kann er erfolgreich meistern *(Präventionsfunktion)*.

Schulisches Wohlbefinden wird von Merkmalen der Schülerinnen und Schüler selbst (z. B. Selbstwirksamkeit) und des Unterrichts beeinflusst (Hascher, 2004). Hier sind besonders Herausforderung, Aktivität, Partizipation und individuelle Bezugsnormen zu nennen. Vor allem aber sind positiv erlebte Interaktionen mit Mitschülerinnen und -schülern sowie den Erwachsenen in der Schule wichtige Voraussetzungen für schulisches Wohlbefinden (Hascher & Hagenauer, 2011).

1.4 Lernumgebungen für nachhaltiges Lernen

Insgesamt wurden in diesem Kapitel die benötigten Kompetenzen der Lernenden sowie Unterrichtsvoraussetzungen für nachhaltiges Lernen betrachtet. Stadelmann (2017) beschreibt die Möglichkeiten des Lehrens und Unterrichtens in diesem Zusammenhang wie folgt:

»Bedeutung, Wissen, Verhaltensweisen, Fähigkeiten, Fertigkeiten können nicht von der Lehrperson auf die Schülerinnen und Schüler übertragen werden. [...] Wissen und Verhalten werden nicht passiv erworben, sondern in jedem Individuum aktiv konstruiert. Lehrpersonen haben keinen direkten Zugriff auf das Lernen der Schülerinnen und Schüler; sie können ›nur‹ Umgebungen schaffen, Unterlagen bereitstellen, emotionelle Zugänge ermöglichen, stimulieren, alles mit dem Ziel, dass Schülerinnen und Schüler selbst aktiv werden und individuell ihr Wissen und Verhalten konstruieren« (Stadelmann, 2017, S. 11).

Die Prinzipien nachhaltigen Lernens greift Arnold (2012) in seinem Konzept der *Ermöglichungsdidaktik* auf. Die Methoden entsprechen den bereits dargestellten Prinzipien nachhaltigen Lernens und einem konstruktivistisch orientierten Unterricht (▶ Kap. 1.1). Das Modell ist für die Erwachsenenbildung konzipiert, eignet sich aber auch dafür, nachhaltiges Lernen in der Schule zu unterstützen. Noack und Mortag (2012) thematisieren nachhaltiges Lernen im Zusammenhang mit kompetenzorientiertem Unterricht, in dem kognitive Fähigkeiten sowie motivationale, soziale und volitionale Bereitschaften vermittelt werden sollen, »um die Problemlösungen in variablen Situationen erfolgreich und verantwortungsvoll nutzen zu können« (Weinert, 2014, S. 27 f.; ▶ Kap. 1.2). Verbindet man diese Perspektiven, so lassen sich die folgenden Hinweise für die Gestaltung von Lernumgebungen ableiten (siehe auch Stadelmann, 2017).

Um selbstgesteuert zu lernen und Wissen zu konstruieren, müssen Lernende Verantwortung für den eigenen Lernprozess übernehmen (können). Daher gilt es, kognitive und metakognitive Lernstrategien sowie Stützstrategien, aber auch den Umgang mit Materialien und Medien gezielt einzuüben und zu reflektieren (▶ Kap. 1.3.2). Auch das begleitete Üben gehört zum nachhaltigen Lernen. Die explizite (Mit-)Vermittlung von Arbeitstechniken unterstützt u. a. den Transfer. Schließlich können die Schülerinnen und Schüler mehr und mehr Möglichkeiten zur Mitgestaltung der Lernprozesse und -wege nutzen (schrittweise Öffnung von Unterricht). Dazu gehört auch die eigenständige Überprüfung von Lösungswegen. Die Lehrperson übernimmt mehr und mehr eine beratende und begleitende Rolle und ist zuständig für eine klare Strukturierung des Unterrichts.

Aktivierend ist Lernen, wenn konkrete Arbeitsaufträge an authentischen und lebensweltnahen Problemen bearbeitet werden können. Lernende sollten über die Relevanz und Nützlichkeit der Aufgabe aufgeklärt werden. Gleichzeitig werden herausfordernde kognitive Lernziele anvisiert, die Motivation steigern und Aktivität sowie entdeckendes Lernen ermöglichen.

Das Lernen knüpft an das Vorwissen der Lernenden an. Es erlaubt die Auseinandersetzung mit dem Lerngegenstand und mit unterschiedlichen Perspektiven darauf. Individualisiertes Lernen zum Ausgleich unterschiedlicher Lernvoraussetzungen spielt neben kooperativen Lernmethoden eine wichtige Rolle für nachhaltiges Lernen. Dabei ist ein Fokus auf die individuelle Entwicklung hilfreich (individuelle Bezugsnormen bei der Beurteilung des Lernerfolgs).

Situiertes Lernen nimmt Bezug zur Situation, in der Lernen stattfindet, und bietet gleichzeitig Anregungen zum Transfer. Da Lernen an die Lernsituation gebunden ist, wird Transfer u. a. durch Methodenvielfalt unterstützt (auch ein Vortrag der Lehrperson sowie Unterrichtsgespräche können aktiv genutzt werden). Vertraute Aufgabenelemente, die in verschiedene Kontexte eingebettet werden, dienen ebenfalls dem Transfer. Dies kann auch im fächerübergreifenden Unterricht erfolgen. Wichtig ist in diesem Zusammenhang auch Transparenz über (fachliche und bereichsübergreifende) Lernziele z. B. durch das Festlegen von Kriterien zur Einordnung des Lernerfolgs.

Insgesamt ist das Lernen *sozial* eingebettet. Lösungen werden kooperativ erarbeitet und Kommunikation wird eingeplant und geübt. Auch Diskussionen gehören zum Lernprozess. Gegenseitiges Feedback aller Beteiligten und das konstruktive Erteilen von Rückmeldungen werden ebenfalls gelehrt und angewendet. Emotionen und ihr Einfluss auf das Lernen werden bei der Planung der Lernumgebung mitberücksichtigt und es werden Maßnahmen für eine positive Beziehungsqualität ergriffen. Gerade für den Transfer des zu Lernenden ist eine angstfreie Atmosphäre bedeutsam.

Durch die Realisierung solcher Lernumgebungen kann man die Entwicklung von Motivation, Lernfreude, schulischem Wohlbefinden und effektivem Lernverhalten für nachhaltiges Lernen unterstützen. Das diesem Unterkapitel vorangestellte Zitat macht jedoch deutlich, dass die Wirkung in großem Ausmaß von den Lernenden selbst abhängig ist. In der Lehr-Lern-Forschung wird dies auch in den sogenannten Angebots-Nutzungs-Modellen der Wirkungsweise von Unterricht verdeutlicht (z. B. Helmke, 2012). Dabei wird die Gestaltung der Lernumgebung als Angebot verstanden, dessen Nutzung wesentlich von Motivation, Volition und weiteren Lernvoraussetzungen bei den Schülerinnen und Schülern abhängig ist. Diese wiederum werden nachhaltig von der Qualität pädagogischer Beziehungen beeinflusst, was in den folgenden Kapiteln anhand unterschiedlicher theoretischer Ansätze und empirischer Ergebnisse ausführlich thematisiert wird.

II

Bedingungen und Wirkungen pädagogischer Beziehungen

Soziale Beziehungen in der Schule nehmen Einfluss auf Motivation, Emotionen, Wohlbefinden und den Lernerfolg der Schülerinnen und Schüler. Wie erläutert (▶ Kap. 1), sind dabei einerseits Beziehungen der Schülerinnen und Schüler untereinander und andererseits die *Beziehung zwischen Lehrpersonen und ihren Schülerinnen und Schülern* (im Folgenden: *Pädagogische Beziehungen*) von großer Bedeutung. Dieser Band fokussiert auf eine lernförderliche Gestaltung der pädagogischen Beziehungen. Wie die Qualität dieser Beziehungen ausfällt, ist wesentlich von der Unterrichtsgestaltung, aber auch von Merkmalen der jeweiligen Lehrperson und der Schulkultur abhängig. In diesem Teil des vorliegenden Bandes erfolgen zunächst eine Begriffsbestimmung sowie die Abgrenzung pädagogischer Beziehungen von anderen sozialen Beziehungen (u. a. anhand der Rahmenbedingungen pädagogischer Beziehungen, ▶ Kap. 2.1; 2.2). Anschließend wird der Stellenwert pädagogischer Beziehungen im Unterricht im Kontext der empirischen Bildungs- und Schuleffektivitätsforschung erläutert (▶ Kap. 2.3), bevor auf die Bedeutung gelingender pädagogischer Beziehungen für die Lehrenden eingegangen wird (▶ Kap. 2.4).

2

Pädagogische Beziehungen in Schule und Unterricht

2.1 Begriffsbestimmung

2.1.1 Pädagogische Beziehungen und Interaktionen im Unterricht

Die pädagogische Beziehung »bezeichnet eine Arbeitsbeziehung zwischen pädagogisch tätigen Erwachsenen und den Kindern beziehungsweise Jugendlichen [...], die sie betreuen, unterrichten, erziehen, beraten [...] Einzelne Interaktionen sind die Elemente, aus denen sich pädagogische Beziehungen formieren« (Prengel, 2013, S. 19). Dieses Zitat macht zweierlei deutlich:

1. Pädagogische Beziehungen sind zielgerichtet.
2. Die Qualität pädagogischer Beziehungen ist abhängig von Interaktionen der Beteiligten und bedingt diese zugleich.

Diese zwei Punkte werden im Folgenden erläutert.

(1) Pädagogische Beziehungen sind zielgerichtet:
Die so bezeichnete *Arbeitsbeziehung* ist darauf ausgerichtet, »lern- und leistungsförderliche [...] Schulumgebungen« (Hascher 2004, S. 7) zu gewährleisten. Lernen und Leistung beziehen sich auf fachspezifische und bereichsübergreifende Kompetenzen (▶ Kap. 1.2) sowie gesellschaftliche Werte. Damit stehen pädagogische Beziehungen immer im Kontext des Bildungs- und Erziehungsauftrags (▶ Kap. 1.2) und der Funktionen von Schule.

> **Gesellschaftliche Funktionen der Schule**
> Strukturfunktionalistische Ansätze fokussieren auf die gesellschaftlichen Funktionen der Institution Schule. Danach übernimmt die Schule die Aufgaben der *Sozialisation* und *Selektion* neuer Generationen (Fend, 2006): Schülerinnen und Schüler sollen Normen und Werte der Gesellschaft übernehmen (Integrations- bzw. Legitimationsfunktion) und für das Berufsleben qualifiziert werden (Qualifikationsfunktion). Auch die Befähigung zur kulturellen Teilhabe spielt eine Rolle (Enkulturationsfunktion). Gleichzeitig ist die Schule zuständig für die Vergabe von Berechtigungen für das Voranschreiten im Bildungssystem (Selektionsfunktion) und von bestimmten beruflichen sowie gesellschaftlichen Positionen (Allokationsfunktion).

Geht man davon aus, dass in der Schule nachhaltiges Lernen anvisiert wird und Grundlagen nachhaltigen Lernverhaltens erworben werden sollen (▶ Kap. 1), so kann man dies als Ziel des Arbeitsbündnisses von Lehrenden und Lernenden verstehen.

(2) Die Qualität pädagogischer Beziehungen ist abhängig von Interaktionen der Beteiligten und bedingt diese zugleich:
Soziale Interaktionen werden psychologisch als Verhaltensketten im Rahmen einer *Dyade* (zwei Personen) beschrieben: Das Verhalten einer Person zieht eine Reaktion der anderen Person nach sich, auf die wiederum eine Reaktion der ersten Person erfolgen kann usw. (Asendorpf & Banse, 2000). Über die Zeit entstehen Interaktionsmuster für die spezifische Dyade. Diese sind die Grundlage für kognitive Repräsentationen der Beziehung, die auch mit Emotionen und Erwartungen an die Beziehung und die Beteiligten verbunden sind, sogenannte *Beziehungsschemata* (ebd.). Eine *Beziehung* ist also

durch »regelmäßige soziale Interaktion über eine bestimmte Zeitspanne hinweg und mit der Erwartung einer gewissen Beständigkeit« gekennzeichnet (Argyle & Henderson, 1986, S. 12).

Diese Definition hat auch für pädagogische Beziehungen Bestand. *Pädagogische Interaktionen* sind nach Perrez et al. (2001, S. 361) »jene Teilmenge der sozialen Interaktion [...], die sich in einer erzieherischen Situation abspielt. Das zentrale Merkmal der pädagogischen Interaktion besteht darin, dass ein oder mehrere Akteur(e) auf einen oder mehrere andere Akteure in Richtung auf bestimmte Ziele erzieherischen Einfluss zu nehmen versucht bzw. versuchen«. Hier spiegelt sich u. a. die Tatsache wider, dass die Interaktion im Unterricht nicht nur dyadisch stattfindet, sondern dass Kommunikation und Interaktion immer (auch) an die gesamte Klasse gerichtet sind. Dies gilt für Lehrende genauso wie für Lernende. Die Einflussnahme in pädagogischen Beziehungen ist dabei wechselseitig (ebd.).[3]

Die Beziehung wird also durch Lehrpersonen und Lernende in ihren Interaktionen gemeinsam konstruiert (z.B. Nickel, 1976; Perrez et al., 2001). Die *dynamic systems theory* (Hinde, 1997) betrachtet entsprechend Interaktionen auf der *Mikroebene* und Beziehungen auf der *Makroebene* als Teile eines Systems, die sich wechselseitig beeinflussen (Pianta et al., 2003). Die empirische Forschung zur Interaktion im Unterricht beruht jedoch häufig auf Befragungen oder Beobachtungen, die entweder das Verhalten der Lernenden *oder* das der Lehrenden im Blick haben (für einen Überblick über standardisierte Instrumente siehe Teistler et al., 2019). Dies wird der wechselseitigen Abhängigkeit des Interaktionsverhaltens der Beteiligten nicht gerecht.

Eine Theorie, die die Relation der jeweiligen Verhaltensweisen der Beteiligten zueinander direkt in den Blick nimmt, ist die *interpersonale Theorie*. Diese geht von zwei Grundqualitäten des Interaktionsverhaltens aus: *Agency* (Kontrolle, Einfluss, Dominanz) und *Communion* (Wärme, Nähe, Unterstützung, Mainhard et al., 2012). Theoretisch wird postuliert, dass die Akteure ihr Verhalten aneinander anpassen, wobei Wärme beim Interaktionspartner ebenfalls Wärme auslöst, während dominantes Verhalten Anpassung des Gegenübers hervorruft (Kiesler, 1983).

---

3 Die Sichtweise in Bezug auf die Wechselseitigkeit der Beziehung hat sich im Laufe der Zeit verändert. Einen Überblick über historische Entwicklungen der Ansätze zu pädagogischen Beziehungen geben Thies, 2017 sowie Helsper und Hummrich, 2014.

> **Untersuchung von Interaktionen in Echtzeit**
> Ein relativ neues Forschungsfeld befasst sich vor dem Hintergrund der *dynamic systems theory* und der *interpersonalen* Theorie mit der Frage, wie sich die Interaktionen in Schulklassen gestalten, in denen Lernende die pädagogischen Beziehungen per Fragebogen besser bzw. schlechter einschätzen (Mainhard et al., 2012). Die Erforschung von Interaktionen erfolgt durch parallele Aufzeichnung und Darstellung des Verhaltens der Beteiligten in Echtzeit. Dabei wird in sogenannten *state space grids* das Verhalten der Lehrpersonen zu jedem Zeitpunkt ins Verhältnis zu dem der Klasse gesetzt und es wird festgestellt, wie *Agency* und *Communion* der Klasse jeweils zu denselben Merkmalen bei der Lehrperson im Verhältnis stehen. Die bisherigen Ergebnisse sprechen dafür, dass eine hohe Beziehungsqualität insbesondere in Klassen wahrgenommen wird, in denen sich in den Interaktionen hohe Communion der Lehrenden und mittlere bis hohe Communion der Lernenden zeigt. Mit Bezug auf Agency konnten Scherzinger et al. (2019) für eine Schweizer Stichprobe untermauern, dass die Beziehungsqualität insbesondere dann als niedrig wahrgenommen wird, wenn die Lehrpersonen stark kontrollieren. Dagegen nehmen die Lernenden eine positive Beziehungsqualität wahr, wenn sie selbst eine hohe und die Lehrperson eine mittlere Agency aufweisen. Dies passt zu konstruktivistischen Lerntheorien und Ansätzen nachhaltigen Lernens (▶ Kap. 1). Prinzipiell ist es mit dieser Methode möglich, die Beziehungen der Lehrperson zur Klasse oder zu einzelnen Lernenden zu untersuchen, und es können genauso gut Wirkungen von Verhalten als auch von Aufgabenstellungen und Lehr-Lern-Methoden untersucht werden. So bieten sich noch viele Möglichkeiten in Bezug auf pädagogische und didaktische Fragestellungen.

Insgesamt geht man also davon aus, dass Handlungen von Lernenden und Lehrenden sich wechselseitig beeinflussen und so die Beziehung prägen (▶ Abb. 2.1; vgl. Nickel, 1976). Eine wichtige Rolle spielen dabei die *individuellen Erwartungen, Einstellungen und (Persönlichkeits-)Merkmale* der Beteiligten, welche u. a. durch persönliche Erfahrungen sowie das sozio-kulturelle und gesellschaftliche Umfeld der Beteiligten bestimmt sind (Nickel, 1976).[4] Diese Einflussgrößen beeinflussen nicht nur das Verhalten der Akteure, sondern auch die *Wahrnehmung* des Verhaltens der jeweils anderen

---

[4] Nickel (1976) verdeutlichte mit seinem transaktionalen Modell die gegenseitigen Einflüsse von Lehrenden und Lernenden in pädagogischen Interaktionen.

Person, die wiederum wichtig für die Reaktion auf dieses Verhalten ist. Die Institution Schule bestimmt die Rahmenbedingungen der Beziehung (▶ Kap. 2.2).

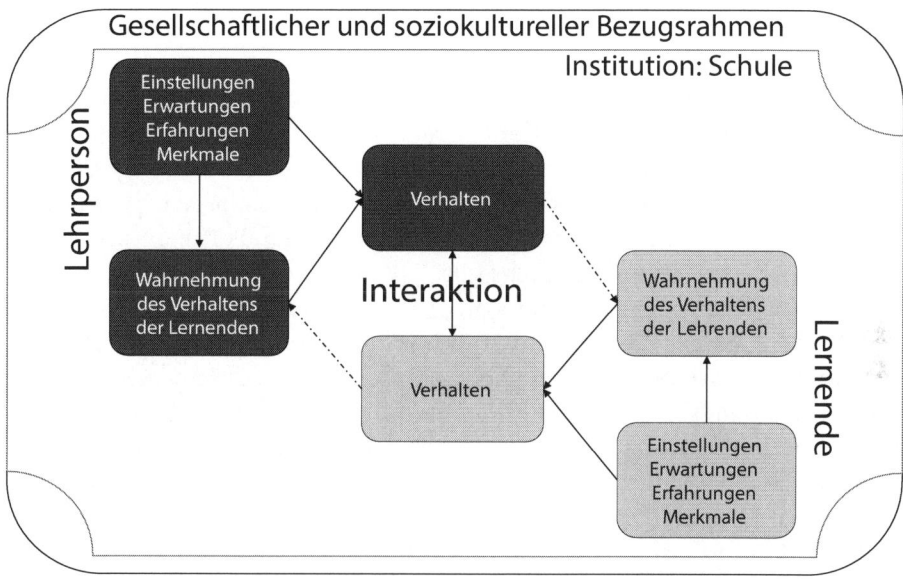

Abb. 2.1: Pädagogische Beziehungen (konstituiert durch Interaktionen zwischen Lehrenden und Lernenden) in der Schule und ihre Einflussgrößen

2.1.2 Pädagogische Beziehungen als Rollenbeziehungen

Pädagogische Beziehungen sind (zielgerichtete) *Rollenbeziehungen*, wobei es bestimmte Rollenerwartungen gibt, die aber bei den Beteiligten individuell unterschiedlich sein können (Rosemann, 1978; Nickel, 1976; ▶ Kap. 3.1). Nach einer traditionellen rollentheoretischen Sichtweise des Strukturfunktionalismus fungiert die Lehrperson als Umsetzerin der Funktionen von Schule (Fend, 2006; ▶ Kap. 2.1.1). Sie ermöglicht damit die Reproduktion der Gesellschaft sowie die Erhaltung ihrer Werte und kann dies mit Maßnahmen der Sanktionierung von Verhalten und geringen Leistungen der Schülerinnen und Schüler durchsetzen (Helsper & Hummrich, 2014). Die klassische, komplementär zur Lehrendenrolle angelegte Rolle der Schülerinnen und Schüler fügt sich den Maßstäben der Lehrperson.

Die aktuell meist vertretene interaktionistische Sichtweise geht jedoch, wie beschrieben, davon aus, dass pädagogische Beziehungen von den Interagierenden gemeinsam konstruiert werden. In diesem Rahmen unterliegen auch die Rollenbeziehungen Aushandlungs- und Interpretationsprozessen (ebd.). Dabei gibt es spezifische Kommunikationsmuster, die nur innerhalb des Unterrichts zu beobachten sind und wiederum komplementär strukturiert sind, wie etwa die Sequenz Fragen-Melden-Aufrufen (ebd.).

Wichtig ist dabei, dass (nur) die Lehrperson in diesem Beziehungsgefüge professionell handelt: »Das Handeln der Lehrkraft basiert primär auf deren professionellem Selbstverständnis und den damit verbundenen unterrichtlichen und pädagogischen Zielen. Schüler/innen (insbesondere jüngere) sind primär durch ihre spezifischen situativen Bedürfnisse gesteuert« (Thies, 2014, S. 193). In ihrer professionellen Rolle ist die Lehrperson z. B. verantwortlich für Lernen und Wohlbefinden der Schülerinnen und Schüler, während dies umgekehrt nicht gilt.

Ethnographische Untersuchungen zur praktischen Ausgestaltung des »Schülerjobs« in der Sekundarstufe I (Breidenstein, 2006, S. 87) befassen sich mit den situativen Unterrichtsanforderungen an Schülerinnen und Schüler. Ausgangspunkt ist die Annahme, dass Unterricht von den Beteiligten in sozialen Praktiken erst hergestellt wird. Es geht also nicht um die normativ komplementär beschriebenen Rollen der Lernenden, sondern um Tätigkeiten, die Schülerinnen und Schüler im Rahmen einer Teilnahme am Unterricht ausführen. Zusammenfassend wird der Schülerjob als »routiniert-pragmatischer und auf den Unterhaltungswert der Arbeit bedachter Umgang mit dem ›Unterricht‹« (Breidenstein, 2006, S. 261) beschrieben, wobei es insbesondere um das Erstellen von Produkten (Aufgaben, Arbeitsblätter usw.) geht. Damit verhalten sich die Schülerinnen und Schüler durchaus komplementär zur Lehrperson, deren Verhalten aber im größeren Ausmaß durch die professionelle Rolle bedingt ist.

Diese konstituiert sich aus den mit ihr verbundenen Erwartungen unterschiedlicher Bezugsgruppen. So stellen nicht nur Schülerinnen und Schüler (unterschiedliche) Erwartungen an eine Lehrperson (▶ Kap. 3.1), sondern auch die Eltern, die Gesellschaft, die Schulleitung, Kolleginnen und Kollegen u. v. m. Widersprüchliche Erwartungen können zu Konflikten innerhalb der Erfüllung der beruflichen Rolle führen (Rothland, 2013). Daher wird teilweise auch von den »Lehrerrollen« gesprochen (ebd., S. 30). Die Rollenerwartungen sind letztendlich auch durch die unterschiedlichen Erwartungen und Anforderungen an Schule und Unterricht und die jeweils fokussierten Funktionen bestimmt. Entsprechend bezeichnen Kiel et al. (2013, S. 19) den Lehrberuf als »durch Unsicherheit geprägte Anforderungssituation«. Als Lehrperson hat man es mit besonders vielen Erwartungsträgern und vielfältigen, auch gegensätzlichen, Erwartungen zu tun. Daher ist es für jede einzelne

Lehrperson wichtig, Spielräume zu identifizieren, die »die vorgegebenen Rollennormen fast immer zulassen« (Kiel et al., 2013, S. 19). Hericks und Kunze (2002) definieren entsprechend das Klären der eigenen Rolle als Lehrperson, den Umgang mit eigenen Schwächen und Grenzen sowie das Finden eines eigenen Stils als Entwicklungsaufgaben im Lehrberuf.

Letztendlich bleibt die berufliche Rolle von Lehrpersonen diffus (▶ Kap. 2.2.2). Trotz einer im Grunde sach- und zielbezogenen Ausrichtung sind pädagogische Beziehungen häufig emotional besetzt und können sehr bedeutsam für die persönliche Entwicklung und das Wohlbefinden von Lernenden und Lehrenden sein (Helsper & Hummrich, 2014; ▶ Kap. 1.3.4; 2.4). Im Laufe der Zeit können aus Rollenbeziehungen persönliche Beziehungen werden (Asendorpf & Banse, 2000), was durch die institutionellen Rahmenbedingungen pädagogischer Beziehungen in der Schule allerdings erschwert wird (▶ Kap. 2.2).

In der Gesamtschau wird deutlich: Pädagogische Beziehungen sind komplex. Neben den beteiligten Personen sind auch die Lerngegenstände (Inhalte, Themen, Methoden) für die Beziehungsqualität von Bedeutung. Die Institution Schule gibt nicht nur den Rahmen vor, sondern weist ihrerseits verschiedene Merkmale auf, die die Beziehungen beeinflussen können (▶ Kap. 2.2). Dabei kann sich die Ausgestaltung der Rollen von Lehrenden und Lernenden schul- und klassenspezifisch unterscheiden (Helsper et al., 2008).

2.1.3 Pädagogische Beziehungen als institutionalisierte Generationenbeziehungen

Pädagogische Beziehungen in der Schule sind auch *Generationenbeziehungen*, denen wiederum bestimmte Merkmale anhaften. Die ältere Generation hat traditionell *Sorge* für das Wohlergehen der jüngeren zu tragen und besitzt zunächst einen *Wissens- und Erfahrungsvorsprung*. Dies begründet das traditionelle hierarchische Verhältnis, in dem die ältere Generation die mächtigere darstellt (Prengel, 2013). Pädagogische Beziehungen haben heutzutage das »Ziel der Beteiligung, der Selbsttätigkeit und der Mitwirkung der einen Generation, die durch die andere Generation vorbereitet wird« (Ecarius, 2009, S. 696). Durch den Fokus der Schule auf die Förderung von Selbstständigkeit und Demokratiefähigkeit wird die Fürsorgepflicht nicht überflüssig und Generationenhierarchien werden nicht aufgelöst (Prengel, 2019a). Pädagogische Beziehungen in der Schule sind also institutionellen Regelungen und Logiken sowie den Funktionen von Schule (▶ Kap. 2.1.1) unterworfen.

Auch wenn Schülerinnen und Schüler heutzutage wesentlich mehr Mitspracherecht haben, in einzelnen (insbesondere technologischen) Bereichen auch im Wissen den Lehrpersonen überlegen sein mögen und mehr Aushandlungsmöglichkeiten bestehen (Ecarius, 2009), liegt die institutionelle Macht doch immer noch bei der Lehrperson. Obwohl pädagogische Beziehungen von Schülerinnen und Schülern und Lehrpersonen ko-konstruiert werden und die Lernenden über ihr offenes oder verdecktes Verhalten im Unterricht ebenfalls Macht ausüben können (Breidenstein, 2006), verfügen Lehrpersonen über zahlreiche Machtmittel, die insbesondere mit der Selektionsfunktion der Schule verbunden sind (Helsper & Hummrich, 2014). So können sie den eigenen Willen im Sinne einer pädagogischen Zielsetzung z. B. durch Festlegung von Terminen für Klassenarbeiten, Notenzuteilungen, Kontrolle und Sanktionierung unerwünschten Verhaltens bis hin zum Schulverweis durchsetzen. Sie sind zuständig für Schulabschlüsse und Übergangsempfehlungen und können durch ihr Verhalten letztlich auch die Selbsteinschätzung der Lernenden nachhaltig beeinflussen. Wie diese Macht ausgeübt wird, liegt bei der einzelnen Lehrperson, ist aber auch abhängig von der Schulkultur (ebd.).

Insgesamt bleiben pädagogische Beziehungen also asymmetrische Generationenbeziehungen, auch wenn die Symmetrie von der Kindheit zur Adoleszenz zunimmt (ebd.). Bei Lehrpersonen besteht häufig eine Tendenz, dieses Machtungleichgewicht nicht zur Kenntnis nehmen zu wollen (Ulich, 2001) oder auf äußere Bedingungen (etwa die staatlichen Anforderungen) zu schieben. Dies kann aber auch als Nichtübernahme der mit der gegebenen Macht einhergehenden Verantwortung verstanden werden (Plaßmann, 2004). Ein reflexiver Umgang mit den Gegebenheiten des Lehrberufs und Anforderungen an die Berufsrolle wird dagegen als Zeichen von Professionalität angesehen (Rothland, 2013). Es geht also für Professionelle darum, in pädagogischen Beziehungen »Macht verantwortlich auszuüben und zugleich im Sinne einer demokratischen Erziehung Macht an Kinder abzugeben« (Prengel, 2019a, S. 74).

2.2 Rahmenbedingungen pädagogischer Beziehungen in der Schule

2.2.1 Unterschiede zu anderen sozialen Beziehungen

Pädagogische Beziehungen finden in einem institutionellen, formal reglementierten Kontext statt. Breidenstein (2010) macht deutlich, dass Interaktionen in diesem Rahmen kein Selbstzweck, sondern *zielgerichtet* und *sachorientiert* sind:

> »Schulischer Unterricht ist Interaktion im Rahmen von Organisation. Es handelt sich eben nicht um die offene Interaktion einander zufällig begegnender Individuen, sondern um die regelmäßig und langfristig stattfindende Interaktion, die durch die verbindliche Anwesenheit der Beteiligten und die Ausrichtung auf einen spezifischen von der Organisation vorgegebenen Zweck (das Lehren und Lernen von Kulturtechniken und ausgewählten Inhalten) bestimmt ist« (Breidenstein, 2010, S. 877).

Pädagogische Beziehungen sind nicht nur rechtlich geregelt, sondern beinhalten, wie bereits erwähnt, auch bestimmte Rollenerwartungen an die Beteiligten (Kiper, 2014; ▶ Kap. 3.1). Damit unterscheiden sie sich einerseits von Freundschaftsbeziehungen bzw. Gleichaltrigenbeziehungen, andererseits aber auch von Eltern-Kind-Beziehungen.[5]

Während Freundschaftsbeziehungen in der Regel *freiwillig* eingegangen werden und von *unbestimmter Dauer* sind, entfallen diese Merkmale bei pädagogischen Beziehungen in der Schule. Die mangelnde Freiwilligkeit kommt nicht nur durch die in Deutschland herrschende Schulpflicht zustande, sondern auch dadurch, dass sich Lehrende und Lernende in der Regel ihre Interaktionspartner nicht aussuchen können. Die Beziehung ergibt sich durch die Zuweisung der Lernenden zu Schulklassen sowie die Zuordnung von Lehrpersonen und Klassen.

Die *Dauer* der Beziehung von spezifischen Lehrpersonen und ihren Schulklassen ist u. a. durch die Dauer der Zuteilung und die *Regelmäßigkeit* des Kontakts durch den Stundenplan begrenzt. Insgesamt dauert die Beziehung zwischen Lehrperson und Lernenden in der Regel jedoch maximal so lange wie der entsprechende Schulbesuch bzw. die Klassenzugehörigkeit der jeweiligen Schülerinnen und Schüler. Gleichzeitig haben die Beteiligten

---

5 Auf das Beziehungsdreieck Eltern – Kind – Lehrperson kann in diesem Band nicht näher eingegangen werden. Es sei aber an dieser Stelle auf die Wichtigkeit der Elternarbeit für eine gute Beziehungsqualität in Schule und Unterricht hingewiesen (z. B. Gartmeier, 2018).

nicht ohne Weiteres die Möglichkeit, die Beziehung nach ihren Wünschen aufzukündigen.

In der Regel sind soziale Beziehungen an *spezifische Personen* gebunden. Dies ist bei pädagogischen Beziehungen nicht der Fall, da Lehrpersonen sowie Schülerinnen und Schüler grundsätzlich (in ihren Rollen) austauschbar sind (Diers, 2016). Weiterhin unterscheiden sich pädagogische Beziehungen von anderen Beziehungen darin, dass weniger *persönliches und biographisches Wissen* über die jeweils andere Person vorhanden ist (ebd.).

Pädagogische Beziehungen in der Schule sind *asymmetrisch* (▶ Kap. 2.1.2). Lehrpersonen haben größere Entscheidungs- und Handlungsspielräume in der Schule als Schülerinnen und Schüler. Dabei wird aktuell davon ausgegangen, dass in dieser Hinsicht Aushandlungsprozesse erfolgen. Unabhängig von diesen Prozessen und der mit dem Alter der Lernenden zunehmenden Symmetrie führen, wie bereits erwähnt, die Sozialisations-, Qualifikations- und Selektionsfunktion von Schule und die »damit einhergehende Aufgabe der Leistungs- und Verhaltenskontrolle zu prinzipiell sehr ungleichen Beziehungen zwischen Lehrern und Schülern« (Ulich, 1983, S. 73 f.). Insofern ist auch die *Gegenseitigkeit* der pädagogischen Beziehung gegenüber anderen sozialen Beziehungen eingeschränkt (Diers, 2016; Helsper et al., 2005).

Schulunterricht findet in der Regel in einer Schulklasse oder fachspezifisch in Kursen statt. Daraus ergibt sich auch, dass pädagogische Beziehungen keine klassischen Zweierbeziehungen sind, sondern sich im Rahmen der *Klassenöffentlichkeit* abspielen. Die Lehrperson muss immer (auch) die gesamte Klasse im Blick haben. Die entstehende »one-to-some« Kommunikation (Kiper, 2014, S. 14) adressiert dementsprechend den gesamten Klassenverband. Die Lehrperson tritt gleichzeitig mit der Klasse und mit einzelnen Schülerinnen und Schülern in Interaktion. Damit sind pädagogische Beziehungen und das Klassenklima bzw. die funktionierende Klassengemeinschaft wechselseitig voneinander abhängig. Auch die Kinder und Jugendlichen sind nicht allein auf die Lehrperson fixiert, sondern müssen stets Anforderungen, die »aus dem Unterricht resultieren, und diejenigen, die aus der Peer Kultur hervorgehen« (Breidenstein, 2009, S. 139), bewältigen. Sie nehmen gegenüber der Lehrperson, aber auch gegenüber den Mitschülerinnen und -schülern verschiedene Rollen ein und ihr schulisches Wohlbefinden ist wesentlich von gelingenden sozialen Beziehungen abhängig (Hascher & Hagenauer, 2011; ▶ Kap. 1.3.4). Daraus können Konflikte entstehen, denn: »Jede Antwort auf eine Lehrerfrage muss zugleich vor dem Publikum der Mitschüler bestehen« (Breidenstein, 2010, S. 881). Insofern ist die Lehrperson auch dafür zuständig, eine funktionierende Klassengemeinschaft zu unterstützen und geeignete soziale Erfahrungen in der Klasse zu ermöglichen (Kiper, 2014).

Zu ergänzen ist, dass Schule mehr ist als Unterricht und es viele weitere Begegnungsorte von Lehrpersonen, Schülerinnen und Schülern gibt. Gerade Ganztagsschulen reichern den Schultag mit weiteren Lerngelegenheiten, Ganztagsangeboten und Projekten an. Außerunterrichtliche (AG-)Angebote gibt es an den meisten Schulen. Daneben werden außerschulische Unternehmungen (z. B. Exkursionen, Klassenfahrten), Versammlungen, Feste u. ä. angeboten (ebd.). Dabei unterscheiden sich Schulen durchaus hinsichtlich der Gestaltung pädagogischer und anderer sozialer Beziehungen im Alltag. Die jeweilige Schulkultur bietet den Rahmen, in dem sich pädagogische Beziehungen entwickeln (ebd.; ▶ Kap. 2.3.1).

2.2.2 Beziehungsgestaltung als hohe Anforderung an Lehrpersonen

Im Unterricht begegnet die Lehrperson, als Vertreterin der älteren Generation, den Lernenden in ihrer beruflichen Rolle unter den institutionellen und gesellschaftlichen Bedingungen der Schule. Dabei ist die berufliche Rolle keineswegs eindeutig festgelegt und es ist unmöglich, allen Erwartungen gleichermaßen gerecht zu werden.

Gerade der Unterricht ist eine sehr komplexe Situation, in der oft viele Anforderungen zugleich an die Lehrperson herangetragen werden und schnelle Reaktionen gefordert sind. Dabei gibt es unterschiedliche und häufig sogar gegensätzliche Handlungsmöglichkeiten, die jeweils Berechtigung haben. Diese Spannungsverhältnisse werden als *Antinomien des Lehrerhandelns* (▶ Tab. 2.1; vgl. Haag & Streber, 2014 und Rothland, 2013) beschrieben, die der Struktur des Lehrberufs inhärent sind (Helsper, 2004). Demnach sind Lehrpersonen in ein »Korsett gegensätzlicher Pole« (Haag & Streber, 2014, S. 122) gepresst, die aus gesellschaftlichen Widersprüchen, Paradoxien und Dilemmata bestehen und mit der Beziehungsqualität im Unterricht verbunden sind.

Insbesondere die Balance zwischen den Polen *Nähe und Distanz* in der Beziehung stellt Lehrpersonen häufig vor große Herausforderungen. Eine gewisse Nähe zu den Schülerinnen und Schülern ist nötig, um ein angemessenes Lernklima zu schaffen. Dennoch wird man sich schnell einig

Tab. 2.1: Antinomien des Lehrerhandelns

Antinomie zwischen	Erläuterung
Nähe und Distanz	Einerseits sind Wohlbefinden und Lernfähigkeit der Lernenden durch Beziehungsarbeit und Nähe zu sichern, andererseits ist in professionellen pädagogischen Beziehungen Distanz und emotionale Neutralität gegenüber den Schülerinnen und Schülern geboten.
Person und Sache	Einerseits soll abstraktes Wissen vermittelt werden, andererseits ist die Anpassung der Lehrtätigkeit an die konkrete Lebenswelt der Schülerinnen und Schüler lernförderlich. Es gibt unter Umständen auch einen Widerspruch zwischen Qualifikationsinteressen der Wirtschaft und individuellen Bildungsinteressen der Lernenden.
Homogenität und Heterogenität	Alle Lernenden sollen gleich behandelt werden, obwohl sie unterschiedliche Lernvoraussetzungen mitbringen und daher auch unterschiedlich intensiver Förderung bedürfen.
Organisation und Interaktion	Einerseits ist die Schule stark strukturiert, mit geregelten Zeit- und Organisationsplänen und Curricula, andererseits sind die individuellen Lehrer-Schüler-Interaktionen eher ungeregelt und die Anforderungen an Lehrpersonen oft unklar.
Autonomie und Heteronomie	Schülerinnen und Schüler sollen zur Selbstständigkeit erzogen werden, dies erfolgt aber in Zwangsstrukturen (Schulpflicht) und bei einer gleichzeitig relativ abhängigen und unselbstständigen Rolle der Schülerinnen und Schüler.

darüber, dass es Grenzen dieser Nähe gibt.[6] Eine professionelle Distanz ist nicht nur im Rahmen der anzuvisierenden Neutralität in Bezug auf alle Lernenden einer Lerngruppe geboten, sondern auch nötig, um arbeitsfähig zu bleiben. Anders als in Eltern-Kind-Beziehungen geht es nicht um Liebe und bedingungslose Zuwendung und auch die Reziprozität einer Freundschaftsbeziehung ist weder angemessen noch von Schülerinnen und Schülern erwünscht (▶ Kap. 4.4; 5.1.1). Letzteres gilt vor allem in der Sekundarstufe I. Hier wünschen sich Schülerinnen und Schüler Wertschätzung und Anerkennung seitens der Lehrperson. Allerdings stellt die bevorzugte Form der Beziehung eine »one-way relationship« dar (De Bruyckere & Kirschner, 2016, S. 11). Während die Lehrperson Interesse an den Lernenden als Per-

---

6 Dies wird insbesondere in Bezug auf körperliche Beziehungen deutlich. Angesichts der Fokussierung auf lernförderliche Beziehungsgestaltung wird in diesem Band auf Fragen der sexualisierten Gewalt in pädagogischen Kontexten nicht eingegangen. In diesem Zusammenhang sei z. B. verwiesen auf Retkowski et al., 2018.

son zeigen sollen, betrachten die Schülerinnen und Schüler die Lehrenden mit einer distanzierten Einstellung und wünschen sich eine klare, konsequente Haltung von ihnen (ebd.).

Widersprüche ergeben sich auch dann, wenn es darum geht, den Unterricht möglichst an die Lebenswelt und die Bedürfnisse der Lernenden anzupassen, aber gleichzeitig den Zielen eines Curriculums bzw. den Bildungsstandards gerecht zu werden (Antinomie zwischen *Person und Sache*; ▶ Tab. 2.1). Da die Lernenden Individuen mit unterschiedlichen Erfahrungen und Lernvoraussetzungen sind und individuelle Förderung inzwischen allgemein als Ziel des Unterrichts gesehen wird, ergeben sich auch Widersprüche zwischen *Homogenität und Heterogenität*. Das wird z. B. in Bezug auf Inklusion deutlich, wenn demokratische Prinzipien eine Gleichbehandlung in Bezug auf Rechte und Partizipation erfordern und gleichzeitig auf individuelle Bedürfnisse eingegangen, aber auch faire Bewertung geleistet werden soll (Prengel, 2002; ▶ Kap. 7.2).

Im Rahmen der Betrachtung pädagogischer Beziehungen als Generationenbeziehungen (▶ Kap. 2.1.3) wurde die sogenannte *Symmetrie- und Machtantinomie* in pädagogischen Beziehungen deutlich (Helsper, 2002). Die mächtigere Position der Lehrpersonen ist institutionell (durch Sanktionsmacht), aber auch durch erhöhte Wissensbestände im Vergleich mit den Lernenden bestimmt. Für die Förderung von Problemlösen, Wissenskonstruktion und demokratischen Werten (▶ Kap. 1) sind andererseits symmetrische Verhältnisse förderlich. Das entstehende Dilemma zwischen der Eröffnung und der Einschränkung von Partizipationsmöglichkeiten geht einher mit der Antinomie zwischen *Autonomie und Heteronomie*. Während Autonomie im Lernprozess zu ermöglichen ist, sind ihr zwangsläufig durch die institutionelle Rahmung mit Schulpflicht, Selektion und dem strukturierten klassenöffentlichen Geschehen Grenzen gesetzt. Dies macht auch den Widerspruch zwischen *Organisation und Interaktion* deutlich (▶ Tab. 2.1).

Die geschilderten Widersprüche sind nicht aufzuheben, vielmehr zeigt sich die Professionalität der Lehrperson in der Auseinandersetzung mit und Reflexion von Antinomien und ihrem täglichen Ausbalancieren im Unterricht (Tenorth, 2004). Dies bestimmt wiederum die Beziehungsqualität.

2.3 Pädagogische Beziehungen als Merkmale guten Unterrichts

2.3.1 Pädagogische Beziehungen als Merkmal von Schuleffektivität und -qualität

Zur Beschreibung erfolgreicher Schulen gibt es zwei eng miteinander verbundene Forschungsstränge: Schuleffektivitäts- und Schulqualitätsforschung. Die *Schuleffektivitätsforschung* betrachtet die Wirksamkeit der Vermittlung von Kompetenzen im Schulvergleich. Es wird ermittelt, welche Merkmale sich in *effektiven* und weniger effektiven Schulen unterscheiden. Schuleffektivität wurde dabei historisch zumeist im Hinblick auf den Zuwachs von *fachlichen Kompetenzen* der Schülerinnen und Schüler bestimmt, wobei in den letzten Jahren zunehmend auch bereichsübergreifende Kompetenzen in den Blick genommen werden (Klieme, 2016). Merkmale erfolgreicher Schulen werden im *Mehrebenensystem* von Schule lokalisiert (Ditton 2007; Klieme, 2016).

Auf der *Systemebene* sind gesellschaftliche und soziale Rahmenbedingungen wie z. B. Vorgaben der Bildungspolitik und der Schulverwaltung verortet. Innerhalb der Einzelschulen wird zwischen den Ebenen der *Schule*, der *Lernumgebung* (Klasse, Unterricht und im Falle der Ganztagsschule auch Ganztagsangebote) und des *Individuums* (u. a. Lernende und Lehrende) differenziert (Creemers et al., 2012; ▶ Abb. 2.2). Dabei wird davon ausgegangen, dass die Ebenen sich wechselseitig beeinflussen. Interaktionen im Unterricht sind u. a. von Gegebenheiten auf Schul- und Systemebene sowie von Merkmalen der beteiligten Individuen abhängig und beeinflussen diese wiederum (Creemers et al., 2012).

Listen von Merkmalen erfolgreicher Schulen aus der Schuleffektivitätsforschung nennen auf Ebene der Lernumgebung z. B. hohe Leistungserwartungen, effektive Lernzeit, Differenzierung und adaptive Instruktion, aber aktuell auch Schul- und Klassenklima, Klassenmanagement und Feedback (zusf. Bischof, 2017). Dabei wurde die Betrachtung pädagogischer Beziehungen in diesem Forschungsstrang lange Zeit vernachlässigt, obwohl sich bereits früh entsprechende Zusammenhänge gezeigt hatten (z. B. Wang et al., 1993; zusf. Scheerens & Bosker, 1997). U. a. gab es Hinweise darauf, dass *Vertrauen* auf allen Ebenen der Schule ein Merkmal erfolgreicher Schulen darstellt (z. B. Bryk & Schneider, 2002; ▶ Kap. 6) und dass sich hohe *Erwartungen* der Lehrenden an die Lernenden positiv auf Schulleistungen auswirken (Scheerens, 1990; ▶ Kap. 3.4.2).

2 Pädagogische Beziehungen in Schule und Unterricht

Erst im letzten Jahrzehnt – und sicherlich auch bedingt durch die Studie von Hattie (2009) – rücken die Qualität der Beziehungen und die Merkmale sowie das Interaktionsverhalten von Lehrpersonen als Voraussetzung von Schuleffektivität stärker in den Vordergrund. Dabei zeigt sich u. a. häufig, dass gerade Schulen in sozialen Brennpunkten, deren Schülerinnen und Schüler erwartungswidrig gute Leistungen erbringen, eine hohe Beziehungsqualität aufweisen (Muijs et al., 2004; Rutledge et al., 2015).

> **Die »Mega-Analyse«[7] von Hattie**
>
> In einem 20 Jahre umfassenden Forschungsprojekt sichtete Hattie (2009)[8] mehr als 700 Meta-Analysen von Studien, die verschiedene Merkmale von Schule, Unterricht und Individuen mit Schülerleistungen in Verbindung gebracht haben. Damit beinhaltet seine Arbeit ca. 50.000 Einzelstudien und sie verweist auf die Bedeutung pädagogischer Beziehungen für schulisches Lernen. In Bezug auf den Unterricht ergab sich, dass u. a. aktivierende Unterrichtsmethoden, konstruktives Feedback und ein positives Fehlerklima wichtig sind (▶ Kap. 1.3.3). Zudem spielen auch Prozesse auf der Schulebene eine wichtige Rolle für die Leistung der Lernenden, z. B. die Kooperation im Lehrkollegium. Terhart (2011, S. 138) fasst die Ergebnisse so zusammen: »Insgesamt sind nach Hattie diejenigen Lehrer wirksam, die aktivierende Unterrichtsmethoden anwenden, die hohe Erwartungen an alle ihre Schüler haben und denen es gelingt, eine positive Lehrer-Schüler-Beziehung aufzubauen. Komplementär wird das Ideal eines Schülers sichtbar, der sein eigenes Lernen beobachtet, bewertet und zu verbessern versteht.« Hier ergeben sich Bezüge zu konstruktivistischen Lernmethoden (▶ Kap. 1.1) und die Bedeutung der Beziehungs- und Interaktionsqualität im Unterricht für fachliches Lernen wird unterstrichen.

Die Erforschung der *Schulqualität* geht mit der Identifikation effektiver Schulen einher. Gängige Modelle der Schulqualität unterscheiden die Komponenten *Input-, Prozess- und Ergebnisqualität* auf jeder der Ebenen von Schule (Ditton, 2000, 2007). Die betrachteten Ergebnisse sind vielfältig, denn schon die Bestimmung dessen, was Qualität ist, ist abhängig von der

---

7 Hatties Synthese von Metaanalysen wurde in englischsprachigen Publikationen als *mega-analysis* bezeichnet, was zunehmend auch in deutschen Publikationen übernommen wird (u. a. Klieme, 2016).
8 Zur kritischen Einordnung der Studie: Terhart, 2011.

jeweiligen Perspektive: »Für berufstätige Eltern kann bspw. eine zuverlässige Betreuung ein relevantes Qualitätskriterium von [...] Ganztagsschule sein, während für Schüler*innen eher ›Spaß‹ ein relevanter Aspekt ist und die Bildungspolitik messbare Effekte auf bestimmte Outcomes erwartet« (Sauerwein & Fischer, 2020, S. 1525). Daher können neben den fachlichen Leistungen und bereichsübergreifenden Kompetenzen von Schülerinnen und Schülern auch Merkmale auf der Schulebene, wie Schulkultur und -organisation, als *Ergebnisqualität* aufgefasst werden (Klieme, 2016).

Als *Prozessmerkmale* von Schulqualität werden Prozesse auf Ebene der Schule (z. B. Kooperation im Kollegium, soziales Klima in der Schule insgesamt) und auf Ebene des Unterrichts (z. B. Anregungsgehalt, Unterstützung durch die Lehrperson) untersucht. Die *Input- oder Kontextbedingungen* sind ebenfalls auf verschiedenen Ebenen angesiedelt und umfassen Vorgaben des Bildungssystems genauso wie z. B. die Schulform (Schulebene), das Curriculum (Ebene der Lernumgebung) und Voraussetzungen bei den Lernenden (Individualebene) (Ditton, 2000).

Beziehungen und Interaktionen zwischen Lehrpersonen und Lernenden spielen sich vor allem in Interaktionen auf der Ebene der Lernumgebung ab und können Prozesse bei den Lernenden (z. B. Motivation, Emotionen) und das nachhaltige Lernen (als Ergebnisqualität auf Individualebene) unterstützen (▶ Abb. 2.2; vgl. Ditton, 2000; Creemers et al., 2012). Allerdings wirken sich gelingende Beziehungen auch auf das schulische Wohlbefinden von Lernenden und Lehrpersonen aus (▶ Kap. 1.3.4; 2.4). Bedingungen und Prozesse auf der Schulebene, aber auch Einstellungen, Erwartungen und Haltungen der Lernenden und Lehrenden (Individualebene) können die Beziehungsqualität und die Ergebnisqualität beeinflussen.

Zwar hat sich in Bezug auf das fachliche Lernen insbesondere die Ebene des Unterrichts als wirksam herausgestellt (u. a. Ditton, 2000), es gibt aber durchaus Hinweise darauf, dass Merkmale der Prozessqualität auf Schulebene, wie eine unterstützende Schulleitung und die Kooperation im Kollegium, das Unterrichtsverhalten der Lehrpersonen und damit die Beziehungsqualität beeinflussen (z. B. Georgiou & Kyriakides, 2012). Darüber können sich Wirkungen auf Lernverhalten und -erfolg der Schülerinnen und Schüler einstellen (Bryk & Schneider, 2002; ▶ Kap. 6). Entsprechende theoretische Annahmen und empirische Ergebnisse werden in den folgenden Kapiteln berücksichtigt, auch wenn der Fokus auf der Beziehungs- und Interaktionsqualität im Unterricht liegt.

2 Pädagogische Beziehungen in Schule und Unterricht

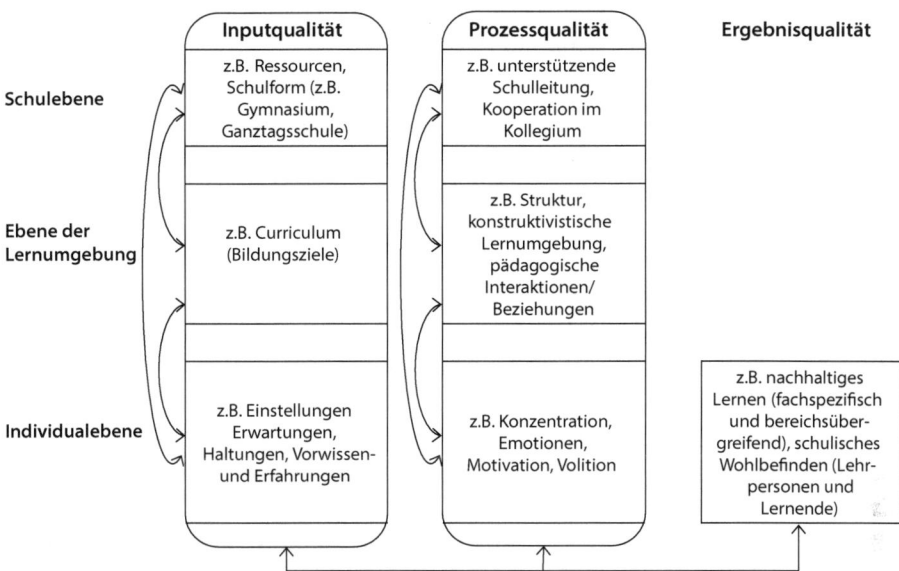

Abb. 2.2: Verortung pädagogischer Beziehungen und nachhaltigen Lernens im Input-Prozess-Output-Modell auf drei Ebenen

2.3.2 Pädagogische Beziehungen und Unterrichtsqualität

Nicht nur in Bezug auf effektive Schulen, sondern auch in Bezug auf erfolgreichen Unterricht werden Eigenschaften der Interaktion und des Lehrkraftverhaltens in den Blick genommen. So finden sich z. B. in Helmkes (2006) Zusammenstellung von fachübergreifenden Merkmalen der Unterrichtsqualität Aspekte der Qualität pädagogischer Beziehungen. Ein *lernförderliches Klima* wird als entspannte Atmosphäre, in der ein positives Fehlerklima sowie wechselseitiger Respekt herrschen, beschrieben. Die *Schülerorientierung* umfasst das Interesse der Lehrenden an den Lernenden, die ernst genommen werden und Möglichkeiten der Mitbestimmung erhalten. Diese Merkmale werden u. a. als Voraussetzungen für Motivation, positive Emotionen und Lernerfolg im Unterricht angesehen.

In der quantitativ-empirischen Bildungsforschung in Deutschland hat sich das Modell der drei *Basisdimensionen guten Unterrichts* durchgesetzt (Klieme et al., 2001). Demnach zeichnet sich ein motivations- und leistungsförderlicher Unterricht durch eine *strukturierte Klassenführung*, *unterstützendes Klima* sowie *kognitive Aktivierung* der Schülerinnen und Schüler aus.

> **Sechs Merkmale einer guten Lehrperson**
>
> Basierend auf didaktischen Ansätzen und empirischer Forschung zu Unterrichtsqualität definieren Köller und Meyer (2014, o. S.) Merkmale einer guten Lehrperson, in denen sich Überlegungen zur Ausgestaltung von und den Anforderungen in pädagogischen Beziehungen genauso finden wie Kooperation im Kollegium und eine selbstreflexive Haltung:
>
> »1. Eine gute Lehrperson versteht es, ein Arbeitsbündnis mit ihren Schülerinnen und Schülern herzustellen, eine Übereinkunft über gegenseitig akzeptierte Rechte und Pflichten.
> 2. Sie weiß, dass einige ihrer Aufgaben in sich und zueinander in Widerspruch geraten können (z. B. die Fürsorgepflicht gegenüber dem Einzelnen im Gegensatz zur gerechten Behandlung aller). Aber sie versteht es, die Widersprüche auszubalancieren.
> 3. Sie hat breites und tiefes Fachwissen und beherrscht ihr didaktisches und methodisches Handwerkszeug.
> 4. Sie begegnet jedem Schüler mit Respekt und versucht, im Klassenzimmer eine demokratische Unterrichtskultur zu entwickeln.
> 5. Sie kann ihr eigenes Handeln und seine Wirkungen gründlich überdenken und es auf Basis der Reflexion stetig weiterentwickeln.
> 6. Sie arbeitet gern im Team und versteht sich als Mitglied einer professionellen Gemeinschaft.«

Die strukturierte Klassenführung garantiert die optimale Nutzung der Unterrichtszeit durch Störungsprävention und eine Konzentration auf die zu lernenden Inhalte, die strukturiert dargeboten werden. Das unterstützende Klima fördert das Erleben von Selbstbestimmung durch die Lernenden (▶ Kap. 4.3) und beinhaltet u. a. den wertschätzenden Umgang der Lehrpersonen mit den Schülerinnen und Schülern sowie ein positives Fehlerklima. Die kognitive Aktivierung erfolgt u. a. durch herausfordernde Aufgabenstellungen und authentische Lernsituationen, die eine eigenständige Wissenskonstruktion ermöglichen (Klieme & Rakoczy, 2008; ▶ Kap. 1.1). Aufgrund empirischer Ergebnisse wird davon ausgegangen, dass kognitive Aktivierung eher den Lernerfolg und ein unterstützendes Klima vornehmlich die Motivation fördert, während eine strukturierte Klassenführung Voraussetzung für Motivation und Lernen ist (ebd.).

International zeigt sich jedoch, dass unterstützende Interaktionen und gelingende Beziehungen durchaus mit Lernerfolgen hinsichtlich fachlicher

Leistungen einhergehen. Ein Ansatz, der Lernerfolge von Schülerinnen und Schülern ausschließlich über die Interaktionsqualität im Unterricht erklärt, ist der *Teaching Through Interactions*-Ansatz (TTI; Hafen et al., 2015; Hamre et al., 2013). Dieser wurde als theoretisches Modell basierend auf pädagogischen und psychologischen Grundannahmen konzipiert. Parallel wurde ein entsprechendes Beobachtungssystem (CLASS, Classroom Assessment Scoring System, Pianta et al., 2008) entwickelt, so dass die drei im TTI propagierten Faktoren effektiver Interaktion im Unterricht inzwischen vielfach empirische Bestätigung fanden (▶ Abb. 2.3; vgl. Hafen et al., 2015; Hamre et al., 2013). Dabei sind die Überschneidungen zu den Basisdimensionen guten Unterrichts deutlich. Sowohl emotionale Unterstützung als auch Unterrichtsorganisation und Lernunterstützung werden als Merkmale der Interaktion und damit als Gelingensbedingungen pädagogischer Beziehungen erfasst. Dies macht den Stellenwert der Beziehungsgestaltung für das Lernen deutlich.

Der Faktor *emotionale Unterstützung* im TTI beruht auf der Selbstbestimmungstheorie (▶ Kap. 4.3) und der Bindungstheorie. Letztere geht davon aus, dass emotionale Unterstützung in einer sicheren, vorhersagbaren Beziehung die positive Entwicklung von Kindern und Jugendlichen in Eltern-Kind-Beziehungen und professionellen pädagogischen Beziehungen fördert. Entsprechend lässt sich die emotionale Unterstützung durch eine positive Atmosphäre, soziale Eingebundenheit, Rücksichtnahme der Lehrperson auf die Bedürfnisse nach Mit- und Selbstbestimmung und die Interessen der Schülerinnen und Schüler sowie die Abwesenheit von destruktiver Machtausübung (Aggression, Sarkasmus, Missachtung) beobachten.

Der Faktor *Unterrichtsorganisation* dagegen ist auf die Ermöglichung von Selbstregulation und Aktivität (▶ Kap. 1.3.2) in einer gut strukturierten Lernumgebung ausgerichtet. Dies zeigt sich in einem störungspräventiven und routinierten Klassenmanagement (▶ Kap. 2.3.3) mit einer effektiven Zeitnutzung und der Ermöglichung möglichst vieler Gelegenheiten für aktives, konstruktives Lernen.

Die Vermittlung und Anwendung von entsprechenden Lernstrategien, metakognitivem Wissen und Methoden der *Lernunterstützung* sind im dritten Faktor repräsentiert. Hier wird insbesondere beobachtet, inwiefern die Lehrperson kreative Dialoge und die konstruktive Auseinandersetzung mit den Unterrichtsinhalten durch verschiedene Lehrmethoden fördert sowie die Beteiligung der Lernenden an der Kommunikation anregt. Weiterhin sind Feedbackstrategien im Fokus. Förderlich ist eine Orientierung am formativen Assessment[9] mit informativem Feedback im Lernprozess, das der Lernunterstützung dient (siehe auch Hattie, 2009).

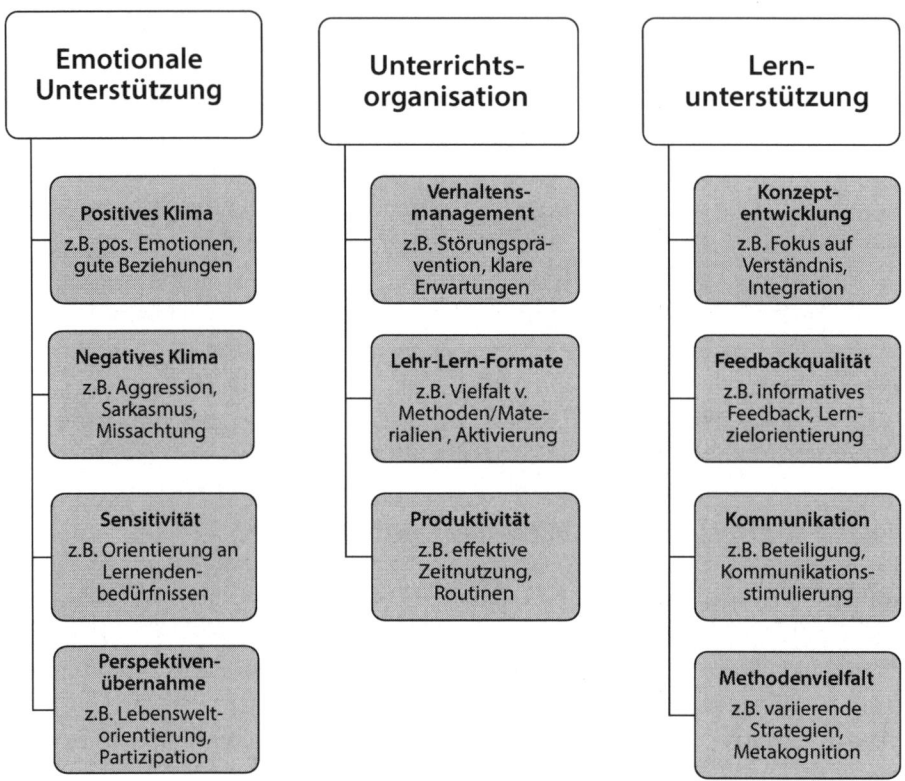

Abb. 2.3: Faktoren des Teaching-Through-Interactions-Ansatzes und Beobachtungsdimensionen des CLASS

Die Forschung mit dem CLASS weist darauf hin, dass Schülerinnen und Schüler in Schulen, in denen die Interaktionsmuster hohe Lern- und emotionale Unterstützung sowie eine förderliche Unterrichtsorganisation aufweisen, sich bezüglich fachlicher Leistungen besonders positiv entwickeln (für die Sekundarstufe I z. B. Allen et al., 2013; für die Grundschule z. B. Hamre & Pianta, 2006). Dies stützt die Annahme, dass die Qualität pädago-

---

9 Formatives Assessment fokussiert auf informatives Feedback, das den Lernprozess begleiten und optimieren soll, während summatives Feedback am Ende einer Lerneinheit erfolgt und meist eine Bewertung (z. B. in Form einer Benotung) beinhaltet.

gischer Beziehungen, die sich in den Interaktionen im Unterricht ausdrückt, nicht nur ein Merkmal für guten Unterricht, sondern auch für Schuleffektivität darstellt.

2.3.3 Pädagogische Beziehungen und Classroom Management

Merkmale von Unterrichtsqualität und gelingenden Interaktionen beinhalten, wie dargestellt, auch eine strukturierte Unterrichtsorganisation und Klassenführung. Das unterstreicht die Bedeutung der Beziehungsgestaltung für das *Classroom Management*. Beim Classroom Management geht es in erster Linie darum, die tatsächliche Lernzeit der Schülerinnen und Schüler zu maximieren und Störungen zu minimieren. Die Lehrperson ist verantwortlich für die Gestaltung der Rahmenbedingungen, die »erfolgreiches Lernen ermöglichen« (Eichhorn, 2014, S. 25). Voraussetzung ist die Schaffung eines Klimas, in dem die Lernenden Verantwortung für den eigenen Lernprozess übernehmen, der Lernprozess klar strukturiert ist und die Bedürfnisse der Lernenden berücksichtigt werden (Eichhorn, 2014; ▶ Kap. 1).

Eine effektive Klassenführung erfordert gute Beziehungen, dies wird z. B. in Bezug auf die allgemein empfohlene *Störungsprävention* deutlich. Wenn Lehrpersonen Unterrichtsstörungen vorbeugen, wird nach Ergebnissen aus empirischen Studien weit weniger Zeit für Disziplinierung aufgewendet als bei reaktivem Umgang mit Störungen (Eichhorn, 2013). Prävention kann u. a. durch die Einführung und Einhaltung von *Ritualen und Regeln* in der Klasse erfolgen (Eichhorn, 2014; Thies, 2014). Wichtig ist dabei, diese konsequent einzufordern und auch nach dem erfolgreichen Einüben noch aufmerksam zu überwachen. Wenn z. B. das Wechseln von Einzelarbeit zur Gruppenarbeit routiniert abläuft, wird nur wenig Lernzeit für das Umstellen von Tischen benötigt. Gute Beziehungen zwischen Lehrperson und Lernenden sind eine Voraussetzung dafür, dass die Klasse die Autorität der Lehrperson und die Regeln anerkennt (Rüedi, 2014; Thies, 2014).

Beziehungsarbeit gehört aber auch per se zum präventiven Classroom Management. Klaffke (2013) nennt u. a. eine wertschätzende Beziehung zwischen Lehrperson und Lernenden sowie ein positives Klassenklima als Präventionsmaßnahmen. Wenn man die Schülerinnen und Schüler gut kennt, kann man bei bestimmten Lernenden gezielt Strategien zur Verbesserung der pädagogischen Beziehung anwenden, um zu vermeiden, dass Sanktionen die Beziehung verschlechtern (Eichhorn, 2013; ▶ Beispiel 2.1).

Beispiel 2.1 (aus Eichhorn, 2013, S. 11)

»Am Tag bevor Frau Graf in ihrer Klasse das Ritual erklärt, führt sie mit Carlo, einem ›oppositionellen‹ Schüler, ein Vorabgespräch. Sie erklärt ihm, wie das Ritual aussieht und spricht mit ihm über dessen Vorteile, wie z. B., dass sich alle wohler fühlen, wenn alle ruhig ins Klassenzimmer kommen. Dann sagt sie zu ihm: ›Und morgen darfst du den Anderen das Ritual erklären, nachdem ich es an die Tafel geschrieben habe. Was meinst du?‹ Am Schluss verabschiedet sie sich mit: ›Carlo, danke für deine Unterstützung – echt cool.‹«

Stimmt die Beziehungsqualität mit Schülerinnen und Schülern mit »herausforderndem Verhalten« (Eichhorn, 2014, S. 27), dann gelingt es bei Störungen durch diese Schülerinnen und Schüler besser, *unauffällig* zu intervenieren. Das ist wichtig, damit der Rest der Klasse nicht im Lernprozess gestört wird. Auf unangemessenes Verhalten der Schülerinnen und Schüler sollte möglichst zeitnah reagiert werden (bei guter Beziehung genügt oft ein Blick), der Fokus sollte aber auf der Wertschätzung angemessenen Verhaltens liegen.

Insgesamt ist ein störungspräventiver Unterricht also möglichst verlässlich und vorhersagbar strukturiert. Dazu gehört auch, dass sich die Lehrperson gut auf den Unterricht vorbereitet, keine Lernzeit mit Aktivitäten, die auf mangelnder Vorbereitung beruhen, verschwendet (▶ Beispiel 2.2) und Strategien für das eigene Verhalten bei potenziellen Störungen parat hat. Denn auch die Lehrperson kann den Unterricht erheblich stören.

Beispiel 2.2[10]

»*8.15 Uhr:* Schülerinnen und Schüler sehr unruhig, Lehrkraft kommt zu spät. *8.20 Uhr*: Lehrkraft beginnt Unterricht mit Anwesenheitskontrolle, braucht allein dafür zehn Minuten, es wird immer unruhiger. *8.32 Uhr*: Lehrkraft teilt Bücher aus, hat aber zu wenige für die Klasse organisiert und die Seiten vergessen, wo das geplante Thema und die Aufgaben dazu stehen. Schließlich arbeiten von 29 Schülerinnen und Schülern genau sechs, Lehrkraft scheint sich nicht dafür zu interessieren, bespricht mit einigen Ausgewählten die nächsten Probentermine für die Big Band. *8.57 Uhr*: Lehrkraft bricht Bucharbeit ab, Vergleich oder Fixierung findet nicht statt, dafür werden fünf Minuten Pause angesetzt. *9.06 Uhr*: Lehr-

---

10 Das Beispiel stammt aus dem unveröffentlichten Praktikumsbericht eines Lehramtsstudenten zum Musikunterricht in der gymnasialen Oberstufe (Uebach, 2016).

> kraft nimmt verspätet wieder den Unterricht auf, hat sich in der Pause den nächsten Teil der Stunde überlegt, lässt Bücher wieder aufschlagen, will neues Thema anfangen, lässt aber immer wieder weiterblättern mit dem Kommentar: ›Eigentlich auch ganz schön, ist aber schlecht aufgemacht, da bringe ich euch nächstes Mal besseres Material mit.‹«

Wichtig für die Beziehungsqualität und einen möglichst störungsarmen Unterricht ist nicht nur, dass sich die Lehrperson selbst an die Klassen- und Schulregeln hält, sondern auch, dass der Unterricht nicht langweilig ist und möglichst einen Lebensweltbezug aufweist (Klaffke, 2013). Ungelöste Konflikte in der Klasse oder persönliche Probleme einzelner Schülerinnen und Schüler können genauso zu Störungen führen wie strukturelle Probleme (etwa räumliche Bedingungen oder ein ungünstiger Stundenplan; ebd.). Lehrpersonen sollten für solche Gegebenheiten möglichst aufmerksam sein und empathisch reagieren (ebd.; ▶ Kap. 4.2.1).

Insgesamt hat aber nicht nur die einzelne Lehrperson Einfluss auf das funktionierende Classroom Management, sondern die Schulkultur spielt auch eine Rolle. Wenn alle im Kollegium z. B. dieselben zentralen Rituale konsequent durchführen und sich über die Bedeutung und die Umsetzung von Klassenführung einig sind, dann merken dies auch die Schülerinnen und Schüler. So entfallen z. B. Phasen des Erprobens von Grenzen bei neuen Lehrpersonen. Die Zusammenhänge zwischen effektiver Klassenführung, einem störungsarmen Unterricht und positiven pädagogischen Beziehungen machen deutlich, dass hohe Beziehungsqualität nicht nur den Schülerinnen und Schülern, sondern auch den Lehrpersonen zugutekommt (▶ Kap. 2.4).

2.4 Pädagogische Beziehungen und Lehrerbelastung

Ob pädagogische Beziehungen gelingen oder nicht, spielt nicht nur für Schülerinnen und Schüler (▶ Kap. 1.3; 2.3), sondern auch für die Zufriedenheit, Gesundheit und Belastung von Lehrpersonen eine wichtige Rolle. Hinsichtlich der Gesundheit bzw. Belastung von Lehrpersonen zeichnet sich seit längerem ein problematisches Bild ab. Der Beruf als Lehrperson »gehört zu den Berufen, die in besonderem Maße mit psychischen Belastungen verbunden sind« (Schaarschmidt & Kieschke, 2013, S. 82), was sich in »alarmierenden Zahlen über Dienstunfähigkeit und vorgezogenem Ruhestand, für die vorwiegend psychische bzw. psychisch verursachte Beeinträchtigungen und Beschwerden verantwortlich gemacht werden« (ebd.), ausdrückt.

Die bedenkliche Gesundheitssituation vieler Lehrpersonen kann durch Charakteristika des Berufs bedingt sein. Für die berufliche Zufriedenheit und die psychische Gesundheit ist die Balance von Aufwand und Ertrag bzw. Anforderungen und Ressourcen entscheidend (u. a. Bauer, 2012; Klusmann et al., 2006). Mit Blick auf die Charakteristika des Berufs wird deutlich, dass die Tätigkeit und der Beruf als Lehrperson mit vielen Anforderungen (z. B. Arbeitspensum) und vergleichsweise wenigen externen Ressourcen (z. B. öffentliches Ansehen, Aufstiegsmöglichkeiten) einhergeht.[11] Dazu kommen hohe Anforderungen an Flexibilität und den Umgang mit widersprüchlichen Anforderungen (▶ Kap. 2.2.2).

Für die Bewertung der Tätigkeit, des Erfolgs und der beruflichen Zufriedenheit spielen für Lehrpersonen pädagogische Beziehungen eine bedeutende Rolle: »Lehrer/innen bewerten die eigene Tätigkeit und berufliche Zufriedenheit vor allem danach, ob ihre Beziehungen zu Schülerinnen und Schülern positiv oder gestört sind [...], ob sie in der pädagogischen Arbeit mit ihnen Anerkennung und Erfolg haben« (Ulich, 2001, S. 76). Diese Bedeutung pädagogischer Beziehungen lässt sich empirisch nachweisen. In Studien zur Berufszufriedenheit hat sich gezeigt, dass Erfolge in der unterrichtlichen Arbeit, in der erzieherischen Arbeit und die Anerkennung durch die Schülerinnen und Schüler zentral für die Berufszufriedenheit von Lehrpersonen sind (Bieri, 2002; Ipfling et al., 1995). Erfolge oder Misserfolge können zudem das emotionale Erleben von Lehrpersonen beeinflussen. In Studien konnte nachgewiesen werden, dass Lernzuwächse der Lernenden bei Lehrpersonen Freude hervorrufen (Hargreaves, 2000), während schlechte Leistungen aufgrund mangelnder Anstrengungen bei Lehrpersonen zu Ärger führen (Graham & Weiner, 1986; Hargreaves, 2000). Entsprechend erscheint es wenig überraschend, dass in Studien zur Gesundheit bzw. Belastung von Lehrpersonen der pädagogischen Beziehung und dem Verhalten der Schülerinnen und Schüler ein zentraler Stellenwert zukommt.

Misslingende pädagogische Beziehungen sowie Leistungs-, Motivations- und Verhaltensprobleme der Schülerinnen und Schüler wurden in zahlreichen nationalen und internationalen Studien als Hauptbelastungsfaktor

---

11 Für detaillierte Informationen zu Charakteristika, Anforderungen und Ressourcen des Berufs als Lehrperson siehe z. B. Rothland, 2013.

der Gesundheit von Lehrpersonen identifiziert (u. a. Krause et al., 2011; Ksienzyk & Schaarschmidt, 2005; Kyriacou, 2001), wohingegen gelungene pädagogische Beziehungen eine zentrale gesundheitliche Ressource für Lehrpersonen darstellen (Aldrup et al., 2017; Unterbrink et al., 2008).

Befunde verschiedener Studien untermauern, wie aufgezeigt, dass pädagogische Beziehungen sich auf die Gesundheit bzw. Belastung von Lehrpersonen auswirken können. Es ist jedoch ebenfalls davon auszugehen, dass die Gesundheit bzw. Belastung von Lehrpersonen die pädagogischen Beziehungen und das nachhaltige Lernen beeinflussen kann. »Eine hohe Qualität des Lehrens und Lernens kann auf Dauer nur mit psychisch gesunden Lehrern gewährleistet werden« (Schaarschmidt & Kieschke, 2013, S. 82). Inwiefern die Gesundheit bzw. Belastung von Lehrpersonen den Unterricht und pädagogische Beziehungen beeinflusst, wurde bislang vergleichsweise selten untersucht. Die Befunde vorliegender Studien sprechen aber für eine derartige Auswirkung. So konnte z. B. festgestellt werden, dass belastete Lehrpersonen aus Sicht ihrer Schülerinnen und Schüler deren kognitive Selbstständigkeit weniger fördern, häufiger ein unangemessen hohes Tempo aufweisen, als weniger gerecht und an den Belangen der Lernenden interessiert wahrgenommen werden als nicht belastete Lehrpersonen (Klusmann et al., 2006). Dies könnte u. a. damit zusammenhängen, dass bei belasteten Lehrpersonen und negativ wahrgenommener Beziehungsqualität zu den Schülerinnen und Schülern ein geringer beruflicher Enthusiasmus vorliegt (Aldrup et al., 2018).

Auch die kollektiv erlebte Belastung in Kollegien von Schulen wirkt sich auf die Beziehungsqualität auf Schulebene aus. In einer längsschnittlichen Untersuchung mit drei Messzeitpunkten konnten Auswirkungen der Belastung von Lehrkollegien auf das schülerperzipierte Beziehungsklima und das schulische Wohlbefinden der Lernenden ermittelt werden: »In Schulen, in denen die Lehrerbelastung insgesamt hoch ist, wenn sich die Schülerinnen und Schüler in der Jahrgangsstufe 5 befinden, wird das Beziehungsklima von den Schülerinnen und Schülern zwei Jahre später als negativer wahrgenommen und dies wirkt sich wiederum auf das schulische Wohlbefinden in der Jahrgangsstufe 9 aus« (Richey & Fischer, 2019, S. 429).

Die Belastung von Lehrpersonen beeinträchtigt somit nicht nur die Gesundheit der Lehrenden, sondern kann sich auch negativ auf die pädagogische Beziehung und das nachhaltige Lernen von Schülerinnen und Schülern auswirken. Die Förderung der kognitiven Selbstständigkeit kann als Voraussetzung für nachhaltiges Lernen (▶ Kap. 1.1) erachtet werden. Dies gelingt bei belasteten Lehrpersonen weniger. Durch ihr zu hohes Unterrichtstempo könnten Lernende überfordert werden, was sich negativ auf ihre Motivation und Selbstwirksamkeit (▶ Kap. 1.3.1) auswirken kann. Die Gerechtigkeit von Lehrpersonen und ihr Interesse an den Belangen der Lernenden stellen zentrale Aspekte gelingender pädagogischer Beziehungen dar. Sie spielen bei allen nachfolgend betrachteten Theorien zu pädagogischen Beziehungen (▶ Kap. 3, 4, 5, 6) eine Rolle. Gelingende pädagogische Beziehungen wiederum können das Verhalten und die Leistung der Lernenden (Sozialverhalten, Mitarbeit, Lernerfolg) positiv beeinflussen (ebd.).

Die Gesundheit bzw. Belastung von Lehrpersonen und die Qualität pädagogischer Beziehungen scheinen somit einen wechselseitigen Einfluss aufeinander zu haben. Misslingende Beziehungen, Leistungs-, Motivations- und Verhaltensprobleme der Schülerinnen und Schüler stellen erwiesenermaßen die Hauptbelastungsfaktoren für die Gesundheit von Lehrpersonen dar. Studien deuten darauf hin, dass sich die Belastung von Lehrpersonen auf ihr Verhalten gegenüber Schülerinnen und Schülern auswirken kann (▶ Abb. 2.4).

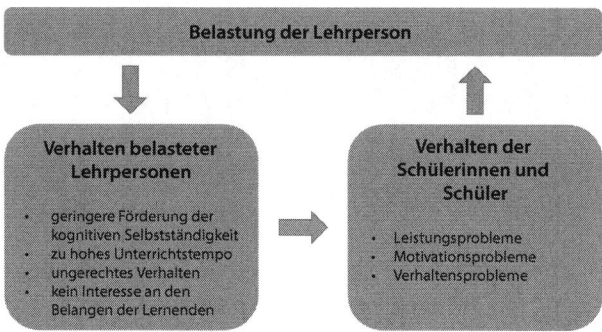

Abb. 2.4: Wechselseitiger Einfluss der Belastung von Lehrpersonen und der Qualität pädagogischer Beziehungen

Empirisch nicht gesichert, aber anzunehmen ist, dass belastete Lehrpersonen durch ihr Verhalten zu Leistungs-, Motivations- und Verhaltensproblemen der Lernenden beitragen können. Insofern scheint es für die Gesundheit von Lehrpersonen ratsam, durch die Erfüllung normativer Erwartungen der Lernenden (▶ Kap. 3.1) sowie an den Bedürfnissen der Lernenden orientierte (▶ Kap. 4), anerkennende (▶ Kap. 5) und vertrauensvolle (▶ Kap. 6) pädagogische Beziehungen zu einem für Lehrpersonen positiven und gesundheitsförderlichen Verhalten der Lernenden beizutragen.

III

Beziehungsgestaltung als Voraussetzung nachhaltigen Lernens im Unterricht: Theorien und Forschungsergebnisse

Bereits in Teil II sollte deutlich geworden sein, dass positiv erlebte Interaktionen und eine gute Beziehungsqualität im Unterricht nachhaltiges Lernen unterstützen können. In Bezug auf pädagogische Beziehungen, ihre Voraussetzungen und Wirkungen liegen zahlreiche Theorien vor. In diesem Band werden vier aktuell diskutierte Ansätze in den Blick genommen, die jeweils auf die Interaktion zwischen Lernenden und Lehrenden fokussieren sowie eine Ko-Konstruktion der Beziehung nahelegen. Zudem liegt für diese Ansätze eine breite theoretische und empirische Basis im Zusammenhang mit nachhaltigem Lernen vor.

Für jede Theorie werden zunächst die zugrunde liegenden theoretischen Annahmen dargestellt, im nächsten Schritt Forschungsergebnisse mit Bezug zur Beziehungsgestaltung im Unterricht und zum nachhaltigen Lernen zusammengefasst und zuletzt Hinweise für die Schul- und Unterrichtspraxis abgeleitet. Als Erstes werden *erwartungsbasierte* Ansätze, in de-

III Beziehungsgestaltung als Voraussetzung nachhaltigen Lernens im Unterricht

nen die Rolle gegenseitiger Erwartungen für die Interaktionsqualität und das Lernen aufgearbeitet wird (▶ Kap. 3), thematisiert. Orientiert an *humanistischen Grundlagen* ergeben sich aus *personenzentrierten* Ansätzen sowie der *Selbstbestimmungstheorie* Hinweise für die Beziehungsgestaltung im Unterricht (▶ Kap. 4). *Anerkennungstheoretisch* wird die Bedeutung von Anerkennung und Missachtung durch die Lehrperson für die Selbsteinschätzung, die Motivation, emotionale Zustände, schulisches Wohlbefinden und damit letztlich den Lernerfolg der Schülerinnen und Schüler in den Blick genommen (▶ Kap. 5). Zuletzt werden *vertrauenstheoretische* Grundlagen der Beziehungsgestaltung in Bezug auf das nachhaltige Lernen dargestellt (▶ Kap. 6).

3

Erwartungen von Lehrpersonen und Beziehungsgestaltung

Lehrende und Lernende begegnen sich, wie Menschen im Allgemeinen, in der Regel nie komplett neutral, sondern stellen bestimmte Erwartungen aneinander, die für ihr Verhalten und die Beziehung eine wichtige Rolle spielen (Dubs, 2009). Diese Erwartungen können normativer oder antizipatorischer Art sein. *Normative Erwartungen* meinen »bestimmte Forderungen an das Verhalten einer anderen Person« (Rosemann & Bielski, 2001, S. 165), es handelt sich hierbei um Vorstellungen darüber, wie sich eine Person verhalten sollte. »*Antizipatorische Erwartungen* stellen eine gedankliche Vorwegnahme des zukünftigen Verhaltens der anderen Person dar« (ebd.), es handelt sich also um Vermutungen darüber, wie sich die andere Person verhalten wird (ebd.). In pädagogischen Beziehungen sind beide Erwartungen präsent (▶ Beispiel 3.1).

> **Beispiel 3.1**
> Herr Müller gibt am Ende der Unterrichtsstunde Hausaufgaben auf. Er erwartet, dass die Schülerinnen und Schüler die Hausaufgaben erledigen (normative Erwartung), geht aufgrund von früheren Erfahrungen jedoch davon aus, dass bestimmte Schülerinnen und Schüler die Hausaufgaben nicht machen werden (antizipatorische Erwartung).

3.1 Normative Erwartungen

Normative Erwartungen spielen für pädagogische Beziehungen eine wichtige Rolle: Sie geben nicht nur Aufschluss darüber, welches Verhalten sich Lehrende und Lernende voneinander wünschen, sondern beeinflussen, wie Lehrende und Lernende einander wahrnehmen, beurteilen und sich verhalten. Ihre Erfüllung kann sich positiv auf die pädagogische Beziehung und das Erreichen der schulischen Ziele auswirken.

3.1.1 Normative Erwartungen in pädagogischen Beziehungen

Welche normativen Erwartungen Lehrende und Lernende aneinander stellen, wurde vor allem in den 1960er bis 1980er Jahren häufig untersucht (z. B. Baumgärtner, 1969; Brophy & Good, 1976; König, 2007; Petillon, 1982; Richey, 2016; Silberman, 1969; Seitz, 1996). Die Studien gelangten trotz unterschiedlicher Stichproben, Erhebungszeitpunkten und -methoden zu einheitlichen Befunden.

Die normativen Erwartungen von Lehrpersonen richten sich auf

1. die Freundlichkeit (z. B. freundliches Benehmen),
2. die Mitarbeit (z. B. Beteiligung, aktive Teilnahme am Unterricht),
3. die Leistung (z. B. richtige Antworten auf Fragen, gute Noten),
4. die Disziplin (z. B. Klassenregeln einhalten, Unterricht nicht stören) der Schülerinnen und Schüler.

3 Erwartungen von Lehrpersonen und Beziehungsgestaltung

Die normativen Erwartungen von Schülerinnen und Schülern richten sich auf

1. die emotionale Wärme (z. B. Freundlichkeit, Gerechtigkeit, Geduld, Verständnis, Vertrauen, Gutmütigkeit),
2. das fachliche Können (z. B. interessante Unterrichtsgestaltung, Berücksichtigung von Interessen der Schülerinnen und Schüler, gut erklären können, Leistung fordern, bei Lernschwierigkeiten unterstützen),
3. das Durchsetzungsvermögen (z. B. konsequent sein, sich durchsetzen können, aber auch selten und angemessen strafen, Freiräume gewähren) der Lehrpersonen.

Die Studien gelangten unabhängig davon, wann (1954–2016), wo (Deutschland und USA) und welche (Schulform, Klassenstufe) Lehrpersonen, Schülerinnen und Schüler befragt wurden, zu einheitlichen Befunden. Dies hängt mit der *Kontextbezogenheit* normativer Erwartungen zusammen.

> **Kontextbezogenheit normativer Erwartungen**
> Der Begriff der *normativen Erwartungen* stammt aus rollentheoretischen Konzepten. Hierbei ist zentral, dass jede Person aufgrund bestimmter zugeschriebener Eigenschaften (z. B. Geschlecht, Alter, Herkunft) und freiwilliger Eigenschaften (z. B. Beruf) verschiedene Rollen einnimmt, wobei mit jeder Rolle normative Erwartungen verbunden sind (Hargreaves, 1972). Da jede Person verschiedene Rollen einnimmt (z. B. die Rolle als Tochter/Sohn, Schwester/Bruder, Schülerin/Schüler, Freundin/Freund etc.) und mit jeder Rolle normative Erwartungen an das Verhalten verbunden sind, sind normative Erwartungen sowohl allgegenwärtig als auch von der jeweiligen Rolle abhängig (kontextspezifisch). So wird von ein- und derselben Frau beispielsweise in ihrer Rolle als Lehrerin ein anderes Verhalten erwartet als in ihrer Rolle als Mutter.

Bei genauerer Betrachtung fällt auf, dass sowohl die schulischen Aufgaben von Lehrenden und Lernenden als auch deren normative Erwartungen sich aufeinander beziehen (▶ Abb. 3.1).

Normative Erwartungen gehen in pädagogischen Beziehungen auf die gesellschaftlichen Aufgaben und Funktionen der Schule (vor allem Qualifikation, Sozialisation und Selektion; Fend, 2006; ▶ Kap. 2.1.1) zurück, die wiederum die Aufgaben der Lehrenden (z. B. Lerninhalte bzw. Normen/Werte vermitteln, Leistungen erfassen und bewerten) und Lernenden (z. B.

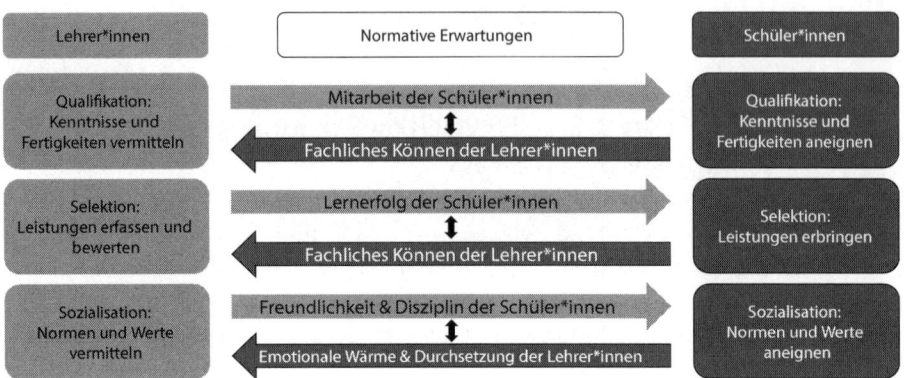

Abb. 3.1: Normative Erwartungen von Lehrenden und Lernenden vor dem Hintergrund ihrer schulischen Aufgaben

Lerninhalte bzw. Normen/Werte aneignen, Leistungen erbringen) in der Schule prägen. Bei der Erfüllung der schulischen Aufgaben sind Lehrende und Lernende voneinander abhängig. Die Aneignung von Kenntnissen und Fertigkeiten sowie die erbrachten Leistungen der Schülerinnen und Schüler hängen z. B. auch mit dem fachlichen Können der Lehrpersonen zusammen. Bei der (erfolgreichen) Vermittlung von Kenntnissen und Fertigkeiten sind Lehrpersonen von der Mitarbeit der Schülerinnen und Schüler abhängig. Sie können die Mitarbeit oder Bearbeitung von Aufgaben zwar einfordern, haben aber dennoch nur einen begrenzten Einfluss auf das Lernen der Schülerinnen und Schüler (▶ Kap. 1.4).

3.1.2 Funktion und Auswirkungen normativer Erwartungen

Obwohl normative Erwartungen normal und alltäglich sind, da an jede Person normative Erwartungen gestellt werden, sind sie für soziale Beziehungen von entscheidender Bedeutung. Normative Erwartungen geben nicht nur Aufschluss darüber, welches Verhalten wir in einer bestimmten Beziehung voneinander erwarten. Sie beeinflussen, wie wir andere Personen wahrnehmen, beurteilen und uns ihnen gegenüber verhalten.

Die Wahrnehmung von Personen ist aufgrund der Vielzahl der verfügbaren Informationen immer selektiv (Schweer & Thies, 2000). Worauf wir bei anderen achten, wird von den eigenen normativen Erwartungen festgelegt (Ulich, 2001). Normative Erwartungen filtern somit unsere Wahrnehmung anderer Personen. Darüber hinaus bewerten wir andere Personen danach, inwiefern ihr Verhalten mit unseren eigenen normativen Erwartungen übereinstimmt. Normative Erwartungen wirken also auch als ein »*Beurteilungsraster*« (ebd., S. 86). Das Ergebnis dieses Vergleichs beeinflusst, wie wir uns anderen gegenüber verhalten: »Durch die Beurteilung der anderen Person werden bestimmte Handlungsmuster von vorneherein wahrscheinlicher, andere hingegen ausgeschlossen« (Schweer & Thies, 2000, S. 65).

So nehmen Lehrpersonen bei Schülerinnen und Schülern vor allem ihr Sozialverhalten (Freundlichkeit, Einhaltung von Regeln), ihre Mitarbeit, Aufmerksamkeit und ihren Lernerfolg wahr und beurteilen sie danach. Das Ausmaß der Übereinstimmung des Verhaltens der Lernenden mit den normativen Erwartungen der Lehrpersonen wirkt sich auf das Verhalten der Lehrpersonen aus. Die Lernenden nehmen Lehrpersonen vor allem hinsichtlich ihrer emotionalen Wärme, ihres fachlichen Könnens und/oder ihres Durchsetzungsvermögens wahr. Das wahrgenommene Verhalten der Lehrperson wird mit den normativen Erwartungen der Lernenden verglichen, wobei das Ergebnis dieses Vergleichs das Verhalten der Lernenden beeinflusst, welches wiederum von den Lehrpersonen wahrgenommen wird (▶ Abb. 3.2).

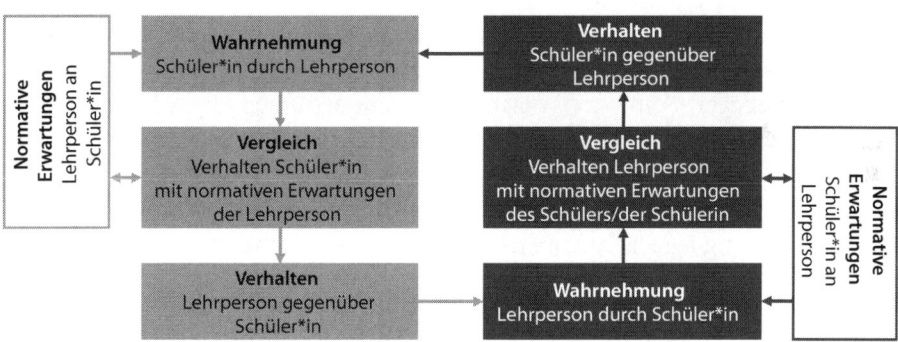

Abb. 3.2: Funktion normativer Erwartungen am Beispiel von Lehrpersonen und Schüler*innen

Die Funktion normativer Erwartungen von Lehrenden und Lernenden wird auch bei Rosemann (1978) deutlich und hinsichtlich des Resultats des Vergleichsprozesses konkretisiert: Eine Lehrperson nimmt – gefiltert durch die eigenen normativen Erwartungen – das Verhalten einer Schülerin oder eines Schülers wahr (Wahrnehmungsfilter). In einem meist unbewussten Prozess vergleicht die Lehrperson das wahrgenommene Verhalten der Schülerin bzw. des Schülers mit den eigenen normativen Erwartungen (Beurteilungsraster). Entspricht das Verhalten der Schülerin bzw. des Schülers den normativen Erwartungen der Lehrperson (positives Ergebnis, *Erwartungskonkordanz*), führt dies bei der Lehrperson in der Regel zu Zufriedenheit und einem positiven (von Schülerinnen und Schülern erwünschten) Verhalten. Entspricht das Verhalten der Schülerin bzw. des Schülers nicht den normativen Erwartungen der Lehrperson (negatives Ergebnis, *Erwartungsdiskordanz*), führt dies bei der Lehrperson in der Regel zu Unzufriedenheit und einem negativen (von Schülerinnen und Schülern unerwünschten) Verhalten. Das Verhalten der Lehrperson wird wiederum von den Schülerinnen und Schülern – gefiltert durch ihre normativen Erwartungen – wahrgenommen (Wahrnehmungsfilter) und meist unbewusst mit den eigenen normativen Erwartungen verglichen (Beurteilungsraster). Entspricht das Verhalten der Lehrperson den normativen Erwartungen der Schülerinnen und Schüler (positives Ergebnis, Erwartungskonkordanz), führt dies bei ihnen in der Regel zu Zufriedenheit und einem positiven (von Lehrpersonen erwünschten) Verhalten. Entspricht das Verhalten der Lehrperson den normativen Erwartungen der Schülerinnen und Schüler nicht (negatives Ergebnis, Erwartungsdiskordanz), führt dies bei ihnen in der Regel zu Unzufriedenheit und negativem (von Lehrpersonen unerwünschten) Verhalten.

Nach Rosemann (1978) besteht die Möglichkeit der gegenseitigen Erfüllung normativer Erwartungen von Lehrenden und Lernenden, was das Aufeinander-Bezogen-Sein der normativen Erwartungen in pädagogischen Beziehungen verdeutlicht: Führt der Vergleichsprozess bei der Lehrperson zu Erwartungskonkordanz, wird sie vermutlich mit emotional warmem, kooperativem Verhalten reagieren. Dieses Verhalten entspricht der normativen Erwartung der Schülerinnen und Schüler nach emotionaler Wärme und sollte somit bei ihnen ebenfalls zu Erwartungskonkordanz und folglich zu Leistungsbereitschaft und positivem Unterrichtsverhalten führen. Dieses Verhalten deckt sich wiederum mit den normativen Erwartungen von Lehrpersonen nach Mitarbeit, Freundlichkeit und Disziplin, was erneut Erwartungskonkordanz und emotional-warmes, kooperatives Verhalten bei der Lehrperson auslösen sollte usw. Die Möglichkeit der gegenseitigen Erfüllung normativer Erwartungen setzt allerdings einen fehlerfreien Wahrnehmungs- und Beurteilungsprozess der Beteiligten voraus (Forgas, 1999; ▶ Kap. 3.3).

3.2 Antizipatorische Erwartungen: Pygmalion und Golem

In pädagogischen Beziehungen spielen auch antizipatorische Erwartungen eine wichtige Rolle. Die Vorstellungen von Lehrpersonen, wie sich Lernende verhalten oder entwickeln werden, können das Verhalten und den Lernerfolg der Lernenden beeinflussen. Ist dies der Fall, spricht man von *Erwartungseffekten*. Erwartungseffekte entstehen jedoch nur, wenn unzutreffende antizipatorische Erwartungen vorliegen (▶ Beispiel 3.2).

> **Beispiel 3.2 (aus Lorenz & Gentrup, 2017, S. 25)**
> »Ein Lehrer erwartet zu Beginn des ersten Schuljahrs von einer Schülerin, dass sie im späteren Verlauf der Grundschulzeit sehr gute Leistungen erbringen wird. Gleichzeitig erzielt die Schülerin in der ersten Klasse tatsächlich sehr gute Lernerfolge. In diesem Fall ist die Erwartung des Lehrers zutreffend, weil sie dem Potenzial des Kindes entspricht. Wenn der Lehrer das Kind im Unterricht entsprechend dieser Erwartung fördert und unterstützt, wird das die Leistungsentwicklung des Kindes positiv unterstützen, nicht jedoch verändern. Erwartet der Lehrer dagegen von derselben Schülerin geringe schulische Erfolge, so ist diese Erwartung in Anbetracht ihrer tatsächlichen Fähigkeiten negativ verzerrt. Wenn er die Schülerin aufgrund dieser Erwartung im Unterricht weniger fördert oder unterfordert, könnte dies in einer selbsterfüllenden Prophezeiung münden, denn die Schülerin könnte durch das Verhalten des Lehrers schlechtere Schulleistungen erzielen, als sie auf der Grundlage ihrer ursprünglichen Fähigkeiten hätte erbringen können.«

Ein sehr bekanntes Beispiel für Erwartungseffekte ist ein Experiment von Rosenthal und Jacobson (1968). Rosenthal und Jacobson führten in einer Grundschule Intelligenztests mit den Kindern durch und gaben den Lehrpersonen vor, dadurch die Entwicklung der geistigen Fähigkeiten vorhersagen zu können. Sie wählten per Zufall, ungeachtet des Testergebnisses, ca. 20 % der Kinder aus und teilten den Lehrpersonen mit, dass bei diesen Kindern »mit einem außergewöhnlichen intellektuellen Wachstum zu rechnen sei« (Rheinberg et al., 2001, S. 310). Nach einem Jahr testeten sie die Kinder erneut, wobei sich herausstellte, dass die zufällig ausgewählten Kinder tatsächlich signifikant bessere Ergebnisse erzielten als die anderen Kinder.

Unzutreffende antizipatorische Erwartungen von Lehrpersonen können die Leistung, das Selbstkonzept und das Verhalten von Lernenden negativ (Golem-Effekt; ▸ Beispiel 3.2) oder positiv (Pygmalion-Effekt; ▸ Experiment von Rosenthal und Jacobson, 1968) beeinflussen (Greitemeyer, 2008).

> **Der Pygmalion- und der Golem-Effekt**
> Beiden Effekten liegt zugrunde, dass sich die Erwartungen, die Lehrpersonen an die Leistungsentwicklung von Lernenden stellen, tatsächlich auf deren Leistungsentwicklung auswirken können. Führen unzutreffend positive Erwartungen von Lehrpersonen zu einer positiven Leistungsentwicklung der Lernenden, liegt ein *Pygmalion-Effekt* vor. Beim *Golem-Effekt* hingegen führen unzutreffend negative Erwartungen von Lehrpersonen zu einer negativen Leistungsentwicklung der Lernenden.

Hinter diesen Effekten steckt ein bestimmter Prozess (▸ Abb. 3.3; vgl. Dubs, 2009, S. 451).

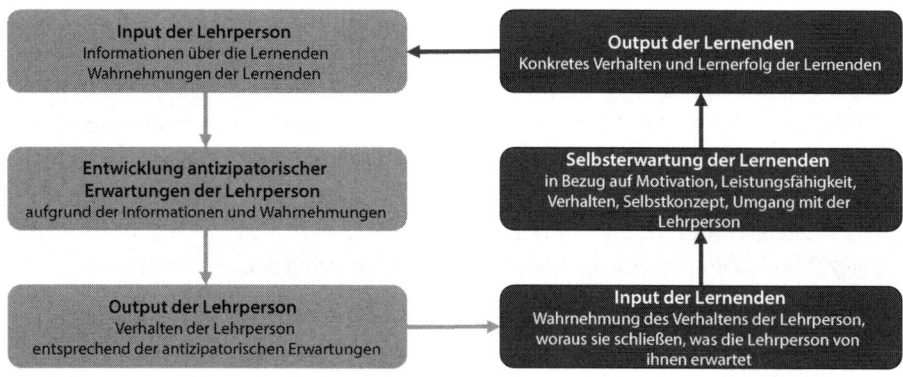

Abb. 3.3: Modell des Prozesses und der Wirkung von Erwartungen von Lehrpersonen

Lehrpersonen entwickeln aufgrund von externen Informationen über die Lernenden (z. B. Informationen von anderen Lehrpersonen, Erfahrungen mit Geschwisterkindern) und/oder eigenen Wahrnehmungen (z. B. erste Beobachtungen im Klassenzimmer, Erscheinungsbild) einen Eindruck von den Lernenden *(Input bei Lehrperson)* und darauf basierend Erwartungen darüber, wie sich Lernende verhalten oder entwickeln werden *(antizipatorische Erwartungen)* (Dubs, 2009). Die antizipatorischen Erwartungen können wiederum beeinflussen, wie sich die Lehrperson gegenüber den Lernenden verhält *(Output der Lehrperson)*, z. B. inwiefern sie sie fördert und ihnen einfache oder schwierige Aufgaben/Fragen stellt. Das Verhalten der Lehrperson wird wiederum von den Lernenden wahrgenommen *(Input der Lernenden)*. Verhält sich die Lehrperson über einen längeren Zeitraum entsprechend ihren antizipatorischen Erwartungen und nehmen die Lernenden dies wahr, entwickeln sie entsprechende *Selbsterwartungen* (z. B. hinsichtlich ihrer Leistungsfähigkeit; ebd.). Die Selbsterwartungen beeinflussen wiederum das Verhalten und den Lernerfolg der Lernenden *(Output der Lernenden)*. Die Lehrperson nimmt wahr, dass das Verhalten oder die Leistungen der Lernenden ihren antizipatorischen Erwartungen entspricht, und fühlt sich »in ihren Erwartungen bestätigt, sodass der ganze Prozess im gleichen Sinn weiterläuft« (ebd., S. 450).

Antizipatorische Erwartungen wirken sich somit nicht per se auf das Verhalten und die Leistung der Lernenden aus, sondern vermittelt über das Verhalten der Lehrperson (▶ Beispiel 3.3).

Beispiel 3.3 (aus Dubs, 2009, S. 449)
»Robert ist das jüngste Kind in seiner Familie; sein Vater ist Mathematikprofessor. Seine drei Geschwister waren in Mathematik sehr gut. Deshalb geht seine Mathematiklehrerin stillschweigend davon aus, dass auch Robert in Mathematik gut sein muss und nimmt sich ihm positiv an, verstärkt ihn und fordert ihn mit zusätzlichen Aufgaben immer wieder heraus. Obschon Roberts Leistungen in früheren Klassen eher schlecht waren, verbessert er sich jetzt beträchtlich.«

Damit der im Beispiel beschriebene Effekt eintritt, müssen gewisse Bedingungen erfüllt sein.

1. *Lehrpersonen müssen antizipatorische Erwartungen entwickeln.* Im Beispiel geht die Lehrerin aufgrund des Wissens über die Familie davon aus, dass auch Robert gut in Mathematik sein wird.
2. *Lehrpersonen müssen sich über einen längeren Zeitraum entsprechend ihren antizipatorischen Erwartungen verhalten.* Im Beispiel zeigt die Lehrerin ein leistungsförderliches Verhalten gegenüber Robert. Sie könnte jedoch ebenfalls mehr darauf bedacht sein, leistungsschwächere Lernende zu fördern. Dann würde sich die hohe Erwartungshaltung an Robert deutlich weniger in ihrem Verhalten widerspiegeln.
3. *Lernende verfügen über »verdecktes« Potenzial.* Damit eine Leistungssteigerung bei den Lernenden möglich ist, müssen sie entweder bisher weni-

ger geleistet haben, als es nach ihren Fähigkeiten möglich wäre (*under-achievement*), und/oder ihre Fähigkeiten wurden bislang von Lehrpersonen unterschätzt (Rheinberg et al., 2001).
4. *Lernende übernehmen die Einschätzungen der Lehrperson.* Lernende müssen erkennen, dass die Lehrperson hohe Erwartungen an ihre Leistungsfähigkeit stellt, und die positive Erwartungshaltung verinnerlichen (ebd.; Dubs, 2009), z. B. durch ein positives fachliches Selbstkonzept, Erfolgszuversicht oder günstige Attributionen. Lernende müssen also ihre Selbsterwartung und ihr Verhalten (z. B. Motivation, Anstrengung) an die Erwartungshaltung der Lehrperson anpassen.

Wie bereits erwähnt, haben Lehrpersonen aber nicht an alle Schülerinnen und Schüler hohe Erwartungen, die das Lernen – wie im Beispiel beschrieben – unterstützen können. Wenn Lernende aus dem Verhalten ihrer Lehrperson niedrige Erwartungen erschließen und entsprechende Selbsterwartungen entwickeln, kann dies nachhaltiges Lernen massiv stören oder gar verhindern.

3.3 Stör- und Fehlerquellen bei der Personenwahrnehmung

Bei normativen Erwartungen besteht die Möglichkeit der gegenseitigen Erfüllung in pädagogischen Beziehungen (▶ Kap. 3.1.2). Dies setzt jedoch einen fehlerfreien Wahrnehmungs- und Beurteilungsprozess der Beteiligten voraus. Die Wahrnehmung von Personen ist allerdings deutlich komplexer und fehleranfälliger als die Wahrnehmung von Objekten (Forgas, 1999). Dementsprechend gibt es eine Reihe von Stör- und Fehlerquellen (Wahrnehmungsfehler: z. B. Primacy-Effekt, Halo-Effekt; Effekte antizipatorischer Erwartungen: Effekt der sich selbst erfüllenden Prophezeiung, Effekt der Aufrechterhaltung der Erwartung; Erwartungen anderer Bezugsgruppen), die den Wahrnehmungs- und Beurteilungsprozess verfälschen und dadurch auch die Möglichkeit der gegenseitigen Erfüllung normativer Erwartungen verhindern können.

3 Erwartungen von Lehrpersonen und Beziehungsgestaltung

> **Stör- und Fehlerquellen bei der Personenwahrnehmung**
>
> - *Primacy-Effekt:* Ein früher wahrgenommenes Merkmal kann die Beurteilung einer Person stärker beeinflussen als später wahrgenommene Merkmale (Jonas et al., 2014; Richey & Fischer, 2018).
> - *Halo-Effekt:* Ein Merkmal einer Person ist so dominant, dass andere Merkmale nicht mehr wahrgenommen werden (Dubs, 2009; Richey & Fischer, 2018).
> - *Effekt der sich selbst erfüllenden Prophezeiung:* Eine ursprünglich falsche Erwartung führt zu einem Verhalten, das bewirkt, dass das ursprünglich zu Unrecht erwartete Verhalten des anderen tatsächlich eintritt (ebd.).
> - *Effekt der Aufrechterhaltung der Erwartung:* Durch die Annahme, dass ursprünglich erkannte Eigenschaften und Verhaltensweisen des Gegenübers stabil sind, bilden sich stabile Vorstellungen über das Gegenüber mit entsprechenden Erwartungen, sodass Veränderungen beim Gegenüber nicht wahrgenommen werden und das eigene Verhalten nicht angepasst wird (ebd.).
> - *Normative Erwartungen anderer Bezugsgruppen:* Das Verhalten zielt nicht auf die Erfüllung der normativen Erwartungen des Gegenübers, sondern auf die Erfüllung der normativen Erwartungen anderer (Bezugs-)Personen (Richey, 2016; Richey & Fischer, 2018).

Diese Effekte können an einem Beispiel veranschaulicht werden (▶ Beispiel 3.4).

Beispiel 3.4

Tim und Lena gehen in dieselbe Klasse. Das unterrichtliche Verhalten der beiden ist nahezu identisch: Beide arbeiten aktiv im Unterricht mit, schreiben gute Noten, sind freundlich zu ihrer Lehrerin, Frau Flores, stören aber auch regelmäßig den Unterricht. Obwohl sich beide sehr ähnlich verhalten, reagiert Frau Flores auf Unterrichtsstörungen von Lena, indem sie sie tadelt, während sie die Unterrichtsstörungen von Tim ignoriert und nicht darauf eingeht.

Hinter den unterschiedlichen Reaktionen von Frau Flores auf die Unterrichtsstörungen von Tim und Lena können folgende Stör- und Fehlerquellen stecken:

1. *Primacy-Effekt:* Tim und Lena beteiligen sich seit der ersten Unterrichtsstunde aktiv am Unterricht von Frau Flores, bringen gute Leistungen und sind freundlich zu ihr. In den ersten Wochen, in denen Frau Flores die Klasse von Tim und Lena übernommen hatte, hat Tim sich an die Klassenregeln gehalten und den Unterricht nicht gestört, wohingegen Lena den Unterricht von Frau Flores mehrmals gestört hat. Lenas Unterrichtsstörungen wurden von Frau Flores somit früher wahrgenommen als ihr sonst positives Verhalten, bei Tim wurde zuerst das positive Verhalten wahrgenommen. Daher fallen Frau Flores beim Gedanken an Lena zuerst ihre Unterrichtsstörungen ein, bei Tim hingegen sein positives Verhalten im Unterricht.
2. *Effekt der Aufrechterhaltung der Erwartung:* Da Tim in den ersten Wochen den Unterricht nicht gestört hat, nimmt Frau Flores an, dass Tim grundsätzlich ein Schüler ist, der die Klassenregeln einhält. Dass Tim nun regelmäßig den Unterricht stört, wird von Frau Flores daher nicht wahrgenommen, weshalb er bei Unterrichtsstörungen auch nicht getadelt wird.
3. *Halo-Effekt:* Frau Flores nimmt Tims aktive Mitarbeit und Freundlichkeit im Unterricht so stark wahr, dass ihr seine Unterrichtsstörungen nicht auffallen.

Warum Tim und Lena regelmäßig den Unterricht stören, kann verschiedene Ursachen haben, z. B. folgende Stör- und Fehlerquellen:

1. *Effekt der sich selbst erfüllenden Prophezeiung:* In den ersten Unterrichtsstunden hat Frau Flores Lena zu Unrecht für Unterrichtsstörungen getadelt, da sie nicht mitbekommen hat, dass nicht Lena, sondern andere Lernende den Unterricht gestört haben. Da Lena mehrmals zu Unrecht getadelt wurde, beginnt sie nach zwei Wochen den Unterricht tatsächlich zu stören, da sie ihrem Ärger darüber, zu Unrecht beschuldigt zu werden, Luft machen möchte oder das Gefühl hat, die Einhaltung von Klassenregeln bringe ihr nichts, da sie sowieso oft getadelt wird.
2. *Normative Erwartungen anderer Bezugsgruppen:* Tim ist es wichtig, die Erwartungen von Lehrpersonen zu erfüllen. Die Mitglieder seiner Clique finden es jedoch cool, Frau Flores zu ärgern, indem sie ihren Unterricht stören. Tim wurde in den ersten Wochen öfter von Mitgliedern seiner Clique aufgezogen, weil er sich an die Regeln von Frau Flores hält. Da Tim die Anerkennung seiner Clique und sein Status in der Clique sehr wichtig sind, beginnt er deshalb nach einigen Wochen, den Unterricht von Frau Flores regelmäßig zu stören, obwohl er Frau Flores eigentlich

mag und viel Wert auf ein regelkonformes Verhalten legt. Tim ist es also wichtiger, die normativen Erwartungen seiner Clique zu erfüllen, indem er den Unterricht von Frau Flores stört, als die normative Erwartung von Frau Flores nach einem störungsfreien Unterricht zu erfüllen.

3.4 Ergebnisse der Schul- und Unterrichtsforschung

3.4.1 Normative Erwartungen

Werden normative Erwartungen von Lernenden ihrer Meinung nach erfüllt?

Welche normativen Erwartungen Lernende an Lehrende stellen, wurde in zahlreichen Studien untersucht (▶ Kap. 3.1.1), inwiefern sie erfüllt werden hingegen kaum. In einer Studie konnten Kanders et al. (1996) aber deutliche Unterschiede zwischen Verhaltensweisen, die Lernende für gute Lehrpersonen als besonders wichtig erachten, und dem Verhalten der meisten Lehrpersonen aus Sicht der Lernenden ermitteln (▶ Tab. 3.1; vgl. Kanders et al., 1996, S. 37).

Tab. 3.1: Normative Erwartungen von Lernenden und ihre Erfüllung

	Erwartung	Erfüllung
Lehrpersonen behandeln alle Lernenden gleich.	77 %	27 %
Lehrpersonen können schwierige Sachverhalte gut erklären.	76 %	20 %
Zu Lehrpersonen habe ich großes Vertrauen.	59 %	10 %
Lehrpersonen kümmern sich um Lernende, wenn es ihnen schlecht geht.	57 %	19 %
Lehrpersonen lassen Lernende mitbestimmen, was im Unterricht gemacht wird.	52 %	8 %
Lehrpersonen bestimmen im Großen und Ganzen, was im Unterricht gemacht wird.	16 %	74 %

Positivere Befunde zur Erfüllung normativer Erwartungen von Lernenden liegen durch weitere Studien vor (Holtappels, 1987; Bachmair, 1969), die jedoch vor über 30 bzw. 50 Jahren durchgeführt wurden. In einer aktuelleren

III Beziehungsgestaltung als Voraussetzung nachhaltigen Lernens im Unterricht

Studie (Richey, 2016) wurden 427 Schülerinnen und Schüler weiterführender Schulen (Klassenstufe 7–9) per Fragebogen zur Beziehung zu ihrer Lehrperson befragt. Die Schülerinnen und Schüler schätzten das Verhalten ihrer Lehrperson hinsichtlich vorgegebener Verhaltensweisen auf einer vierstufigen Skala (stimmt nicht, stimmt eher nicht, stimmt eher, stimmt) ein. Tabelle 3.2 (Befunde aus Richey, 2016) bildet ab, wie viele der befragten Lernenden den Aussagen (eher) zugestimmt haben (stimmt eher und stimmt).

Tab. 3.2: Erfüllung normativer Erwartungen von Lernenden aus Sicht der Lernenden

Bereich	Normative Erwartungen	Erfüllung
Emotionale Wärme der Lehrperson	Freundliche Atmosphäre im Unterricht	79 %
	Lehrperson nimmt Lernende ernst	83 %
	Lehrperson behandelt Lernende fair	80 %
	Lehrperson hört Lernenden aufmerksam zu, wenn sie etwas erzählen	83 %
	Lehrperson zeigt Verständnis für persönliche Probleme	70 %
	Lehrperson kümmert sich um Lernende, wenn es ihnen schlecht geht	79 %
	Volles Vertrauen zur Lehrperson haben	70 %
	Sich trauen, persönliche Probleme mit der Lehrperson zu besprechen	51 %
Fachliches Können der Lehrperson	Lehrperson gestaltet den Unterricht interessant	74 %
	Lehrperson berücksichtigt die Interessen der Lernenden	70 %
	Lernende erhalten zusätzliche Hilfe, wenn sie sie benötigen	84 %
	Lehrperson unterstützt Lernende beim Lernen	78 %
Durchsetzungsvermögen	Lehrperson hat die Konsequenzen bei Regelverletzungen deutlich gemacht	78 %
	Lehrperson stellt Lernende, die etwas angestellt haben, nicht als schlecht hin	64 %

Wie in Tabelle 3.2 ersichtlich, nimmt die deutliche Mehrheit der befragten Schülerinnen und Schüler die vorgegebenen Verhaltensweisen bei ihrer

Lehrperson (eher) positiv wahr. In weiteren Analysen konnte festgestellt werden, dass die normativen Erwartungen der befragten Lernenden sich auf die emotionale Wärme und das fachliche Können der Lehrperson richten, aber nicht auf ihr Durchsetzungsvermögen (ebd.). Mit Blick auf die Zustimmungswerte in Tabelle 3.2 sollte die deutliche Mehrheit der befragten Lernenden ihre normativen Erwartungen somit als (eher) erfüllt erleben.

Wie wirkt sich die (subjektiv wahrgenommene) Erfüllung der eigenen normativen Erwartungen auf Lernende und Lehrpersonen aus?

Inwiefern sich die subjektiv wahrgenommene Erfüllung der eigenen normativen Erwartungen auf Lernende und Lehrende auswirkt, wurde vergleichsweise selten untersucht. In einer Studie von van Buer (1991) wurden unterschiedliche Effekte der Erfüllung normativer Erwartungen von Schülerinnen und Schülern auf deren Verhalten festgestellt. In einer Gymnasialklasse bestand ein Zusammenhang zwischen der aktiven Mitarbeit, Bemühung, die Lerninhalte zu verstehen, und Disziplin der Lernenden mit dem Vertrauen zur Lehrperson und ihrer didaktischen Kompetenz. In einer anderen Gymnasialklasse standen die o. g. Verhaltensweisen der Lernenden mit der Wahrnehmung einer freundlichen Unterrichtsatmosphäre in Zusammenhang.

In einer anderen Studie (Richey, 2016) konnte festgestellt werden, dass die Erfüllung der normativen Erwartungen nach emotionaler Wärme und fachlichem Können[12] sich positiv auf die pädagogische Beziehung und das unterrichtliche Verhalten der Lernenden auswirkt. Die Beziehungszufriedenheit und Freundlichkeit der Lernenden hängen in starkem Ausmaß von der wahrgenommenen Erfüllung ihrer normativen Erwartungen ab. Die Erfüllung der normativen Erwartungen der Lernenden trägt außerdem in hohem Ausmaß zu ihrer Mitarbeit und ihrem Vertrauen zur Lehrperson bei. Der Einfluss auf den Lernerfolg fällt zwar geringer aus, ist angesichts der Tatsache, dass der Lernerfolg in hohem Maße von den Lernenden selbst abhängt (kognitive Fähigkeiten, Vorwissen, aufgebrachte Lernzeit, Lernstrategien, Motivation; ▶ Kap. 1.3), jedoch beachtlich.

Insgesamt zeigt sich, dass die Erfüllung der normativen Erwartungen der Lernenden einen (sehr) positiven Einfluss auf die pädagogische Beziehung (Zufriedenheit, Freundlichkeit, Vertrauen; Richey, 2016) und das un-

---

12 In dieser Stichprobe stellte das Durchsetzungsvermögen der Lehrperson keine normative Erwartung der befragten Schülerinnen und Schüler dar.

terrichtliche Verhalten der Lernenden (Mitarbeit, Bemühen, die Inhalte zu verstehen, Disziplin; Richey, 2016; van Buer, 1991) haben kann.

3.4.2 Antizipatorische Erwartungen

Antizipatorische Erwartungen von Lehrpersonen können sich auf das Verhalten der Lehrperson und darüber vermittelt auf das Verhalten, Selbstkonzept und den Lernerfolg der Lernenden auswirken. Nachfolgend werden Befunde zu den einzelnen Schritten des dahintersteckenden Prozesses (▶ Kap. 3.2) referiert.

Wie entstehen antizipatorische Erwartungen?

Durch verschiedene Studien ist belegt, dass die ethnische Zugehörigkeit, das Geschlecht, der sozioökonomische Status und die Attraktivität von Schülerinnen und Schülern antizipatorische Erwartungen von Lehrpersonen steuern (Ludwig, 2010). Während das Potenzial von Lernenden mit Migrationshintergrund oder einem niedrigen sozioökomischen Status von Lehrpersonen eher negativ bzw. niedrig eingeschätzt wird, wird das Potenzial von attraktiven Lernenden eher positiv bzw. hoch eingeschätzt (zusf. Schweer et al., 2017). Diese Einschätzungen sind aber bei den meisten Lehrpersonen zeitlich wenig stabil. In der Regel gilt: Wenn Lehrende ihre Schülerinnen und Schüler länger (und besser) kennen, nimmt der Einfluss von äußeren Merkmalen auf die Erwartungen der Lehrpersonen ab (Rubie-Davies, 2009). Allerdings ist das auch von Merkmalen der Lehrenden abhängig.

Hinsichtlich der Entwicklung antizipatorischer Erwartungen können drei Typen von Lehrpersonen unterschieden werden (Babad, 1993; Good & Brophy, 2003). *Proaktive* Lehrpersonen setzen »Ziele nach ihren eigenen Überzeugungen« (Dubs, 2009, S. 455), können – bei realistischen Zielen und gutem Unterricht – die Lernenden dazu führen, ihre Erwartungen zu erfüllen, und haben dann positive Erwartungseffekte (ebd.). *Reaktive* Lehrpersonen »zeigen keine ausgeprägten Erwartungen und passen sie aufgrund von erhaltenem Feedback immer wieder an. Sie haben daher nur schwache Erwartungseffekte auf ihre Lernenden und tendieren dazu, bestehende Unterschiede zwischen Lernenden mit hohen und tiefen Leistungen aufrechtzuerhalten« (ebd.). *Überreaktive* Lehrpersonen halten an ihren gebildeten Erwartungen oft stur fest. Sie erachten die Fähigkeiten der Lernenden als wenig veränderlich, fühlen sich dafür wenig verantwortlich und führen

Misserfolge mehr auf die Lernenden als auf die eigene Person zurück. Bei ihnen wirken sich negative Erwartungen stark aus und der Prozess der sich selbst erfüllenden Prophezeiung spielt sich am ausgeprägtesten ab (ebd.).

Wie wirken sich antizipatorische Erwartungen auf das Verhalten von Lehrpersonen aus?

In einer Metaanalyse von 47 Studien zu antizipatorischen Erwartungen von Lehrpersonen konnte Smith (1980) feststellen, dass sich die Erwartungshaltung von Lehrpersonen auf ihr Verhalten (Rückmeldung, Ermutigung, positive Verstärkung und Aufmerksamkeit) gegenüber Schülerinnen und Schülern auswirkt. Beobachtungsstudien wiesen spezifische Verhaltensmuster von Lehrenden, die hohe bzw. niedrige Erwartungen an Lernende stellen, nach. Lehrpersonen, die hohe Erwartungen an die Leistungsentwicklung der Lernenden stellten, zeigten ihnen gegenüber eine höhere emotionale Zuwendung und förderten diese stärker, z. B. durch mehr Input/Lernmaterial, schwierigere Fragen, mehr Gelegenheiten, sich zu äußern, und/oder ein differenzierteres Feedback (Brophy & Good, 1976; Schweer et al., 2017; Silberman, 1969). Lernende, an die niedrige Erwartungen hinsichtlich ihrer Leistungsentwicklung gestellt wurden und die die normativen Erwartungen der Lehrpersonen nicht erfüllten, erhielten weniger Beachtung und Interaktionen, die Interaktionen waren zudem weniger freundlich (Brophy & Good, 1976; Good & Brophy, 2003; Silberman, 1969). An sie wurden geringere Anforderungen gestellt, z. B. weniger Inhalte, weniger anspruchsvolle Inhalte, schnelles Akzeptieren von fehlerhaften Antworten und Lösungen (Good & Brophy, 2003). Sie erhielten weniger Möglichkeiten, sich zu äußern, indem sie seltener aufgerufen wurden oder die Lehrperson bei Problemen die Frage eher selbst beantwortete oder an andere weitergab, statt auf die Antwort der Lernenden zu warten oder die Frage zu präzisieren (ebd.). Diese Lernenden erhielten weniger Feedback, wurden bei Erfolgen seltener gelobt und bei Misserfolgen und Fehlern häufig kritisiert (ebd.). Sie wurden häufig zurückgewiesen, wenn sie die Lehrperson um Hilfe baten oder sogar dafür getadelt (Silberman, 1969).

Glücklicherweise realisieren aber nicht alle Lehrpersonen in diesem Ausmaß unterschiedliches Verhalten gegenüber Lernenden, an die sie unterschiedliche Erwartungen haben (zusf. Rubie-Davies, 2009). Lehrpersonen, die davon ausgehen, dass alle Lernenden grundsätzlich ihre Fähigkeiten verbessern können (*growth mindset*; ▶ Kap. 1.3.1), ändern ihre Erwartungen häufiger und ihr Verhalten ist entsprechend weniger stark erwartungsgeprägt (Weinstein, 2009).

Wie nehmen die Lernenden das erwartungsgeprägte Verhalten der Lehrpersonen wahr?

Dem Prozessmodell zu Erwartungseffekten (▶ Abb. 3.3) liegt die Annahme zugrunde, dass die Schülerinnen und Schüler anhand des Verhaltens der Lehrperson deren Einschätzung erschließen. Es konnte festgestellt werden, dass Schülerinnen und Schüler der Primarschule bereits genau beschreiben können, wie Lehrpersonen sich gegenüber leistungsstärkeren und -schwächeren Lernenden verhalten (Weinstein et al., 1987). Sowohl leistungsstärkere als auch leistungsschwächere Lernende können am Verhalten der Lehrperson erkennen, wie sie von der Lehrperson eingeschätzt werden (Cooper & Good, 1983; Weinstein et al., 1987). Dies kann, insbesondere bei niedrigen Erwartungen an die Leistungsentwicklung von Lernenden, problematisch sein. Zum einen, weil die Lehrperson ihnen gegenüber ein wenig lernförderliches Verhalten zeigt, zum anderen, weil es das Selbstkonzept der Lernenden nachhaltig beeinträchtigen kann.

Wenn das Handeln der Lehrperson stark durch Erwartungen geprägt ist, wirkt sich das auch auf die Beziehung zu den Schülerinnen und Schülern aus. Lernende, die Unterschiede im Verhalten ihrer Lehrperson gegenüber leistungsstärkeren und -schwächeren Schülerinnen und Schülern wahrnehmen, beurteilen die Lehrpersonen insgesamt negativer (Babad et al., 2003) und reagieren mit Ärger und Empörung auf wahrgenommene Bevorzugung (Babad, 1995).

Wie wirkt sich erwartungsgeprägtes Verhalten von Lehrpersonen auf die Lernenden aus?

Nicht immer wirken (verzerrte) Leistungseinschätzungen im Sinne einer sich selbst erfüllenden Prophezeiung und entsprechenden Leistungen der Schülerinnen und Schüler. Zum großen Teil entstehen Zusammenhänge von Erwartungen der Lehrpersonen und Leistungen der Schülerinnen und Schüler in Studien dadurch, dass die Erwartungen realistisch sind (Jussim & Harber, 2005). Es zeigt sich jedoch immer wieder: Einschätzungen von Lehrpersonen hinsichtlich der Begabung ihrer Schülerinnen und Schüler haben signifikante Auswirkungen auf die Selbsteinschätzungen bzw. das Fähigkeitsselbstkonzept und die Motivation der Lernenden (Babad, 1993; Eccles & Wigfield, 1985; Weinstein, 2009). So konnte z. B. beobachtet werden, dass Lernende, an die geringe Erwartungen gestellt werden, sich nicht trauen, um Hilfe zu bitten (Newman & Goldin, 1990), oder sich zunehmend passiv verhalten (Good, 1993). Aber auch Einflüsse (verzerrter) Erwartungen auf Leistungen konnten wiederholt nachgewiesen werden (Rosenthal, 1991; Madon et al., 2001).

Im Rahmen seiner Synthese von Metaanalysen bescheinigt Hattie (2013) den Lehrererwartungen einen mittleren bis hohen Effekt auf Schulleistungen. Allerdings ist ebenfalls bekannt, dass die Erwartungshaltung der Lehrperson nicht alle Lernenden gleichermaßen beeinflusst. Erwartungseffekte im Sinne einer sich selbst erfüllenden Prophezeiung treten z. B. bei jüngeren und leistungsschwächeren Lernenden stärker auf (z. B. Tenenbaum & Ruck, 2007) und wirken sich bei motivierten und leistungsorientierten Lernenden weniger stark aus (Salonen et al., 1998).

Lehrererwartungen wirken also insbesondere bei leistungsschwächeren Schülerinnen und Schülern im Sinne einer sich selbst erfüllenden Prophezeiung. Interessanterweise sind dabei die günstigen Auswirkungen einer *Überschätzung* durch die Lehrperson größer als der Golem-Effekt. Dies bedeutet, insbesondere schwächere Schülerinnen und Schüler profitieren mit Blick auf das Selbstkonzept, das Lernverhalten und schließlich die Leistungen von hohen Erwartungen einer Lehrperson (Madon et al., 2001; Weinstein, 2009). Rubie-Davis (2009) nimmt auf Basis ihrer Studien an, dass (a) Lehrpersonen auch Erwartungen auf Klassenebene haben, (b) sie sich insgesamt darin unterscheiden, inwieweit sie hohe oder niedrige Erwartungen an die Lernenden haben, und dass (c) Lehrpersonen mit hohen Erwartungen eher Lernumgebungen realisieren, die mit Prinzipien nachhaltigen Lernens (▶ Kap. 1.1) korrespondieren. Insgesamt unterstützen die Ergebnisse die Annahme, dass sich hohe Erwartungen (im Sinne einer leichten Überschätzung) an die Schülerinnen und Schüler positiv auswirken können (Weinstein, 2009). Hattie (2013, S. 148) konstatiert in diesem Zusammenhang: »Seien Sie bereit, sich überraschen zu lassen«.

3.5 Schlussfolgerungen für die Schul- und Unterrichtspraxis

Normative und antizipatorische Erwartungen beeinflussen, wie Lehrpersonen Lernende wahrnehmen und beurteilen, und können sich auf das Verhalten der Lehrperson auswirken, was wiederum die Wahrnehmung, Beurteilung und das Verhalten der Lernenden beeinflussen kann. Die dahintersteckenden Prozesse laufen meist unbewusst und unreflektiert ab. Daher erscheint es wichtig, dass Lehrpersonen sich der Existenz und Funktion normativer und antizipatorischer Erwartungen bewusstwerden, indem sie ihre Wahrnehmungsprozesse und Handlungsroutinen reflektieren (Schweer et al., 2017). Schlussfolgerungen und das eigene Verhalten können hinsichtlich ihrer Angemessenheit hinterfragt werden, wodurch ggf. Wahrnehmungs- und Beurteilungsfehler sowie unzutreffende antizipatorische Erwartungen aufgedeckt werden können. Hierzu können auch Kollegen und Kolleginnen zu Rate gezogen werden, die z. B. in Form von Hospitationen das Verhalten der Lehrperson beobachten und der Lehrperson Rückmeldung geben können.

Hinsichtlich *normativer Erwartungen* erscheint es ratsam, den Unterricht dahingehend zu reflektieren und so zu gestalten, dass die normativen Erwartungen der Lernenden möglichst erfüllt werden. Lehrpersonen können darauf achten, Lernenden mit Freundlichkeit, Verständnis, Geduld und Gutmütigkeit zu begegnen (normative Erwartung nach emotionaler Wärme), ihren Unterricht interessant zu gestalten, die Interessen der Lernenden zu berücksichtigen und zu versuchen, Lernende durch gute Erklärungen, das Einfordern von Leistung und Unterstützung bei Lernschwierigkeiten zu fördern (normative Erwartung nach fachlichem Können), konsequent zu sein und sich durchzusetzen, aber auch selten und angemessen zu strafen und Freiräume zu gewähren (normative Erwartung nach Durchsetzungsvermögen). Dies trägt nicht nur zur Beziehungszufriedenheit der Lernenden bei, sondern kann ihr Verhalten (Freundlichkeit, Mitarbeit, Vertrauen, Lernerfolg) positiv beeinflussen und sich positiv auf die Gesundheit der Lehrperson auswirken (▶ Kap. 2.4).

Im Zusammenhang mit *antizipatorischen Erwartungen* erscheint es ratsam, realistische Erwartungen zu entwickeln, »auf die das Lehrerverhalten und die Unterrichtsgestaltung auszurichten sind, damit jeder Schüler und jede Schülerin eine möglichst vorurteilsfreie und individuell wirksame Unterstützung durch die Lehrperson erhält« (Dubs, 2009, S. 459). Realistische Erwartungen meinen in diesem Zusammenhang positive Erwartungen an die Leistungsentwicklung der Lernenden und können mit einer leichten Überschätzung einhergehen. Um realistische Erwartungen zu entwickeln, kann es hilfreich sein, möglichst wenig Informationen von Außenstehenden einzuholen, um sich möglichst unvoreingenommen ein eigenes Bild vom Lernenden zu machen. Aber auch die ersten Eindrücke von Lernenden können zu antizipatorischen Erwartungen führen (z. B. Herkunft, Erscheinungsbild). Insofern sollten Lernende als Individuen mit ihren persönlichen Eigenschaften wahrgenommen werden und »nicht als Angehöriger einer Gruppe oder in stereotyper Weise« (ebd.). Lernende sollten zudem laufend beobachtet werden, wobei sich die Beobachtungen auf die Gegenwart und nicht auf die Vergangenheit beziehen sollten (ebd.). Hinsichtlich des Verhaltens der Lehrperson sind »Interaktionen mit allen Lernenden wichtig, bei denen keine für die Lernenden durch Erwartungsunterschiede bedingte Differenzierung im Lehrerverhalten spürbar sind« (ebd.).

Mit Blick auf die Förderung und Bewertung der Leistung von Lernenden erscheinen folgende Punkte relevant: Alle Lernenden sollten das Gefühl haben, durch interessante und angemessen schwierige Aufgaben immer wieder eine Chance zu erhalten. Misserfolge sollten nicht zu »unmittelbarer Kritik, Tadel oder Herabwürdigungen führen« (ebd.). »Tendenziell sollten kurzfristige Minimalziele gesetzt werden, die auch von schwächeren Lernenden erreicht werden können, damit auch sie zu Erfolgen kommen« (ebd.) und dadurch eine positive Selbsterwartung entwickeln können. Bei der Bewertung von Leistungen können Erwartungseffekte vermieden werden, indem Tests oder Klassenarbeiten anonym, aufgabenweise (erst Aufgabe 1 aller Arbeiten, dann Aufgabe 2 aller Arbeiten etc.) und/oder anhand vorher festgelegter Kriterien bewertet werden.

Die Erfüllung normativer Erwartungen und das Verhalten bei positiven antizipatorischen Erwartungen an die Entwicklung der Lernenden weist enge Bezüge zu einer personenzentrierten Haltung (▶ Kap. 4.2), den Grundbedürfnissen der Selbstbestimmungstheorie (▶ Kap. 4.3), emotionaler, moralischer und individueller Anerkennung (▶ Kap. 5.1) sowie den Merkmalen vertrauenswürdiger Lehrpersonen (▶ Kap. 6.3.2) auf und kann zentrale Voraussetzungen für Motivation, Selbstwirksamkeit und somit für nachhaltiges Lernen schaffen (▶ Kap. 1.3).

4

Humanistisch orientierte Grundlagen der Beziehungsgestaltung

4.1 Grundannahmen humanistischer Psychologie und Pädagogik

Die Wurzeln humanistischer Ansätze reichen bis in die Antike zurück. Darauf basieren auch die zu Beginn des 20. Jahrhunderts einflussreichen Theorien und Konzepte der *Reformpädagogik*, z. B. von John Dewey und Maria Montessori (Schnotz, 2019). In diese Zeit fällt auch die Gründung der auf humanistischen Prinzipien basierenden Internatsschule Summerhill (ebd.). Gerade nach dem Zweiten Weltkrieg spielten humanistische Ansätze in der Pädagogik als Reaktion auf autoritäre Bildungssysteme eine wichtige Rolle. Damit eng verknüpft ist die Entwicklung der humanistischen Psychologie, die sich spätestens seit den 1960er Jahren als eigener Zweig der Psychologie neben dem damals vorherrschenden Behaviorismus und der Psychoanalyse etablierte.

4 Humanistisch orientierte Grundlagen der Beziehungsgestaltung

Ausgangspunkt ist die prinzipielle individuelle Freiheit der Menschen, welche mit einer hohen Verantwortung gegenüber sich selbst und den Mitmenschen einhergeht. Es wird angenommen, dass das Handeln und Streben des Menschen auf die Ziele Selbstentwicklung und Selbstverwirklichung gerichtet ist. Jede Person strebt nach Weiterentwicklung und Entfaltung der eigenen Potenziale und Fähigkeiten *(Selbst-Aktualisierung)* in einem kohärenten Organismus. Dieses Streben bedarf keines äußeren Anstoßes (es besteht eine *Aktualisierungstendenz*; Rogers, 1969).

Dabei spielt das Bedürfnis danach, sich selbst als *Urheber* der eigenen Handlungen zu verstehen, eine wichtige Rolle (Kriz, 2000). Das Gefühl, autonom zu handeln und zu entscheiden, ist sehr bedeutsam für die Selbstverwirklichung.

Die humanistische Pädagogik legt eine *konstruktivistische* Sichtweise auf die Entwicklung zugrunde: Die Selbstkonstruktion der Person ist dabei immer in Relation zur Umwelt zu sehen, die die Selbstverwirklichung unterstützen oder behindern kann. Neben dem Bedürfnis nach Selbstbestimmung bestimmt ein Bedürfnis nach sozialer Wertschätzung menschliches Handeln und die Selbst-Aktualisierung erfolgt in sozialen Beziehungen. Humanistische Pädagogik beinhaltet daher auch die »bewusste Gestaltung der Beziehung zwischen Person und Umwelt« (Dauber, 2009, S. 75), wobei unter Umwelt im Kontext Schule neben sozialen Beziehungen auch Lerngegenstände (Themen, Inhalte, Aufgaben) gemeint sind (ebd.).

Im Folgenden werden theoretische Ansätze, die auf diesen Prämissen beruhen, mit Blick auf die Gestaltung des Unterrichts und der pädagogischen Beziehungen vorgestellt. Dabei werden einerseits Grundlagen einer personenzentrierten Pädagogik dargestellt (▶ Kap. 4.2), andererseits wird die Bedeutung der drei psychologischen Grundbedürfnisse aus der Selbstbestimmungstheorie (▶ Kap. 4.3) verdeutlicht. Der Stellenwert der Annahmen humanistisch orientierter Ansätze für pädagogische Beziehungen und nachhaltiges Lernen wird schließlich anhand empirischer Befunde untermauert (▶ Kap. 4.4).

4.2 Die Lernenden im Zentrum: Personenzentrierte Ansätze

4.2.1 Personenzentrierte Pädagogik

Die sogenannte *personenzentrierte (person-centered)* Pädagogik (Rogers, 1969) wurde von Carl R. Rogers auf der Grundlage seines psychotherapeutischen Ansatzes, der klientenzentrierten Gesprächspsychotherapie, entwickelt. Ausgangspunkt ist auch hier die Annahme einer Aktualisierungstendenz, welche mit einem natürlichen Wunsch zu lernen verbunden ist. Da, wie in allen humanistischen Ansätzen, das Erleben der Person im Zentrum steht, ist es wichtig, dass die Lerngegenstände subjektiv bedeutsam sind und das Lernen in einer angstfreien Atmosphäre stattfindet. Genau wie beim nachhaltigen Lernen (▶ Kap. 1.1) wird angenommen, dass bereichsübergreifende Kompetenzen beim fachlichen Lernen mitentwickelt werden (»Lernen zu lernen«, Schnotz, 2019, S. 33), was zur angestrebten Selbstbestimmung beiträgt.

Dabei fokussieren personenzentrierte Ansätze auf *Haltungen* (und entsprechendes Verhalten) von Bezugspersonen (Eltern, Pädagoginnen und Pädagogen, Lehrpersonen). Drei Haltungen des Therapeuten sind zentral für die Unterstützung der Entwicklung der Klientinnen und Klienten in der klientenzentrierten Gesprächstherapie: unbedingte *Wertschätzung* (auch: Achtung, Wärme, Akzeptanz), *Empathie* (auch: Einfühlung, Verständnis) und *Echtheit* (auch: Aufrichtigkeit, Kongruenz, Authentizität). In verschiedenen Untersuchungen erwiesen sich diese Haltungen auch als wichtige Voraussetzungen positiver Beziehungen in anderen Bereichen, z. B. in Paarbeziehungen und Eltern-Kind-Beziehungen (zusf. Tausch, 2017). Die Unterstützung durch Personen, die diese Merkmale aufweisen, konnte positive Entwicklungen der Persönlichkeit und Resilienzfaktoren vorhersagen (ebd.).

Im deutschen Sprachraum haben insbesondere Reinhard und Anne-Marie Tausch die Konzepte der personenzentrierten Pädagogik auf Schule und Unterricht übertragen und empirisch untersucht. Tausch (2017) beschreibt die drei miteinander verbundenen wirksamen Haltungen in Bezug auf das Handeln von Lehrpersonen ausführlich. Darauf basierend erfolgt an dieser Stelle eine kurze Charakterisierung.

Achtung-positive Zuwendung äußert sich in Anteilnahme und Wärme für die Schülerinnen und Schüler bei Förderung der Selbstbestimmung und der persönlichen Entwicklung. Lehrpersonen mit dieser Haltung zeigen kein dominantes, machtmotiviertes Verhalten, sondern versuchen, eine Beziehung auf Augenhöhe zu realisieren. Tausch (2017) weist hier besonders darauf hin, dass Äußerungen gegenüber den Kindern und Jugendlichen *sozial-reversibel* sein sollten, d. h. auch die Lernenden könnten sie gegenüber der Lehrperson verwenden »ohne dass ein Mangel an Achtung-Respekt vorhanden wäre« (ebd., S. 199; ▶ Beispiel 4.1 für die Äußerung einer Lehrperson, die nicht sozial reversibel ist).

Beispiel 4.1
Frau Hesse sagt nach einer mangelhaften Klassenarbeit zu Dilek: »Da hast du wohl dein Hirn zuhause gelassen!«. Als Frau Hesse nachfragen muss, was die Hausaufgabe war, ruft Dilek in die Klasse: »Na? Haben Sie Ihr Hirn zuhause vergessen?« Daraufhin bittet Frau Hesse Dileks Eltern zum Gespräch.

Einfühlendes, nicht bewertendes Verstehen der Erlebniswelt der Schülerinnen und Schüler beruht auf dem Bemühen, Wahrnehmungen, Gedanken und Gefühle der Kinder und Jugendlichen nachzuvollziehen, ohne es billigen zu müssen. Ziel ist es, die Situation des Gegenübers bei der Auswahl von Maßnahmen und Aktivitäten im Unterricht zu berücksichtigen (▶ Beispiel 4.2).

Beispiel 4.2
Die Musiklehrerin weiß, dass Dennis und Steven zuhause Hip-Hop-Beats machen. Beide finden aber die Beschäftigung mit klassischer Musik langweilig und stören daher häufig den Unterricht. Als Smetanas »Die Moldau« thematisiert werden soll, gibt sie den beiden die Aufgabe, ein Stück aus dem Werk mit passenden Beats zu unterlegen.

Aufrichtigkeit-Echtheit bedeutet die »Übereinstimmung von Fühlen, Denken, Äußerungen und Handlungen des Erwachsenen« (Tausch, 2017, S. 200) gegenüber den Schülerinnen und Schülern. Die Lehrperson stellt sich authentisch und mit ihrer ganzen Persönlichkeit dar und drückt in angemessenem Umfang persönliche Gefühle aus. Authentisches Verhalten der Lehrperson bedeutet nicht, dass diese alle ihre Stimmungen und Befindlichkeiten im Unterricht ausleben oder den Schülerinnen und Schülern möglichst viele persönliche Informationen geben soll.

> **Die Sache mit der Authentizität**
> Schulz v. Thun (2015, S. 12) plädiert für eine *selektive Authentizität* gemäß der Faustregel: »Nicht alles, was echt ist, will ich sagen, doch was ich sage, soll echt sein«. Es geht darum, eine stimmige Kommunikation zu realisieren, die zur eigenen Person und den Anforderungen der jeweiligen Situation passt.
>
> In einer Interviewstudie in Belgien wurden Schülerinnen und Schüler der Sekundarstufe gefragt, welche Verhaltensweisen von Lehrpersonen sie als authentisch wahrnehmen. Authentisches Lehrkraftverhalten wurde mit der fachlichen und didaktischen *Kompetenz* der Lehrenden, dem gezeigten *Enthusiasmus* für den Lerngegenstand, der Wahrnehmung der *Einzigartigkeit* jedes Lernenden und jeder Klasse durch die Lehrperson sowie dem Interesse an den Lernenden bei gleichzeitiger angemessener *Distanz* in Verbindung gebracht (De Bruyckere & Kirschner, 2016).

Lehrpersonen, die diese drei Grundhaltungen in ihrem non-verbalen und verbalen Verhalten ausdrücken, weisen auch andere Verhaltensweisen auf, die Tausch und Tausch (1998) als *nicht-dirigierende förderliche Aktivität* bezeichnen. Sie unterstützen u. a. die Lernenden in ihrer Aktivität, stellen lebensnahe Aufgaben und realisieren häufig Gruppenarbeiten. Hier lassen sich Bezüge zu den Methoden, die nachhaltiges Lernen unterstützen, herstellen (▶ Kap. 1.1; 1.4; ▶ Abb. 4.1; vgl. Tausch, 2017).

»Nicht dirigierend« bedeutet in diesem Zusammenhang übrigens nicht unstrukturiert, sondern soll die Abwesenheit von machtausübender Kontrolle beschreiben (▶ Beispiel 4.3). Lehrpersonen, die Lernenden mit Achtung und Einfühlung begegnen, sind nicht nachgiebig und schwach. Denn auch *Klarheit*, *Transparenz*, *konsequentes Handeln* und das Setzen von *Grenzen* sind wichtige Bedingungen von Achtung, die auf Gegenseitigkeit beruht.

Beispiel 4.3

Kerim hatte in der Grundschule eine Mathematiklehrerin, die Fehler streng geahndet hat, nur jeweils einen Lösungsweg duldete und Kerim mehrmals an der Tafel bloßstellte. Seine Angst führte dazu, dass er sich nicht mehr meldete und bei Klassenarbeiten Blackouts hatte. In der weiterführenden Schule begegnete er dem Mathematiklehrer Herrn Pulut. Dieser ging davon aus, dass in allen Kindern und Jugendlichen Entwicklungspotenzial steckt. Er bemerkte, dass Kerim ängstliches Verhalten zeigte und machte ein Gesprächsangebot. Durch die wertschätzende Haltung fühlte Kerim sich akzeptiert und konnte offen über seine Probleme sprechen. Herr Pulut hörte aufmerksam zu und gab Kerim die benötigte Strukturierungshilfe für den Lernstoff. Gleichzeitig realisierte er ein positives Fehlerklima im Unterricht. Fehler wurden korrigiert, aber ohne die Person zu entwerten, oder sie wurden als Lernchancen für alle thematisiert. Mit der Zeit gewann Kerim durch die einfühlende, wertschätzende Haltung seines Lehrers wieder Spaß an der Mathematik und vor allem ein größeres Zutrauen in seine Fähigkeiten.

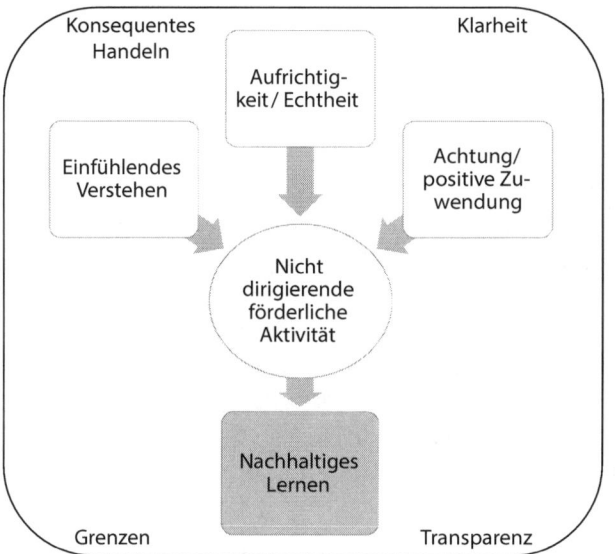

Abb. 4.1: Zusammenhänge der Grundhaltungen personenzentrierter Lehrender mit ihrem Unterrichtsverhalten und vermutete Wirkung auf nachhaltiges Lernen

4.2.2 Lernendenzentrierter Unterricht

Rogers Ansatz der personenzentrierten Pädagogik wurde zwischen den 1950er und 1970er Jahren entwickelt und erforscht. Aktuell ergeben sich Überschneidungen mit dem Konzept des *lernendenzentrierten* (*learner-centered*) Unterrichts. Mit der Entwicklung dieses Ansatzes ab den 1990er Jahren in den USA sollten Ergebnisse pädagogischer und psychologischer Lehr-Lern-Forschung für die Praxis verbunden und der Fokus von der Lehrperson zu den Lernenden verschoben werden.

> **Learner-centered psychological principles**
> Die American Psychological Association (APA) führte vier Dimensionen und 14 Prinzipien eines lernendenzentrierten Unterrichts ein (APA Work Group of the Board of Educational Affairs, 1997), welche stark mit den Annahmen zum nachhaltigen Lernen korrespondieren und auf konstruktivistischen Annahmen basieren.
> *Kognitive und metakognitive Faktoren:* Lernende kreieren vor dem Hintergrund ihres Vorwissens sinnvolle Wissensrepräsentationen mit Hilfe von kognitiven und metakognitiven Strategien (▶ Kap. 1.3.2). Wichtig sind komplexe Lernziele und eine lernförderliche Umgebung (Klima, Unterrichtsmethoden, Materialien).
> *Motivationale und emotionale Faktoren:* Wechselseitige Einflüsse von Motivation und Emotion sowie deren Auswirkungen auf das Lernen werden beachtet. Anforderungen passen zu den Fähigkeiten und bieten Wahlmöglichkeiten, um Interesse und Motivation zu stärken.
> *Entwicklungs- und soziale Faktoren:* Anforderungen werden dem individuellen Entwicklungsstand der Lernenden angepasst und der Einfluss sozialer Beziehungen auf das Lernen wird berücksichtigt.
> *Individuelle Unterschiede:* Die Auswirkungen der Lernerfahrungen und -voraussetzungen sowie des sozialen und kulturellen Hintergrundes auf das Lernen werden berücksichtigt. Unterschiedliche Lernwege werden ermöglicht. Dabei werden individuelle, herausfordernde Lernziele gesetzt und regelmäßig überprüft.

Das Selbstverständnis einer lernendenzentrierten Lehrperson ist das einer Lernbegleitung, die ermutigt, konstruktiv kritisiert und anleitet (Weimer, 2002). Auch hier werden Merkmale der Beziehungsgestaltung seitens der Lehrpersonen mit in den Blick genommen, wie Ermutigung, Unterstützung und Anpassung an kulturelle und individuelle Unterschiede der Lernenden. Insgesamt lässt sich konstatieren, dass die Merkmale förderlicher pädagogischer Beziehungen in lernendenzentrierten und personenzentrierten Ansätzen einander »erstaunlich ähnlich« sind (Cornelius-White, 2007, S. 113, übers. N. F.).

4.3 Drei Grundbedürfnisse: Die Bedeutung der Selbstbestimmungstheorie für pädagogische Beziehungen

4.3.1 Grundannahmen der Selbstbestimmungstheorie

Basierend auf den humanistischen Annahmen der Selbst-Aktualisierungstendenz und des Umweltbezugs propagieren Deci und Ryan (1993) in ihrer Selbstbestimmungstheorie der Motivation die Anwesenheit dreier angeborener *psychologischer Grundbedürfnisse* (Basic Needs) im Individuum[13]. Dieses strebt nach persönlichem Wachstum (Selbst-Aktualisierung) und der Sicherung sozialer Strukturen (Krapp, 2005).

Beide Entwicklungsziele steuern den Prozess der *organismischen Integration*, der zunehmenden Verinnerlichung von Handlungszielen bei der Entwicklung des Selbst. Dieser Prozess ist darauf ausgerichtet, das eigene Selbst »über die Lebensspanne als kontinuierliche Einheit« zu erleben (Krapp, 2005, S. 633), und wird von den Grundbedürfnissen nach *Kompetenz* (auch: Wirksamkeit), *Autonomie* (auch: Selbstbestimmung) und *sozialer Eingebundenheit* (auch: sozialer Zugehörigkeit) angetrieben. Personen möchten sich also mit anderen Menschen verbunden fühlen und sich dabei als selbstbestimmt und kompetent erleben.

Diese Bedürfnisse erklären nun das von Deci und Ryan (1993) angenommene Kontinuum von external regulierten (von außen vorgegebenen) Handlungszielen zu internaler Regulation. Die Bedürfnisse nach Selbstbestimmung und Kompetenzerleben führen dazu, dass die Person intrinsisch motivierte Handlungen aufnimmt. Intrinsische Motivation wiederum fördert das Erleben von Kompetenz und Autonomie.

Das Bedürfnis, sich anderen zugehörig zu fühlen, ist verantwortlich für die Verfolgung von externalen (von außen gesetzten) Zielen. Diese werden zunehmend in das eigene Selbstkonzept integriert *(Internalisierung)*, um gleichzeitig dem Bedürfnis nach Selbstbestimmung gerecht zu werden (▶ Abb. 4.2; vgl. Deci & Ryan, 1993).[14] Daher können auch ursprünglich von

---

13 Krapp (2005) weist darauf hin, dass ca. zeitgleich mit der Selbstbestimmungstheorie die »relational theory of behavioral dynamics« (Nuttin, 1984) entwickelt wurde, welche ähnliche Prämissen beinhaltet.
14 Die Theorie ist vor allem bekannt im Zusammenhang mit der Erklärung unterschiedlicher Qualitäten von Motivation und postuliert verschiedene Formen internalisierter Regulation. Dieser Aspekt wird aufgrund der Thematik des Buches hier nicht ausführlich behandelt.

außen gesetzte Ziele selbstbestimmt verfolgt werden, was eine hohe Relevanz für die Gestaltung schulischer Lernumgebungen hat und mit der Entwicklung von Interesse und intrinsischer Motivation verknüpft ist (Krapp, 2005).

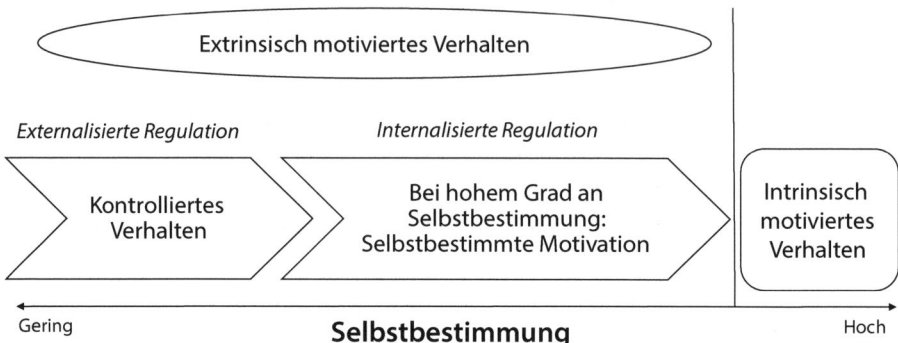

Abb. 4.2: Kontinuum von kontrolliertem Verhalten zu selbstbestimmter Motivation nach der Selbstbestimmungstheorie

Die Erfüllung der Grundbedürfnisse nach der Selbstbestimmungstheorie ist nicht nur wichtig für die Motivation, sondern auch für psychische Gesundheit, Wohlbefinden und Resilienz (Ryan & Deci, 2017).

Intrinsische und extrinsische Motivation
»Unter extrinsischer Lernmotivation versteht man die Absicht, eine Lernhandlung durchzuführen, weil damit positive Konsequenzen herbeigeführt oder negative Konsequenzen vermieden werden. Intrinsische Lernmotivation bezeichnet die Absicht, eine bestimmte Lernhandlung durchzuführen, weil die Handlung selbst von positiven Erlebenszuständen begleitet wird« (Schiefele & Schaffner, 2015, S. 155). Empirische Studien zeigen, dass extrinsische und intrinsische Motivation einander nicht ausschließen. Schulisches Lernen ist vermutlich immer zu einem gewissen Grad extrinsisch motiviert. Allerdings hat intrinsisch motiviertes Lernen nachhaltigere Wirkungen. Deci und Ryan (1993) gehen davon aus, dass auch extrinsisch motivierte Handlungen bei Erfüllung der psychologischen Grundbedürfnisse selbstbestimmt erlebt werden können, was mit positiven Gefühlen, funktionaleren Lernstrategien und nachhaltigem Lernerfolg einhergeht. Es geht also um das Erleben *selbstbestimmter Motivation*.

4.3.2 Die Selbstbestimmungstheorie in Schule und Unterricht

Der Ausgangspunkt humanistischer Ansätze ist, dass Kinder von sich aus motiviert sind zu lernen und ihre eigene Entwicklung optimal zu gestalten. Dabei werden laut Selbstbestimmungstheorie internalisierte oder bereits in der Person vorhandene (intrinsische) Ziele verfolgt, sodass die Person sich selbstbestimmt und kompetent fühlen kann. Im Schulkontext werden nun aber zunächst external Ziele gesetzt (durch das Curriculum, die Lehrperson, Abschlussprüfungen usw.) und deren Erreichung überwacht (durch Notengebung, Preise, Zuteilung zu Kursniveaus bzw. weiterführenden Schulen). Dabei hat häufig der soziale Vergleich einen hohen Stellenwert (z. B. durch Erstellung eines Notenspiegels für die Klasse). Es geht also darum, im Unterricht ein Klima herzustellen, das die Internalisierung schulischer Ziele begünstigt und fachliches und bereichsübergreifendes Lernen unterstützt. Wie lassen sich die drei postulierten psychologischen Grundbedürfnisse nun aber mit Bezug auf den Unterricht näher beschreiben?

Unter *Autonomie* wird nicht etwa völlige Unabhängigkeit verstanden (Ryan & Deci, 2017). Das eigene Handeln sollte im Einklang mit eigenen Werten und Interessen stehen. Schülerinnen und Schüler wollen sich nicht, wie deCharms (1968) es ausdrückte, als Marionette fühlen, sondern als Verursachende eigener Handlungen. Dies kann u. a. dadurch entstehen, dass eine Aufgabe subjektiv als sinnvoll wahrgenommen wird. Allerdings erlebt sich ein Individuum nur dann in hohem Ausmaß als selbstbestimmt, wenn es annimmt, die Anforderungen bewältigen zu können. Das verdeutlicht das enge Zusammenwirken der Bedürfnisse nach Autonomie und Kompetenz und gleichzeitig die Wichtigkeit unterstützender, klarer Strukturen im Unterricht. Das Autonomiebedürfnis wird u. a. durch Wahlmöglichkeiten und Möglichkeiten der Selbstregulation im Unterricht angesprochen. Autonomieunterstützende Lernumgebungen unterstützen das nachhaltige Lernen (Ryan & Deci, 2017; ▶ Kap. 1).

Das Bedürfnis nach *Kompetenzerleben* bezeichnet das Streben danach, Anforderungen aus eigener Kraft zu bewältigen, und ist eng verknüpft mit dem Erleben von *Selbstwirksamkeit*, also der Gewissheit, »neue oder schwierige Anforderungssituationen auf Grund eigener Kompetenz bewältigen zu können« (Schwarzer & Jerusalem, 2002, S. 35). Gleichzeitig brauchen Lernende Gelegenheiten, die eigenen Fähigkeiten anzuwenden. Kompetenzerleben entsteht beim Bewältigen von für die eigenen Fähigkeiten optimalen Herausforderungen. Auch in diesem Zusammenhang ist Struktur wichtig. Negatives Feedback und sozialer Vergleich können das Kompetenzerleben mindern (Ryan & Deci, 2017). Da das Kompetenzerleben im Unterricht nicht unabhängig von den sozialen Strukturen ist, spielen u. a. die von den Schülerinnen und Schülern wahrgenommenen antizipatorischen Erwartungen der Lehrperson eine wichtige Rolle (▶ Kap. 3.2).

Soziale Eingebundenheit ist das Bedürfnis nach warmen, sicheren Bindungen zu anderen Individuen. Je mehr Nähe zu Bezugspersonen (Eltern/ Lehrpersonen) empfunden wird, umso eher werden deren Werte übernommen (internalisiert). Lernende wünschen sich sozialen Rückhalt. Die soziale Eingebundenheit wird aber auch gestärkt, wenn die Person selbst etwas für andere tut und sich als wichtiges Mitglied einer Gruppe erlebt (Ryan & Deci, 2017). Tritt die Lehrperson Schülerinnen und Schülern grundsätzlich mit Wertschätzung und Anerkennung entgegen und fördert sie einen respektvollen Umgang der Lernenden untereinander, kann im Unterricht soziale Eingebundenheit erlebt werden. Von Bedeutung sind dabei auch die drei personenzentrierten Grundhaltungen der Lehrperson (▶ Kap. 4.2.1).

In Bezug auf das Bedürfnis nach sozialer Eingebundenheit hat sich in der Sekundarstufe I insbesondere die Verbindung zu den Mitschülerinnen und -schülern, also das Erleben der Klassengemeinschaft, als wichtig für die Lernmotivation, das Engagement und das schulische Wohlbefinden erwiesen. Dennoch ist die Beziehung zur Lehrperson nicht unwichtig: Obwohl Gleichaltrige im Jugendalter als Bezugspersonen immer wichtiger werden, deuten empirische Ergebnisse darauf hin, dass gute Beziehungen zu den Lehrpersonen gerade für Jugendliche eine Voraussetzung für die Lernmotivation sind (z. B. Roorda et al., 2011).

4.3.3 Die »Relationship Motivation Theory« als Teil der Selbstbestimmungstheorie

Ryan und Deci (2017, S. 19) postulieren sechs »Mini-Theorien«, die in der Selbstbestimmungstheorie enthalten sind. Für das vorliegende Buch besonders interessant ist die *Relationship Motivation Theory (RMT)*, die sich mit dem Erleben, Qualitätsmerkmalen und Konsequenzen positiver Beziehungen befasst und deren Annahmen durch zahlreiche empirische Untersuchungen untermauert werden.

Die RMT postuliert zunächst das Grundbedürfnis nach sozialer Eingebundenheit. Soziale Beziehungen haben daher einen eigenen Wert und sind Bedingung für Zufriedenheit und Wohlbefinden. Dagegen geht die Frustration des Bedürfnisses nach sozialer Eingebundenheit mit dysfunktionalen Entwicklungen von Gesundheit und Persönlichkeit einher.

Weiterhin sieht die RMT die Erfüllung aller drei Grundbedürfnisse als Merkmale einer hohen Beziehungsqualität an. Da die drei Grundbedürfnisse keine Gegensätze, sondern komplementär sind, wäre es beziehungsschädlich, zwei Bedürfnisse gegeneinander auszuspielen. Eine häufige Erziehungsmethode in Familien ist es, erwünschtes Verhalten als Bedingung für elterliche Zuwendung einzusetzen (▶ Beispiel 4.4). Die Kinder werden nach Kontrolle der Erfüllung einer Bedingung (Einschränkung der Selbstbestimmung) mit Zuwendung (sozialer Eingebundenheit) belohnt. Untersuchungen zeigen, dass so ein elterlicher Erziehungsstil mit ungünstigen Entwicklungen der Kinder hinsichtlich des Wohlbefindens, des Selbstwerts und der Bewältigungsstrategien verbunden ist und die Beziehung zu den Eltern negativ beeinflusst (Assor, Roth & Deci, 2004).

Beispiel 4.4
Galinas Eltern legen viel Wert auf gute Schulleistungen. Bei Klassenarbeiten soll sie mindestens die Note Zwei erreichen. Ist dies nicht der Fall, soll sie sich erst mal ein paar Nachmittage allein zuhause mit dem Lernstoff beschäftigen. Bei sehr guten Leistungen jedoch darf sie sich eine spannende Wochenendaktivität mit ihren Eltern aussuchen, die immer mit viel Spaß bei der Sache sind. Daher übt Galina sehr viel und traut sich mit mittleren Leistungen kaum nach Hause. In der Schule ist sie ständig angespannt und wenn ein unangekündigter Test geschrieben wird, könnte sie den ganzen Tag weinen.

Die Bedeutung des Autonomieerlebens für die Beziehungsqualität wird durch Untersuchungen gestützt, die bestätigen, dass höhere Autonomieunterstützung in einer Beziehung mit mehr Vertrauen und authentischem Verhalten in der Beziehung einhergeht. Insbesondere die *gegenseitige* Autonomieunterstützung in einer Beziehung hat positive Auswirkungen auf die Entwicklung einer Beziehung und das Erleben der Interagierenden. Es geht auch darum, dass die Beziehung für die Beteiligten einen intrinsischen Wert hat, sie also selbstbestimmt den Kontakt suchen. Dagegen wäre die Wahrnehmung, dass man selbst oder die andere Person mit der Beziehung einen bestimmten Zweck verfolgt, genauso kontraproduktiv wie ein erhöhter Druck oder Kontrolle (Ryan & Deci, 2017). Akzeptanz der Person als Individuum und Unterstützung der Entwicklung des Selbst hingegen sind Merkmale, die sowohl das Autonomiebedürfnis als auch das Bedürfnis nach sozialer Eingebundenheit in einer Beziehung ansprechen (▶ Kap. 4.3.2).

4.4 Ergebnisse der Schul- und Unterrichtsforschung

Empirische Studien liegen insbesondere im Kontext der Selbstbestimmungstheorie vor. Diese Theorie regte in den letzten 35 Jahren international zu »tausenden von Labor- und Feldstudien durch hunderte Forschende« an (Ryan & Deci, 2017, S. 24) und ist auch in deutschen Kontexten sehr gut erforscht. Personenzentrierte Ansätze hingegen wurden in dieser Zeit in Deutschland kaum noch untersucht, hier liegen primär Evidenzen aus älteren Studien und den USA vor.

4.4.1 Personenzentrierte Pädagogik im Unterricht

Wie hängen die Grundhaltungen der Lehrpersonen mit dem Lernen zusammen?

In einer Metaanalyse über 119 Studien zu *personen- und lernendenzentriertem Unterricht*, die englisch- oder deutschsprachig publiziert wurden, ergaben sich mittlere Zusammenhänge eines solchen Unterrichts zu kritischem Denken, mathematischen und verbalen Fähigkeiten und zu Schulnoten. Größere Korrelationen ergaben sich mit bereichsübergreifenden Merkmalen und Verhaltensweisen der Schülerinnen und Schüler, vor allem der Unterrichtsbeteiligung und -zufriedenheit und der Prävention von Schulabbruch. Personenzentrierter Unterricht hing aber auch mit höherer Selbstwirksamkeit und Motivation sowie besserem Sozialverhalten zusammen (Cornelius-White, 2007). Wie in vielen Studien im Bereich der Unterrichtsforschung zeigte sich, dass sich positive Ergebnisse besonders dann einstellen, wenn die Schülerinnen und Schüler (und nicht die Lehrpersonen selbst) zu Haltungen und Verhalten der Lehrenden befragt wurden. Dementsprechend spielt die Wahrnehmung durch die Kinder und Jugendlichen eine große Rolle. Es geht also nicht nur darum, welche Intention die Lehrperson hat, sondern darum, ob diese auch bei den Schülerinnen und Schülern ankommt.

Welche Merkmale der Lehrpersonen sorgen für positive Entwicklungen bei den Schülerinnen und Schülern?

Weiterhin wurde in der Studie untersucht, wie stark die erhobenen Merkmale und Haltungen der Lehrenden mit positiven Entwicklungen bei den Lernenden zusammenhingen. Insgesamt ergaben sich bei Betrachtung der drei klassischen personenzentrierten Variablen (Empathie, Authentizität, Wertschätzung) höhere Zusammenhänge mit positiven Entwicklungen als für Variablen des lernendenzentrierten Ansatzes (z. B. Adaptivität). Am höchsten korrelierten nicht-direktives Verhalten, Wertschätzung und Empathie mit positiven Entwicklungen bei den Schülerinnen und Schülern hinsichtlich verschiedener Leistungsmaße und bereichsübergreifender Kompetenzen (ebd.).

Da personenzentrierte Lehrpersonen durch ihre wertschätzende, einfühlende Haltung Schülerinnen und Schülern grundsätzlich Vertrauen (▶ Kap. 6) entgegenbringen, kann angenommen werden, dass dieses auch erwidert wird. Dies lässt sich ebenfalls empirisch untermauern (Wittern & Tausch, 1983; Wohlfarth et al., 2008).

Wie verhalten sich Lehrpersonen mit personenzentrierten Grundhaltungen?

Die bereits beschriebene Annahme, dass Lehrpersonen mit den drei personenzentrierten Grundhaltungen nicht-dirigierende förderliche Aktivitäten im Unterricht realisieren (▶ Abb. 4.1), findet ebenfalls empirische Unterstützung (zusf. Tausch, 2017). Tausch (2017) begründet dies insbesondere mit dem einfühlenden Verstehen der Lehrperson. Dadurch bemüht sie sich, ihren Unterricht so zu gestalten, dass Schülerinnen und Schüler eine hohe Nützlichkeit und Wichtigkeit des Unterrichts wahrnehmen (▶ Kap. 1.3.1) und das Verständnis für die Lerninhalte erhöht wird. Das Bemühen um Verständlichkeit ist gepaart mit der Unterstützung von Selbstständigkeit und dem Ernstnehmen der Schülerinnen und Schüler als Person.

4.4.2 Das Ansprechen der Grundbedürfnisse im Unterricht

Welche Merkmale weist ein Unterricht auf, der die psychologischen Grundbedürfnisse anspricht?

Unterricht, der alle drei psychologischen Grundbedürfnisse der Selbstbestimmungstheorie anspricht, wird häufig als *autonomieunterstützend* bezeichnet (Ryan & Deci, 2017). In der Forschung wird untersucht, inwieweit die Schülerinnen und Schüler sich von den Lehrenden hinsichtlich ihrer Grundbedürfnisse unterstützt fühlen und wie stark ihre selbstbestimmte Motivation ist. Dies wird mit videografiertem oder selbst berichtetem Verhalten der Lehrpersonen in Verbindung gebracht, um zu erfahren, welches Verhalten als autonomieunterstützend zu bezeichnen ist. Es zeigt sich, dass autonomieunterstützender Unterricht Selbstbestimmung und Selbstregulation ermöglicht, den Lernenden Wahlmöglichkeiten sowie Gelegenheiten zur Partizipation bietet und wenig kontrollierendes, sondern unterstützendes informatives Feedback seitens der Lehrperson beinhaltet. Autonomieunterstützende Lehrpersonen versuchen, die Perspektiven der Schülerinnen und Schüler zu verstehen und ihren Unterricht auf deren Lebenswelt zu beziehen (ebd.). Hier lassen sich Bezüge einerseits zu personenzentrierten Ansätzen (einfühlendes Verstehen; ▸ Kap. 4.2.1), andererseits zum situierten und nachhaltigen Lernen (▸ Kap. 1.1) herstellen.

Gleichzeitig herrschen im autonomieunterstützenden Unterricht klare Strukturen und transparente Anforderungen, wobei Lehrpersonen den Lernenden auch den Sinn der Aufgaben erläutern (Ryan & Deci, 2017). In Videostudien konnten bei Lehrpersonen, die die Schülerinnen und Schüler als autonomieunterstützend wahrnehmen, die Verhaltensweisen, die Tausch und Tausch (1998) als *nicht-dirigierende förderliche Aktivitäten* bezeichneten, gefunden werden (▸ Kap. 4.2.1; ▸ Abb. 4.1). Diese Lehrpersonen hören den Lernenden zudem zu, räumen Zeit für selbstständiges Arbeiten ein und ermöglichen Austausch zwischen den Lernenden. Gleichzeitig wird ein Fokus auf individuelle Bezugsnormen gelegt (zusf. Ryan & Deci, 2017).

> **Die Frustration der psychologischen Grundbedürfnisse im Unterricht**
> Inzwischen liegen auch zahlreiche Studien dazu vor, welche Konsequenzen die *Frustration* der Grundbedürfnisse im Unterricht (durch erhöhte Kontrolle, mangelnde Mitsprache, wenig Kooperationsmöglichkeiten usw.) haben kann. Vansteenkiste et al. (2020) geben einen Überblick über die Forschung und betonen zunächst direkte negative Wirkungen auf Motivation und seelische Gesundheit. Es gibt aber auch *kompensatorische Reaktionen* bei einigen Lernenden, die sich z. B. in restriktiver Gestaltung des Lernens mit strengen (Selbst-)Vorgaben äußern können. Letztendlich, so zeigt es die Forschung, führen solche kurzfristig bezüglich des Lernerfolgs wirksamen Maßnahmen allerdings zu einem instabilen Selbstkonzept und mangelndem Selbstwertgefühl. Auch *deviantes* und unangepasstes Verhalten kann eine Reaktion von Schülerinnen und Schülern auf die Bedürfnisfrustration im Unterricht sein (u. a. Aggressivität, Schummeln, Mobbing). Insgesamt spricht die Forschungslage dafür, dass Bedürfnisfrustration im Unterricht keine langfristig positiven Effekte hat.

Welche Rolle spielt die Motivation der Lehrpersonen?

Die Selbstbestimmungstheorie beschreibt die Entwicklung der Person über den gesamten Lebenslauf. Die Orientierung an den drei Grundbedürfnissen hat sich entsprechend auch für berufliche Kontexte und die Arbeitsmotivation als hilfreich erwiesen. Beschäftigte, die sich bei der Arbeit selbstbestimmt und kompetent erleben und gut sozial eingebunden sind, weisen eine höhere Arbeitsmotivation und ein höheres Wohlbefinden auf (Ryan & Deci, 2017). Dies gilt auch für Lehrpersonen. So kann die Tätigkeit des Unterrichtens, je nach Lehrperson und Bedingungen, die psychologischen Grundbedürfnisse mehr oder weniger ansprechen. Lehrpersonen, die sich als selbstbestimmt und kompetent erleben, sind für ihre Tätigkeit eher intrinsisch motiviert und werden von den Schülerinnen und Schülern gleichzeitig eher als autonomieunterstützend wahrgenommen (Roth et al., 2006). Die selbstbestimmte Motivation der Lehrperson unterstützt also selbstbestimmte Motivation bei den Lernenden.

Die empirische Forschung zeigt auch, dass von den Lehrenden erlebter Druck in Bezug auf die Erreichung bestimmter Standards, aber auch Belastung durch unmotivierte, unaufmerksame Lernende, autonomieunterstützendes Verhalten der Lehrpersonen verhindert. Solcher Druck führt dazu, dass die Lehrenden im Unterricht größere Redeanteile haben, kontrollierender kommunizieren und agieren und den Lernenden weniger Gelegenheit zum selbstregulierten Lernen geben. Das könnte damit zusammenhängen, dass belastete Lehrpersonen sich weniger autonom und kompetent im Unterricht fühlen, was die Belastung wiederum erhöht und das Wohlbefinden der Lehrenden mindert (zusf. Ryan & Deci, 2017).

Ist die Erfüllung der psychologischen Grundbedürfnisse tatsächlich ein Maß für Beziehungsqualität?

Untersuchungen zum Zusammenhang der Basic Needs mit der Beziehungsqualität im Unterricht liegen u. a. im Zusammenhang mit der Bindungstheorie und dem Teaching Through Interactions-Ansatz vor (▶ Kap. 2.3.2). Theoretisch wird davon ausgegangen, dass eine durch Schülerinnen und Schüler positiv erlebte pädagogische Beziehung (Wärme, Nähe, Interesse der Lehrperson an den Lernenden) mit dem Erleben von Autonomie, Kompetenz und sozialer Eingebundenheit einhergeht. Wird die Beziehung zur Lehrperson dagegen als konfliktbehaftet wahrgenommen, so sehen die Schülerinnen und Schüler ihre psychologischen Grundbedürfnisse im Unterricht auch nicht als erfüllt an (Roorda et al., 2011).

> **Soziale Eingebundenheit im Sportunterricht: Eine Interventionsstudie**
> In einer Interventionsstudie im Sportunterricht der Sekundarstufe I standen Schülerinnen und Schüler im Fokus, die weder durch externale Anreize noch intrinsisch motiviert waren. Deci und Ryan (1993) haben hierfür den Terminus *Amotivation* geprägt. Amotivierte Schülerinnen und Schüler zeigen keinerlei Motivation und Anstrengungsbereitschaft im Unterricht. Dies kann gemäß der Selbstbestimmungstheorie mit einer mangelnden Erfüllung der psychologischen Grundbedürfnisse im Unterricht zusammenhängen.
>
> Die Lehrpersonen nahmen an einer Fortbildung zur Unterstützung *sozialer Eingebundenheit* der Schülerinnen und Schüler teil. Sie wurden instruiert, die Lernenden in ihren Gefühlen und Abneigungen (z.B. gegenüber bestimmten Übungen) ernst zu nehmen, individuell auf sie einzugehen, sich Zeit zu nehmen, Freude und Anerkennung auszudrücken und Mitspracherecht einzuräumen. Im Unterricht sollten verstärkt inklusive Aktivitäten (anstelle hoher sportlicher Anforderungen) realisiert werden und insbesondere die Fairness im Fokus stehen. Die Angaben der Schülerinnen und Schüler nach zehn entsprechend gestalteten Sporteinheiten machten deutlich, dass die realisierten Merkmale der Lehrpersonen und des Unterrichts das Erleben sozialer Eingebundenheit tatsächlich erhöhten (Perlman, 2015). Die Schülerinnen und Schüler, die zuvor von ihren Lehrpersonen als amotiviert klassifiziert worden waren, entwickelten sich hinsichtlich der Motivation (Engagement, Anstrengung) im Sportunterricht positiv. Amotivierte Lernende, die einen Unterrichtsstil erlebten, der das Bedürfnis nach sozialer Eingebundenheit dagegen frustrierte, zeigten keine Entwicklungen hinsichtlich der Motivation (ebd.). Dies untermauert, dass das Erleben sozialer Eingebundenheit im Sportunterricht auch die amotivierten Schülerinnen und Schüler erreicht.

Ruzek et al. (2016) untersuchten in 68 Klassen der Sekundarstufe Zusammenhänge zwischen dem zu Beginn des Schuljahres beobachteten emotional unterstützenden Verhalten der Lehrperson, dem von den Lernenden berichteten Erleben von Kompetenz, Autonomie und sozialer Eingebundenheit (mit den Mitschülerinnen und -schülern) in der Mitte des Schuljahres und der Motivation der Lernenden (Lernzielorientierung sowie Engagement im Unterricht) am Ende des Schuljahres. Die emotionale Unterstützung durch die Lehrperson war mit höherem Erleben von Autonomie und sozialer Eingebundenheit der Schülerinnen und Schüler assoziiert. Dies erklärte zum Teil die Effekte der emotionalen Unterstützung der Lehrperson auf die Motivation (Ruzek et al., 2016). Emotional unterstützende Lehrpersonen gestalten den Unterricht demzufolge so, dass das Erleben von Autonomie und sozialer Eingebundenheit in der Klassengemeinschaft möglich ist, was wiederum die Lernmotivation günstig beeinflusst.

Wie hängt die Erfüllung der Grundbedürfnisse mit Motivation, Selbstwirksamkeit, Wohlbefinden und Schulleistungen zusammen?

Es gibt eine große Zahl an Studien zu Wirkungen eines autonomieunterstützenden Unterrichts auf Erleben und Verhalten der Schülerinnen und Schüler. Es zeigt sich übereinstimmend, dass Autonomieunterstützung mit höherer intrinsischer Motivation, einem höheren Selbstwertgefühl und Kompetenzerleben sowie höherem schulischen Wohlbefinden der Schülerinnen und Schüler einhergeht (zusf. Ryan & Deci, 2017). Auch das Interesse am Unterricht ist höher, wenn Schülerinnen und Schüler die Lehrperson als autonomieunterstützend wahrnehmen, und sinkt bei stark kontrollierendem Verhalten der Lehrenden (Tsai et al., 2008). Zudem ist ein kontrollierender Unterrichtsstil, der mit Belohnung und Bestrafung arbeitet, mit niedriger Selbstwirksamkeit und geringer intrinsischer Motivation assoziiert (Ryan & Deci, 2017).

Dabei deuten empirische Befunde auf einen positiven Kreislauf durch Autonomieunterstützung hin: Wenn der Unterricht die Grundbedürfnisse der Lernenden anspricht, werden diese engagierter und aktiver, was wiederum Autonomie- und Kompetenzerleben unterstützt (Reeve & Lee, 2014).

Aber nicht nur motivationales und affektives Erleben der Lernenden werden im autonomieunterstützenden Unterricht gefördert, sondern auch schulische Leistungen (Noten; z. B. Theis et al., 2019). Empirische Studien geben Aufschluss darüber, warum autonomieunterstützender Unterricht letztendlich die Schulleistung positiv beeinflusst: In Klassen, in denen die Lernenden den Unterricht als gut strukturiert und autonomieunterstützend wahrnehmen, sind sie nicht nur motivierter und konzentrierter, sondern nutzen auch eher Tiefenverarbeitungsstrategien und bessere Stützstrategien (Zeitmanagement; Vansteenkiste et al., 2012; ▶ Kap. 1.3.2).

> **Die Erfüllung der Grundbedürfnisse im Unterricht und die Entwicklung der Motivation in der Sekundarstufe I**
> Zahlreiche Untersuchungen bestätigen, dass Motivation und schulisches Wohlbefinden von Schülerinnen und Schülern über die Schulzeit hinweg abnehmen. Ein besonders starker Abfall ist dabei in der Sekundarstufe I zu verzeichnen. Aus Sicht der Selbstbestimmungstheorie kann dies mit den unterschiedlichen Unterrichtspraktiken in Grund- und weiterführenden Schulen zu tun haben. Eccles et al. (1993) gehen von einer mangelnden *Passung* der Schulumwelt in weiterführenden Schulen zu den Bedürfnissen der Kinder und Jugendlichen aus (siehe auch Gnambs & Hanfstingl, 2016).
> *Autonomie:* Der Unterricht in weiterführenden Schulen ist, verglichen mit der Grundschule, durch eine erhöhte Kontrolle durch die Lehrperson und weniger Verantwortung der Lernenden für eigene Aufgaben gekennzeichnet.
> *Kompetenz:* Teilweise ist das kognitive Niveau der Aufgaben zu gering, um dem Bedürfnis der Jugendlichen nach Kompetenz entgegenzukommen (DiCintio & Stevens, 1997). Zusätzlich wird in weiterführenden Schulen strenger benotet (zusf. Eccles et al., 1993), was sich negativ auf die Einschätzung der eigenen Kompetenz auswirken kann.
> *Soziale Eingebundenheit:* Lehrpersonen werden in der Sekundarstufe I weniger freundlich und unterstützend erlebt als in der Grundschule, das Lernklima ist kompetitiver und es gibt weniger Kleingruppenarbeit (Eccles et al., 1993).

Wie wirken außerunterrichtliche autonomieunterstützende Settings in der Schule?

Aus der Forschung zu selbstbestimmten Schulumwelten ergeben sich Hinweise auf eine Wirkung *außerunterrichtlicher autonomieunterstützender Settings* in der Schule (▶ Kap. 8.2). Wenn unmotivierte Schülerinnen und Schüler hier aktiv werden können, kann sich dies auch positiv auf die Schulleistungen im Unterricht auswirken. Das konnte in den USA mit Blick auf ein Schulgartenprojekt festgestellt werden (Skinner et al., 2012). Eine ähnliche Studie wurde in Spanien mit sozial auffälligen Schülerinnen und Schülern durchgeführt. Auch diese ergab positive Wirkungen eines Gartenprojektes in Bezug auf Schulleistungen, Absentismus und Sozialverhalten im Unterricht (Ruiz-Gallardo et al., 2013), welche mit dem positiven Erleben im Projekt in Bezug auf die drei psychologischen Grundbedürfnisse assoziiert wurden.

4.5 Schlussfolgerungen für die Schul- und Unterrichtspraxis

Die Prinzipien eines autonomieunterstützenden Unterrichts ähneln denen des nachhaltigen Lernens (▶ Kap. 1.4). Insgesamt geht es darum, bei klaren und transparenten Strukturen und Zielen Verantwortung für den Lernprozess an die Lernenden abzugeben. Hinweise zur Erfüllung der drei Grundbedürfnisse im Unterricht wurden bereits in Kapitel 4.3.2 gegeben. Tabelle 4.1 gibt einen Überblick über Kurzdefinitionen der psychologischen Grundbedürfnisse und Merkmale von Unterricht und Lehrperson, die diese ansprechen.

Tab. 4.1: Ansprechen der psychologischen Grundbedürfnisse im Unterricht

Bedürfnis	Autonomie	Kompetenz	Soziale Eingebundenheit
Definition	Gefühl, aus eigenen Werten und Interessen zu handeln	Selbstwirksamkeit und Gelegenheiten, eigene Fähigkeiten anzuwenden	Sichere, wertschätzende Beziehungen zu Gleichaltrigen und Erwachsenen
Unterrichtsmerkmale	• Lebensweltbezug • Partizipation • Angebots- und Methodenvielfalt	• Adaptivität • erweiterte Lernzeit • individuelle Bezugsnormen • Transparenz der Anforderungen, Ziele und Bewertungsmethoden • informatives Feedback • positive Fehlerkultur	• Peerbezug und Kooperation • Fokus auf die Klassengemeinschaft (u. a. gem. Aktivitäten) • Lehrperson: Unterstützung, Interesse an den Lernenden, Empathie, Wertschätzung, Authentizität

In der allgemeinen Didaktik werden verschiedene Möglichkeiten der Mitbestimmung und Selbstbestimmung im Kontext des *offenen Unterrichts* thematisiert. Dabei werden verschiedene Formen von Öffnung unterschieden und mit der jeweils ermöglichten Selbstbestimmung in Verbindung gebracht.

Die *organisatorische Öffnung* von Unterricht erlaubt den Lernenden ein selbstgesteuertes Arbeiten an von der Lehrperson vorgegebenen Aufgaben (z. B. bei freier Zeiteinteilung im Rahmen eines Wochenplanes oder beim Stationenlernen). Solche Methoden erlauben ein gewisses Ausmaß an Selbstregulation, werden aber den konstruktivistischen Anforderungen noch nicht gerecht. Die *methodische Öffnung* hingegen erlaubt auch eine Mitgestaltung bezogen auf Lernwege und -materialien. Diese beiden Formen bezeichnen Bohl und Kucharz (2010, S. 19) als »*geöffneten Unterricht*«, der Selbstregulation und -organisation, jedoch noch keine hohen Ausmaße von Selbstbestimmung ermöglicht.

Bei der *inhaltlichen Öffnung* können Lernende die Inhalte und Gegenstände, an denen das Wissen konstruiert werden soll, interessengeleitet mitbestimmen, dies erlaubt ein hohes Ausmaß an Autonomieerleben. *Soziale Öffnung* hingegen meint die Mitbestimmung über Lerngegenstände, Inhalt, Regeln, Rahmenbedingungen des Unterrichts im Rahmen demokratischer Prinzipien. Davon werden vermutlich die drei psychologischen Grundbedürfnisse am stärksten angesprochen. Bei Realisierung von inhaltlicher und sozialer Öffnung (ggf. zuzüglich methodischer und organisatorischer Öffnung) kann von »*offenem Unterricht*« gesprochen werden (Bohl & Kucharz, 2010, S. 19).

Dass offener Unterricht nicht per se zu Lernerfolgen führt, kann u. a. mit einem falschen Verständnis der Lehrenden von Öffnung begründet werden. Auch offener Unterricht kann nur in einem klar strukturierten Rahmen erfolgreich sein: »Offener Unterricht ist in dem Maße lernwirksam, wie eine Lehrperson die notwendigen Klärungen hinsichtlich des Lerngegenstands vornimmt, die Lernsituation strukturiert, die Lernenden kognitiv aktiviert und motiviert sind und durch ein positives Lernklima emotional unterstützt werden, sodass der bei offenem Unterricht gegebene Rahmen von den Lernenden optimal genutzt wird« (Schnotz, 2019, S. 40).

Die Prinzipien personenzentrierten Unterrichts lassen sich in den Empfehlungen zum autonomieunterstützenden Unterricht ganz klar wiederfinden. Die drei personenzentrierten Grundhaltungen sind geeignet, soziale Eingebundenheit (durch einfühlendes Verstehen) und Kompetenzerleben (durch Wertschätzung und Authentizität) bei den Schülerinnen und Schülern zu unterstützen. Nicht dirigierende Aktivitäten der Lehrperson bieten einen strukturierten Rahmen und unterstützen das Erleben von Selbstbestimmung. Eine Lernumgebung, die sich an humanistischen Ansätzen orientiert, ist insgesamt geeignet, nachhaltiges Lernen und die dafür nötige hohe Beziehungsqualität zu ermöglichen.

5

Anerkennungstheoretische Grundlagen der Beziehungsgestaltung

Jede und jeder von uns hat den Wunsch, von anderen respektiert und wertgeschätzt zu werden. Anerkennung ist ein menschliches Grundbedürfnis und von entscheidender Bedeutung für eine intakte Persönlichkeitsentwicklung (Honneth, 1992). Daher blickt die Beschäftigung mit dem Thema Anerkennung allgemein, aber auch in bildungs- und erziehungstheoretischen Überlegungen, auf eine lange Tradition zurück (Kowalski, 2016; Balzer, 2019). Allerdings gibt es weder allgemein noch im erziehungs-/bildungswissenschaftlichen Kontext eine einheitliche Definition von Anerkennung (Trautmann, 2016). Alltagssprachlich kann Anerkennung mit Würdigung, Lob, Achtung oder Respektierung umschrieben werden (Duden online).

In pädagogischen Beziehungen ist Anerkennung quasi allgegenwärtig: »In allen Phasen des Unterrichts [...] befinden sich Schülerinnen und Schüler auf der einen und Lehrerinnen und Lehrer auf der anderen Seite in Beziehungen zueinander. Die Beziehungen können eher nah oder eher distanziert sein, aber unablässig sind sie von Anerkennungsqualitäten durchzogen, die von großem Respekt bis hin zu gravierender Missachtung reichen können« (Prengel et al., 2016, S. 10). Die Erfahrung der Lernenden mit Anerkennung oder Missachtung sind zentral für ihre Persönlichkeitsentwicklung (zusf. Kowalski, 2016), ihr schulisches und allgemeines Wohlbefinden (Hascher, 2004; Krumm & Weiß, 2000), ihr emotionales Erleben (ebd.), aber auch für ihre Schulakzeptanz (Grundmann & Kötters, 2000). Insofern wird Anerkennung im erziehungswissenschaftlichen Diskurs z. B. als zentrale Dimension pädagogischer Theorie und Praxis (Hafeneger et al., 2002), Kernkompetenz pädagogischen Handelns (Müller, 2002) oder Methode und Ziel pädagogischen Handelns (Scherr, 2002) erachtet. »Die Erfahrung eines Schülers, ein vollwertiges und anerkanntes Mitglied der Schulgemeinde zu sein, ist die zentrale Erkenntnis, zu deren Entstehen der Lehrer beitragen muss und deren Stabilität nicht gefährdet sein darf« (Meier, 2006, S. 231).

Bei der Frage, welche Anerkennungserfahrungen Schülerinnen und Schüler machen sollten und wie Lehrpersonen dazu beitragen können, wird häufig die im deutschsprachigen Raum weit verbreitete Anerkennungstheorie von Honneth (1992) auf pädagogische Beziehungen übertragen. Nach Honneth (1992) sind die Anerkennung der emotionalen Bedürftigkeit einer Person *(emotionale Anerkennung)*, ihrer Gleichberechtigung *(moralische Anerkennung)* und ihres Werts für die Gesellschaft *(individuelle Anerkennung)* von zentraler Bedeutung für eine positive Selbstbeziehung, eine intakte Persönlichkeitsentwicklung und die Einbindung in gesellschaftliche Zusammenhänge. *Emotionale Anerkennung* vollzieht sich über emotionale Zuwendung und Bindung von Personen (z. B. innerhalb der Familie, Freundschaften, Liebesbeziehungen), »die einander bedingungslos und unabhängig von ihren individuellen Fähigkeiten und Fertigkeiten (wert-)schätzen« (Lussi & Huber, 2015, o. S.). Sie ist bedeutend für das Selbstvertrauen und die selbstbewusste Einbindung in gesellschaftliche Prozesse (Honneth, 1992). *Moralische Anerkennung* vollzieht sich u. a. darüber, dass Personen sich als gleichberechtigtes Rechtssubjekt anerkennen, indem z. B. für beide die gleichen Rechte gelten (ebd.). Hierdurch erlangen Personen Selbstachtung und werden zu einem rechtlich anerkannten Teil der Gesellschaft (ebd.; Schoneville & Thole, 2009). *Individuelle Anerkennung* meint die Anerkennung einer Person aufgrund von Fähigkeiten, die sie von anderen unterscheiden und die als gesellschaftlich wertvoll erachtet werden, z. B. Leistung und Bildungserfolg (Lussi & Huber, 2015). Sie trägt zum Selbstwertgefühl und zur Anerkennung als gesellschaftlich wertvolles Mitglied bei (Honneth, 1992; Schoneville & Thole, 2009).

5.1 Anerkennung in pädagogischen Beziehungen

Die Anerkennungstheorie von Honneth (1992) bezieht sich allgemein auf zwischenmenschliche Beziehungen. Insofern liefert sie keine Hinweise oder Vorschläge, ob und wie emotionale, moralische und individuelle Anerkennung in pädagogischen Beziehungen realisiert werden kann. Bereits mit Blick auf die zentralen Aspekte emotionaler, moralischer und individueller Anerkennung lässt sich erahnen, dass diese nicht 1:1 auf pädagogische Beziehungen übertragen werden können. Dennoch ist es verschiedenen Erziehungswissenschaftlerinnen und -wissenschaftlern (z. B. Bohnsack, 2013; Helsper & Lingkost, 2002; Helsper et al., 2005; Prengel, 2013; Sandring, 2013) gelungen, die Anerkennungstheorie auf pädagogische Beziehungen zu adaptieren und dabei neben Hindernissen und Besonderheiten auch konkrete Möglichkeiten emotionaler, moralischer und individueller Anerkennung in pädagogischen Beziehungen herauszuarbeiten.

5.1.1 Emotionale Anerkennung in pädagogischen Beziehungen

Emotionale Anerkennung vollzieht sich nach Honneth (1992) über emotionale Zuwendung, Bindung und bedingungslose Wertschätzung, die vor allem in privaten Beziehungen sich nahestehender Personen vorherrschen sollten. Bei pädagogischen Beziehungen handelt es sich jedoch um unfreiwillige und (seitens der Lehrperson) professionelle Beziehungen (▶ Kap. 2.2). Daher kann bzw. sollte sich emotionale Anerkennung in pädagogischen Beziehungen nur innerhalb eines gewissen Rahmens bewegen. Es ist zwar möglich, dass Kinder mit familiären emotionalen Anerkennungsdefiziten ihre Anerkennungsbedürfnisse auf Lehrpersonen projizieren, diese Defizite können in pädagogischen Beziehungen allerdings nicht kompensiert werden (Kowalski, 2016). Umgekehrt gilt es als problematisch, wenn Lehrpersonen starke emotionale Anerkennungsbedürfnisse an ihre Schülerinnen und Schüler richten, indem sie in unangemessener Weise emotionale Anerkennung von Lernenden einfordern, um beispielsweise Defizite emotionaler Anerkennung des Privatlebens zu kompensieren (ebd.). Hier besteht die Gefahr einer »Intimisierung und Entgrenzung des pädagogischen Verhältnisses« (Schweer, 2017, S. 536).

Da Kinder und Jugendliche für ihre individuelle Entwicklung auch außerhalb der Familie Interaktionspartner und Beziehungen benötigen, kann trotz Einschränkungen auch in pädagogischen Beziehungen emotionale Anerkennung realisiert und erfahren werden (Helsper et al., 2005; Kowalski, 2016). Emotionale Anerkennung beruht dann nicht auf Liebe, sondern auf individueller Zuwendung (Kowalski, 2016). Helsper und Lingkost (2002) übertragen emotionale Anerkennung auf pädagogische Beziehungen als »die Ermöglichung einer positiven, interessierten, freundlichen und offenen Haltung gegenüber Jugendlichen als Grundlage eines professionellen Arbeitsbündnisses« (S. 132). Eine solche Grundhaltung wird am folgenden Auszug eines Interviews mit einer Lehrperson deutlich (▶ Beispiel 5.1).

Beispiel 5.1 (aus Richey, 2016, S. 121)
»Also das, was mir am wichtigsten ist, ist, […] dass die Schüler mich zwar als … ›Autorität‹ wahrnehmen, aber trotzdem … offen sind und dass sie das Gefühl haben, dass sie mit allen Dingen kommen können, ganz unabhängig vom Fach und dass man eine Beziehung hat, die in jeder Situation … offene Gespräche ermöglicht, dass ich nicht die Figur bin, die da vorne steht und die denken: ›O Gott das ist der Lehrer und ich weiß nicht, was der von mir will‹. Sondern, dass sie immer das Gefühl haben, sie können kommen, sie können alles sagen und das wird alles respektiert, was sie sagen.«

Hinsichtlich emotionaler Anerkennung scheint es für Schülerinnen und Schüler vor allem wichtig zu sein, nicht nur als »›Lernobjekt‹ bzw. Belehrungsobjekt« (Bohnsack, 2013, S. 123), sondern als Person gesehen zu werden (▶ Beispiel 5.2).

Beispiel 5.2 (aus Singer, 2009, S. 266 f.)
»Peter störte seit Tagen und musste zur Strafe nachsitzen […], während die Lehrerin selbst am Pult Korrekturen erledigte. Über gelegentliche Rückfragen Peters kommen sie ins Gespräch und Peter erzählt von seinem Hund und dass seine Mutter im Krankenhaus liegt. Als sie sich verabschiedeten, sagt Peter: ›Da muss ich mich jetzt erst schlecht benehmen, um in Ruhe mit Ihnen reden zu können.‹ Dadurch veränderte sich die Beziehung. Peter fühlte sich angenommen und sein Lernen verbesserte sich.«

Die Bedeutung emotionaler Anerkennung in Form von individueller Zuwendung zeigt sich u. a. ebenfalls an den normativen Erwartungen von Lernenden nach emotionaler Wärme (▶ Kap. 3.1.1) oder ihren Vorstellungen über vertrauenswürdige Lehrpersonen (▶ Tab. 6.2). Schülerinnen und Schüler wünschen sich Lehrpersonen, die freundlich, verständnisvoll, gutmütig und zugänglich sind und sich ihnen persönlich zuwenden. Befunde einer Studie deuten jedoch ebenfalls darauf hin, dass Schülerinnen und Schüler von Lehrpersonen weniger »ein Übermaß an Empathie und persönlicher Anteilnahme und Sentimentalität erwarten« (Kammler, 2013, S. 107), sondern vielmehr tolerant und gerecht behandelt werden möchten (ebd.; ▶ Kap. 4.2.1).

5.1.2 Moralische Anerkennung in pädagogischen Beziehungen

Moralische Anerkennung vollzieht sich u. a. darüber, dass Personen sich als gleichberechtigte Interaktionspartner anerkennen, indem für beide die gleichen Rechte gelten (Honneth, 1992). Bei pädagogischen Beziehungen handelt es sich aber um asymmetrische Beziehungen, in denen Lehrpersonen über einen größeren Handlungs- und Entscheidungsspielraum verfügen als Schülerinnen und Schüler (▶ Kap. 2.2). Daher sind Lehrende und Lernende in der pädagogischen Beziehung keine gleichberechtigten Interaktionspartner. Infolge der Asymmetrie ist es z. B. üblich, dass Lehrpersonen das Verhalten von Schülerinnen und Schülern anzweifeln oder sanktionieren und deren Leistungen bewerten, jedoch nicht umgekehrt (Helsper et al., 2005).

Dennoch kann auch in der asymmetrischen pädagogischen Beziehung moralische Anerkennung realisiert und erfahren werden. Allgemein betrachtet, sind Schülerinnen und Schüler trotz asymmetrischer Beziehungsstruktur – ebenso wie Lehrpersonen – Trägerinnen und Träger von Rechten und Pflichten. Lehrpersonen sind mit gesellschaftlichen Pflichten konfrontiert, z. B. hinsichtlich der Fürsorge für die persönliche und leistungsbezogene Entwicklung der Lernenden (Kowalski, 2016). Diese Pflicht kann wiederum als Recht der Schülerinnen und Schüler betrachtet werden.

Moralische Anerkennung kann in pädagogischen Beziehungen z. B. durch gerechte Behandlung (Helsper & Lingkost, 2002), Achtung und Respekt, einen sozial-integrativen Kommunikationsstil oder Freiräume (Prengel, 2013) gewährt werden. In pädagogischen Beziehungen geht es somit weniger darum, Schülerinnen und Schüler mit denselben Rechten, Handlungs- und Entscheidungsspielräumen wie Lehrpersonen auszustatten, sondern sie als Interaktionspartner mit Rechten und Pflichten wahrzunehmen und zu behandeln (▶ Beispiel 5.3).

> **Beispiel 5.3 (aus Ulich, 2001, S. 80)**
> »Ein guter Lehrer lässt nicht raushängen, dass er Macht über einen hat« (Schülerin, 9. Klasse); »ein Lehrer sollte die Schüler als Partner sehen, mit denen er etwas gemeinsam erarbeitet« (Schülerin, 11. Klasse).

Moralische Anerkennung kann durch soziale Reversibilität (▶ Kap. 4.2.1) realisiert werden, indem Lehrpersonen darauf achten, Schülerinnen und Schüler so zu behandeln, wie sie selbst behandelt werden möchten, wodurch zumindest im Sozialverhalten für beide gleiche Rechte und Pflichten bestehen. Aber auch auf fachlicher Ebene kann moralische Anerkennung praktiziert werden, z. B. durch eine gute, abwechslungsreiche Gestaltung des Unterrichts: »Mangelnde, didaktische Vorbereitung und klassischer Frontalunterricht mit langen Konzentrationsphasen geben dem Schüler ein Gefühl, dass die Schule ihm nicht die Qualität bietet, die sie als Institution vom Schüler einfordert« (Kammler, 2013, S. 104). Darüber hinaus können Schülerinnen und Schülern – wenn möglich und didaktisch sinnvoll – Mitbestimmungsmöglichkeiten eingeräumt werden (▶ Kap. 4.3.2; 4.4.2). Wenn keine Mitbestimmungsmöglichkeiten möglich sind, können Lehrpersonen dies transparent machen. Derartige Mitbestimmungsmöglichkeiten oder auch das Aufzeigen von Grenzen der Mitbestimmung sind auch für den Erwerb sozialer Kompetenzen von Bedeutung: »Wenn Schüler den Eindruck gewinnen, dass nur nach rein formallogischen Aspekten über ihre Köpfe hinweg entschieden wird, werden diese Schüler nicht lernen, Verantwortung zu übernehmen und sich in demokratische Prozesse einzubringen« (ebd., S. 108).

5.1.3 Individuelle Anerkennung in pädagogischen Beziehungen

Individuelle Anerkennung vollzieht sich nach Honneth (1992) durch die Erfahrung, über gesellschaftlich relevante Fähigkeiten zu verfügen. In der Schule wird individuelle Anerkennung vor allem durch die Rückmeldung zu erbrachten Leistungen im Zusammenhang mit der Qualifikations- und Selektionsfunktion der Schule realisiert bzw. erfahren (Kowalski, 2016). Dies ist insofern problematisch, als individuelle Anerkennung strukturell nur bestimmten (leistungsfähigen) Lernenden zuteilwird und manche Lernende, teilweise bereits vom ersten Schuljahr an, keine individuelle Anerkennung in der Schule erfahren, da sie den schulischen Leistungsmaßstäben nicht gerecht werden (ebd.).

Entsprechend sieht Prengel (2013) individuelle Anerkennung in pädagogischen Beziehungen auch als Wertschätzung von Fähigkeiten und Leistungen, wobei Schülerinnen und Schüler einen Anspruch auf einen *sensiblen* Umgang mit Schulleistungen haben, insbesondere, wenn sie keine guten Leistungen/Noten erzielen. Damit auch leistungsschwächere Lernende individuelle Anerkennung erfahren, können Lehrpersonen z. B. Handlungsspielräume nutzen, indem individuelle Anerkennung von der erbrachten Leistung ausgeweitet wird und die jeweiligen Möglichkeiten der Lernenden berücksichtigt werden (Kowalski, 2016). So können auch leistungsschwächeren Schülerinnen und Schülern durch Aufgaben mit verschiedenen Schwierigkeitsgraden und/oder den Hinweis auf den individuellen Lernfortschritt (individuelle Bezugsnorm; ▶ Kap. 4.5; 7.2) Erfolgserlebnisse und somit individuelle Anerkennung ermöglicht werden. Individuelle Anerkennung kann auch durch günstige Rückmeldungen nach Misserfolg realisiert bzw. erfahren werden, wie sich rückblickend bei einer Rückmeldung eines in Deutsch leistungsschwachen Schülers in der fünften Klasse zeigt (▶ Beispiel 5.4)

Beispiel 5.4 (aus Singer, 2009, S. 139)
»›Ich hab deine Geschichte wirklich gern gelesen, Michael. Besonders gut konnte ich mir vorstellen, wie du zusammen mit deinem Vater das Baumhaus gezimmert hast. Gut, dass du dich beim Sturz noch festhalten konntest! Das mit der Rechtschreibung schaffen wir schon noch. Du hast lebendig erzählt!‹

Ich musste vor den Mitschülern meine Tränen verbergen, so hat mich diese Anerkennung gefreut. Ich las die Worte wieder und wieder, am Schluss konnte ich sie auswendig. Ich bin mit der Geschichte nach Hause gerannt und habe sie allen gezeigt. Ich erinnere mich noch gut: Ich war für Tage glücklich. Ich legte dann gleich eine Berichtigungskarte an, um darauf die Fehlerwörter zu schreiben und täglich zu üben, denn ich wollte jetzt auch im Rechtschreiben besser werden. Die neuen Erfahrungen [...] haben meine Schulkarriere völlig verändert. Vorher hätte ich mir nie zu denken getraut, einmal das Gymnasium zu besuchen und Arzt zu werden.«

Bezüglich individueller Anerkennung ist es in pädagogischen Beziehungen somit zentral, die Leistungen und Fähigkeiten der Lernenden wertzuschätzen und sensibel mit weniger guten Leistungen umzugehen. Lernenden sollte, im Sinne einer Lernzielorientierung (▶ Kap. 1.3.1), vermittelt werden, dass sie ihre Fähigkeiten und Leistungen durch Anstrengung oder andere

Lernstrategien verbessern können, um die Erfolgserwartung, Motivation und somit auch das nachhaltige Lernen zu fördern. Neben fachlichen Kompetenzen können Schülerinnen und Schüler aber auch individuelle Anerkennung für bereichsübergreifende Kompetenzen erhalten (▶ Kap. 1.2). So können Lernende auch für positive Eigenschaften gelobt und damit anerkannt werden, z. B. Ideenreichtum, Pünktlichkeit, Einhalten von Klassenregeln, Sozialverhalten, Kreativität. Auf diese Weise kann Lernenden unabhängig von ihrer Leistung vermittelt werden, dass sie über wichtige und positive Eigenschaften verfügen, die auch wahrgenommen werden.

5.2 Missachtung in pädagogischen Beziehungen

In seiner Anerkennungstheorie stellt Honneth (1992) jeder Form der Anerkennung eine Form der Missachtung entgegen: *Emotionale Missachtung* liegt bei körperlicher Missachtung/-handlung und emotionaler Demütigung vor, *moralische Missachtung* beim Absprechen von Rechten, z. B. Mitspracherechten, und *individuelle Missachtung* bei der Geringschätzung erbrachter Leistungen. Erlebte Missachtung betrachtet er als schädlich für die Selbstbeziehung, Persönlichkeitsentwicklung und Einbindung in gesellschaftliche Zusammenhänge (Honneth, 1992).

Über missachtendes Verhalten von Lehrpersonen ist bislang allerdings recht wenig bekannt. Negatives, verletzendes oder kränkendes Verhalten von Lehrpersonen stellt national wie international ein Tabu-Thema dar, das selten erforscht wird (u. a. Krumm & Weiß, 2000; Lewis & Riley, 2009). Befunde vorliegender Studien weisen jedoch darauf hin, dass viele Schülerinnen und Schüler im Laufe ihrer Schulzeit emotionale, moralische oder individuelle Missachtung durch eine oder mehrere Lehrpersonen erleben (▶ Kap. 5.3.1; 5.3.2), die sich negativ auf ihr emotionales Erleben, ihr schulisches Wohlbefinden, unterrichtliches Verhalten und teilweise auch auf ihr körperliches Befinden auswirken kann (▶ Kap. 5.3.3).

Emotionale Missachtung erfahren Lernende insbesondere durch verbal aggressives Verhalten von Lehrpersonen, wie z. B. Beleidigungen, Bloßstellungen, Witze auf Kosten der Lernenden oder Anschreien (u. a. Krumm & Weiß, 2000; Schmitz et al., 2006). *Individuelle Missachtung* erfahren Lernende durch die Geringschätzung ihrer Leistung (z. B. durch ungerechte Noten), Bloßstellungen oder Demütigungen aufgrund schlechter Leistungen oder dadurch, dass die Lehrperson ihnen allgemein Fähigkeiten oder eine positive Entwicklung abspricht (ebd.). Durch *moralische Missachtung* (z. B. Absprechen von Rechten, sozial nicht reversibles Verhalten) wird den Lernenden die ungleiche Machtverteilung und eigene Machtlosigkeit deutlich. In pädagogischen Beziehungen scheint moralische Missachtung häufig mit emotionaler und individueller Missachtung einherzugehen. Moralische Missachtung liegt auch vor, wenn Lehrpersonen ihre Pflichten (z. B. Unterrichtsvorbereitung, Förderung der Lernenden) nicht erfüllen (Kammler, 2013).

In einem Fall, den ein Schüler der Klassenstufe 8 geschildert hat[15], werden alle drei Formen der Missachtung thematisiert (▶ Beispiel 5.5).

Beispiel 5.5
»Also mehrere Lehrer machen uns halt runter, indem sie sagen ›Ja, so werdet ihr nie einen Abschluss bekommen‹, und dass wir die ›schlimmste‹ Klasse sind, die sie je gesehen haben. Und somit schieben sie die Schuld auf uns, damit die unschuldig rüberkommen, es kommt aber wirklich auf die Lehrer an. Das, was mich am meisten angegriffen hat, war, dass die eine Lehrerin mich dumm genannt hat, weil ich damals nicht so gute Noten geschrieben habe und das aus mir niemals was werden kann und sie hat mich auch ziemlich respektlos behandelt.«

Der Schüler erlebt individuelle Missachtung, indem die Lehrperson deutlich ausdrückt, dass sie wenig Zutrauen in die Leistungsfähigkeit der Klasse und in ihn persönlich hat. Moralische Missachtung drückt sich darin aus, dass der Schüler meint, Lehrpersonen würden die Schuld auf die Lernenden schieben, was darauf hindeuten kann, dass diese Lehrpersonen in den Augen des Schülers ihren Pflichten nicht nachkommen. Emotionale Missachtung kann in der berichteten respektlosen Behandlung des Schülers durch die Lehrerin gesehen werden.

Erfahrungen der Missachtung können den Aufbau positiver pädagogischer Beziehungen beeinträchtigen, da sie im Widerspruch zu den normativen Erwartungen der Lernenden (▶ Kap. 3.1), ihren Bedürfnissen nach sozialer Eingebundenheit, Kompetenzerleben und Autonomie (▶ Kap. 4.3) sowie den personenzentrierten Haltungen von Lehrpersonen (▶ Kap. 4.2) stehen. Dementsprechend können Erfahrungen mit Missachtung in pädago-

---

15 Es handelt sich um eine eigene, bisher unveröffentlichte Fallstudie zu verletzendem Verhalten von Lehrpersonen, in denen Lernende der Klassenstufe 8 gebeten wurden, einen Fall zu schildern, in dem sich eine Lehrperson gegenüber ihnen oder Mitschülerinnen und -schülern verletzend verhalten hat.

gischen Beziehungen mit negativen Emotionen einhergehen, die Motivation, das schulische Wohlbefinden der Lernenden und somit auch das nachhaltige Lernen beeinträchtigen (▶ Kap. 1.3). Dies zeigt sich auch an den Folgen, die der Schüler des obigen Beispiels geschildert hat (▶ Beispiel 5.6).

Beispiel 5.6
»Ich habe mich wertlos gefühlt. Wenn angeblich nie was aus mir werden wird, warum gehe ich dann weiter in die Schule? Als die Lehrerin sowas gesagt hat, habe ich mich noch weniger in der Schule angestrengt als davor. Ich war auch ziemlich verletzt, dass jemand, der mich eigentlich aufbauen sollte, mich dumm und nutzlos nennt. Mein Verhalten hat sich verschlechtert. Ich habe sie genauso behandelt, wie sie mich behandelt hat.«

Die individuelle Missachtung führt bei dem Schüler dazu, dass er sich weniger anstrengt. Dies kann an einer Beeinträchtigung seiner Selbstwirksamkeitserwartung (▶ Kap. 1.3.1) liegen, die sich auch auf das Kompetenzerleben (▶ Kap. 4.3) und die Motivation (▶ Kap. 1.3.1) auswirken kann. Zudem drückt der Schüler einen Mangel an emotionaler Anerkennung aus (die Lehrperson, die ihn eigentlich aufbauen sollte, nennt ihn dumm und nutzlos), der ihn verletzt, sein Verhalten gegenüber der Lehrperson anscheinend negativ beeinflusst und auf keine positive pädagogische Beziehung zwischen dem Schüler und der Lehrperson hindeutet.

5.3 Ergebnisse der Schul- und Unterrichtsforschung

Welche konkreten Verhaltensweisen als anerkennend bzw. missachtend empfunden werden, wie häufig Lernende mit anerkennenden und missachtenden Erfahrungen in pädagogischen Beziehungen konfrontiert werden und welche Folgen dies für sie hat, wird nachfolgend anhand ausgewählter Studien und Befunde betrachtet.[16]

---

16 Für Informationen zu weiteren Studien und Befunden siehe z. B. Bohnsack, 2013.

5.3.1 Formen anerkennenden und missachtenden Verhaltens von Lehrpersonen

Befunde zu anerkennenden bzw. missachtenden Verhaltensweisen von Lehrpersonen liegen aus Sicht von Beobachterinnen und Beobachtern sowie (ehemaligen) Schülerinnen und Schülern vor.

In der Studie INTAKT (Prengel, 2013) wurden durch teilnehmende Beobachtungen die von Lehrpersonen ausgehenden Interaktionen und Reaktionen in Form von sogenannten Feldvignetten erfasst. Eine Feldvignette beinhaltet eine kurze Interaktionsszene, bei der sicht- und hörbare Interaktionen, also wörtliche Äußerungen, aber auch Mimik, Gestik und Körperhaltung der handelnden Personen festgehalten werden (Wysujack, 2020). Bei einer Analyse von 5.917 Feldvignetten konnten externe Beobachtende »wiederkehrende Muster der Anerkennung« (ebd., S. 115) und der Missachtung identifizieren (▶ Tab. 5.1; vgl. Prengel, 2013, S. 115).

Tab. 5.1: Anerkennendes und missachtendes Verhalten von Lehrpersonen aus Sicht von Beobachterinnen und Beobachtern

	Anerkennung	Missachtung
Emotional	Lernende bei Kummer trösten, freundlich streicheln oder in den Arm nehmen (jüngere Kinder); freundlich ansprechen (ältere Kinder); Lernenden zuhören; Konflikte wahrnehmen und bei der Lösung helfen; Humor und Lachen ermöglichen	Fehlverhalten diskriminierend kritisieren; Sarkasmus; Lernende anbrüllen; lächerlich machen; beschämen; schlecht vor anderen von Lernenden sprechen; am Arm schütteln; Kummer und Schmerzen ignorieren; Hilfe unterlassen (z. B. bei Verletzungen durch Peers)
Moralisch	Lernenden zuhören	Lernende ignorieren; unterbrechen; anbrüllen; beschämen; lächerlich machen
Individuell	zu Leistungen ermutigen; Leistungen loben; engagiert erklären	Fehler diskriminierend kritisieren

In einer Studie zu positivem und negativem Verhalten von Lehrpersonen (Schmitz et al., 2006) wurden 300 ehemalige Schülerinnen und Schüler gebeten, an eine Lehrperson zurückzudenken, bei der der Unterricht Spaß bzw. keinen Spaß gemacht hat und diese Lehrperson hinsichtlich vorgegebener Eigenschaften und Verhaltensweisen einzuschätzen. Die vorgegebenen positiven und negativen Eigenschaften und Verhaltensweisen von Lehrpersonen weisen deutliche Ähnlichkeiten zu emotionaler, moralischer und individueller Anerkennung auf (▶ Tab. 5.2; vgl. Schmitz et al., 2006, S. 20, S. 45).

Tab. 5.2: Positives und negatives Verhalten von Lehrpersonen aus Sicht ehemaliger Schülerinnen und Schüler

	Positives Verhalten (Anerkennung)	**Negatives Verhalten (Missachtung)**
Emotional	freundlich; humorvoll; zeigt Wertschätzung	kaum/keine Gefühle zeigen; keinen Humor zeigen; Lernenden drohen
Moralisch	ehrlich; immer gut vorbereitet; abwechslungsreicher Unterricht; motiviert, selbstständig zu arbeiten; ermutigt, Fragen zu stellen; leitet an, Sachverhalte kritisch zu betrachten; korrigiert schnell	rechthaberisch; beherrschend; leitet nicht an, Sachverhalte kritisch zu betrachten; korrigiert langsam; unehrlich; ermutigt nicht, Fragen zu stellen
Individuell	gerechte Noten; Lob bei guten Leistungen; Anerkennung, wenn Lernende etwas wissen; ermutigt Lernende, wenn sie sich anstrengen; motiviert leistungsschwache Lernende; unterstützt bei Lernschwierigkeiten	leistungsschwache Lernende nicht motivieren können; keine Unterstützung bei Lernschwierigkeiten; ungerechte Noten; keine Ermutigung, wenn Lernende sich anstrengen; keine Anerkennung, wenn Lernende etwas wissen; kein Lob für gute Leistungen

Darüber hinaus gibt es weitere positive und negative Verhaltensweisen, die mehreren Anerkennungsdimensionen zugeordnet werden können: Lernende ernst nehmen und Interesse an ihren Bedürfnissen zeigen (emotionale/moralische Anerkennung); Lernenden und sich selbst Fehler zugestehen (emotionale/individuelle Anerkennung); kein Interesse für die Bedürfnisse der Lernenden, kein Verständnis, sich über Lernende lustig machen (emotionale/moralische Missachtung); leistungsschwächere Lernende demütigen (individuelle/emotionale Missachtung).

Bei einer Befragung von 1.374 ehemaligen Schülerinnen und Schülern aus Deutschland konnten Krumm und Weiß (2000) ähnliche kränkende Verhaltensweisen wie Schmitz et al. (2006) ermitteln. Die Erfahrungen dieser ehemaligen Schülerinnen und Schüler weisen vor allem auf emotionale Missachtung (beleidigen, bloßstellen, anschreien, beschimpfen, verspotten, ständig herumnörgeln, schikanieren, fertigmachen, schlagen), aber auch auf moralische Missachtung (unfair behandeln, nicht beachten/übersehen, wegen jeder Kleinigkeit bestrafen) und individuelle Missachtung (ungerechte Beurteilung, für dumm befinden, als ungeeignet für die Schule bezeichnen) hin.

5.3.2 Erfahrungen/Häufigkeit anerkennender und missachtender Verhaltensweisen von Lehrpersonen

Wie bereits bei den Formen anerkennenden und missachtenden Verhaltens von Lehrpersonen (▶ Kap. 5.3.1) deutlich wurde, machen Schülerinnen und Schüler sowohl Erfahrungen mit anerkennenden als auch mit missachtenden Verhaltensweisen von Lehrpersonen. Dies lässt sich anhand weiterer Ergebnisse untermauern.

Bei einer ersten Analyse von 5.917 Feldvignetten in INTAKT wurden 38 % der von der Lehrperson ausgehenden Interaktionen als anerkennend (10 % sehr anerkennend, 28 % leicht anerkennend) eingeschätzt; 34 % der Interaktionen wurden als neutral eingeschätzt, 22 % als verletzend (16 % leicht verletzend, 6 % sehr verletzend). 5 % der Interaktionen konnten keiner der Stufen zugeordnet werden (Prengel, 2013). Zudem konnte festgestellt werden, dass Lehrpersonen »[...] außerordentlich verschiedene Anerkennungsbilanzen auf[weisen]. Sehr anerkennende und sehr verletzende Lehrkräfte arbeiten unter den gleichen Bedingungen Tür an Tür« (ebd., S. 114).

Bei weiteren Analysen der INTAKT-Daten konnten sieben relativ stabile Verhaltensmuster (Cluster) identifiziert werden. Wysujack (2020) analysierte hierfür 11.231 Feldvignetten von 242 Lehrpersonen, die an mehreren Unterrichtstagen und in verschiedenen Lerngruppen beobachtet wurden. Ein Viertel der Lehrpersonen wurde den Clustern »die Verletzenden« und »die sehr Verletzenden« zugeordnet, 15 % den Clustern »sehr anerkennend« oder »fordernd anerkennend«. Die meisten Lehrpersonen wurden unter »die Netten« subsumiert, diese Gruppe zeichnet sich durch wenig sehr verletzendes oder sehr anerkennendes, aber viel neutrales Verhalten aus. Die meisten Lehrpersonen handelten von Tag zu Tag relativ ähnlich, allerdings konnten über verschiedene Lerngruppen hinweg teilweise Unterschiede festgestellt werden, was Wysujack (2020) auf eine Anpassung an die entsprechenden Lerngruppen zurückführt. Diese Ergebnisse können aber durchaus auch mit der Tatsache, dass Lernende und Lehrpersonen Interaktionen gemeinsam konstruieren, in Verbindung gebracht werden (▶ Kap. 2.1). Angesichts der Ergebnisse konstatiert Wysujack (2020): »Das Ausmaß der Verletzungen in den individuellen SchülerInnenbiografien ist folglich eng damit verknüpft, welche Lehrpersonen den Weg der Lernenden kreuzen und bleibt somit letztlich eine Frage des Glücks bzw. des Zufalls« (S. 223).

In der Studie zu kränkendem Verhalten von Lehrpersonen (Krumm & Weiß, 2000) gaben 23 % der befragten ehemaligen Schülerinnen und Schüler an, in der Schulzeit keine unangenehmen Erlebnisse mit Lehrpersonen gehabt zu haben. 77 % gaben jedoch an, in ihrer Schulzeit mit kränkendem oder unfairem Verhalten von Lehrpersonen konfrontiert worden zu sein. Für 29 % handelte es sich um einen einmaligen Vorfall, während fast die Hälfte der Befragten (48 %) wiederholt Erfahrungen mit kränkendem Verhalten, das auch als Missachtung bezeichnet werden kann, gemacht haben.

In einer Studie wurden Lehramtsstudierende gebeten, spontane Erinnerungen an ihre Schulzeit zu notieren (Reimer, 2006). 40 % der spontanen Erinnerungen können als Erfahrung von Anerkennung gedeutet werden (Solidarisierung, Anerkennung, Zuwendung, Verständigung, Leistung), 60 % als mangelnde Anerkennung oder Missachtung (z. B. Isolierung, Ablehnung, Unterdrückung, Demütigung, Versagen).

Dass Schülerinnen und Schüler sowohl mit anerkennendem als auch mit missachtendem Verhalten von Lehrpersonen konfrontiert sind, zeigt sich auch anhand einer Befragung von Lehrpersonen (Krumm & Weiß, 2000). 73 % der befragten Lehrpersonen gaben an, als Schülerin oder Schüler selbst kränkendes Verhalten von Lehrpersonen erlebt zu haben, 55 % bejahten, dass ihre Kinder ihnen darüber berichten, 81 % nehmen kränkendes Verhalten in ihrem Kollegium wahr und 84 % haben sich nach eigener Aussage selbst schon mal kränkend, unfair oder ungerecht gegenüber Schülerinnen und Schülern verhalten.

5.3.3 Folgen anerkennenden und missachtenden Verhaltens von Lehrpersonen für Schülerinnen und Schüler

Hinsichtlich der Bedeutung von Anerkennung kann allgemein festgehalten werden, dass »Anerkennung durch andere für Menschen wichtig ist« (Schoneville & Thole, 2009, S. 134), »entzogene oder vorenthaltene Anerkennung eine schmerzhafte Erfahrung darstellt« (ebd.) und Bildung nur gelingen kann, wenn sie in Anerkennungsverhältnisse eingebettet ist (Stojanov, 2006). Diese Bedeutung von Anerkennung zeigt sich ebenfalls an den Folgen und Reaktionen auf positives (anerkennendes) und kränkendes (missachtendes) Verhalten von Lehrpersonen, über die ehemalige Schülerinnen und Schüler berichten. Diese Folgen beziehen sich auf das emotionale Erleben, Wohlbefinden und die Persönlichkeit der Befragten, aber auch auf das Unterrichtsverhalten sowie die Einstellung gegenüber der Schule, Lehrperson oder dem Fach.

Wie können sich Anerkennung und Missachtung auf das emotionale Erleben, Wohlbefinden und die Persönlichkeit der Lernenden auswirken?

Dass vorenthaltene Anerkennung oder Erfahrungen mit Missachtung schmerzhafte Erfahrungen darstellen, deutet sich am *emotionalen Erleben* ehemaliger Schülerinnen und Schüler nach kränkenden Interaktionen mit Lehrpersonen an. Die ehemaligen Schülerinnen und Schüler gaben an, dass sie ständig darüber nachdenken mussten (77 %), niedergeschlagen/traurig waren (74 %), entmutigt waren (64 %), sich ohnmächtig (52 %) oder überfordert (46 %) fühlten, sich schämten (47 %) oder aggressiv/gereizt waren (50 %) (Krumm & Weiß, 2000). Hinsichtlich des psychischen und körperlichen *Wohlbefindens* konnte festgestellt werden, dass ehemalige Schülerinnen und Schüler sich bei positivem Verhalten von Lehrpersonen wohlfühlten (72 %), entspannt (50 %) und ausgeglichen (48 %) waren (Schmitz et al., 2006). Kränkendes Verhalten von Lehrpersonen kann das körperliche Wohlbefinden beeinträchtigen. So berichteten die Befragten über Herzklopfen (68 %), Schlafprobleme (36 %), Übelkeit (20 %) bzw. Kopfschmerzen (15 %) (Krumm & Weiß, 2000). Hinsichtlich der Persönlichkeit berichteten die Befragten, nach positivem Verhalten von Lehrpersonen offen für Neues zu sein (65 %) (Schmitz et al., 2006), wohingegen sie infolge von kränkendem Verhalten von Lehrpersonen unsicher wurden (67 %) und/oder ihr Selbstvertrauen abnahm (62 %) (Krumm & Weiß, 2000).

Die Folgen und Reaktionen auf positives Verhalten stehen im Einklang zur gesellschaftlichen Pflicht von Lehrpersonen bezüglich der persönlichen und leistungsbezogenen Entwicklung der Lernenden (Kowalski, 2016). Folgen und Reaktionen auf kränkendes Verhalten stehen im Widerspruch zur persönlichen, aber auch zur leistungsbezogenen Entwicklung, u. a. da sich negative Emotionen negativ auf den Lernprozess auswirken können (▶ Kap. 1.3.3).

Wie können sich Anerkennung und Verletzung auf das Unterrichtsverhalten und die Einstellung gegenüber der Schule, Lehrperson oder dem Fach auswirken?

Die Erfahrungen mit positivem bzw. negativem/kränkendem Verhalten von Lehrpersonen kann sich auf das *unterrichtliche Verhalten* von Lernenden auswirken. Bei positivem Verhalten von Lehrpersonen waren die befragten ehemaligen Schülerinnen und Schüler aufmerksam im Unterricht (84 %), beteiligten sich (76 %), strengten sich an (66 %), waren motiviert (65 %), strebten nach besseren Noten (63 %), folgten dem Unterricht mit Interesse (60 %), wollten mehr wissen (48 %) und waren bereit, freiwillig Aufgaben zu übernehmen (53 %) (Schmitz et al., 2006). Bei negativem Verhalten von Lehrpersonen berichteten die ehemaligen befragten Schülerinnen und Schüler über das genaue Gegenteil, allerdings in veränderter Gewichtung (ebd.). Hinsichtlich der *Einstellung gegenüber der Schule und dem Fach* waren die befragten ehemaligen Schülerinnen und Schüler bei positivem Verhalten von Lehrpersonen positiv gegenüber der Person/Sache eingestellt (77 %) und freuten sich auf den Unterricht (47 %) (ebd.), während sie bei kränkendem Verhalten eine Abneigung gegen das Fach entwickelten (72 %) (Krumm & Weiß, 2000).

Die Emotionen und *Einstellung gegenüber der Lehrperson* unterscheiden sich ebenfalls deutlich. Schülerinnen und Schüler respektierten Lehrpersonen (84 %), die sich positiv verhielten, und verhielten sich ihnen gegenüber offen und ehrlich (74 %) (Schmitz et al., 2006). Bei kränkendem Verhalten wurde die Lehrperson unsympathischer (94 %) und die befragten ehemaligen Schülerinnen und Schüler waren zornig und wütend auf sie (88 %), fühlten sich von ihr abgelehnt (80 %), hatten Angst vor den Stunden bei der Lehrperson (62 %) und/oder Rachegedanken (50 %) (Krumm & Weiß, 2000).

Die berichteten Folgen und Reaktionen deuten darauf hin, dass positives (anerkennendes) bzw. kränkendes (missachtendes) Verhalten von Lehrpersonen die Qualität pädagogischer Beziehungen (Einstellung gegenüber Lehrperson), das schulische Wohlbefinden (Einstellung gegenüber Schule und Fach; ▶ Kap. 1.3.4), die Volition (Unterrichtsverhalten ▶ Kap. 1.3.2) und folglich auch das (nachhaltige) Lernen der Schülerinnen und Schüler (▶ Kap. 1) beeinflussen kann.

Bei den bisher berichteten Befunden wurde nicht zwischen emotionaler, moralischer und individueller Anerkennung unterschieden. Welche Auswirkungen die Erfahrung mit einzelnen Anerkennungsdimensionen haben kann, wird an einer Studie von Lussi und Huber (2015) deutlich. In dieser Studie wurden junge Erwachsene (19–21 Jahre) mit unterschiedlichen Bildungsabschlüssen interviewt. Dabei stellte sich heraus, dass alle drei Formen der Anerkennung bedeutsam für die schulischen Erfahrungen sind. Weiterhin konnte festgestellt werden, dass emotionale Anerkennung zu einer größeren Selbstsicherheit und zur Wahrnehmung von Autonomie und Selbstbestimmung in der Schule führt (Lussi & Huber, 2015). Individuelle Anerkennung führt dazu, dass eigene Bemühungen, aber auch die Schule insgesamt als sinnvoll und bedeutend erlebt werden (ebd.): »Die Bedeutung individueller Leistungen und Fähigkeiten und die Wahrnehmung von Autonomie zeigten sich wiederum als Voraussetzung für die Wahrnehmung von Selbstwirksamkeit und für motivationale Aspekte [...]. Im Gegensatz dazu konnte festgestellt werden, dass Missachtungserfahrungen und fehlende Wertschätzung in der Schule mit dem Gefühl der Unsicherheit und dem Gefühl von Fremdbestimmung und Unwirksamkeit einhergingen. Bemühungen werden dann als besonders sinnlos empfunden, was die Motivation für aktive und intentionale Handlungsstrategien beeinträchtigt« (ebd., o. S.). Insofern ist anzunehmen, dass Erfahrungen mit emotionaler und individueller Anerkennung das (nachhaltige) Lernen von Schülerinnen und Schülern positiv und emotionale und individuelle Missachtung negativ beeinflussen kann.

5.4 Schlussfolgerungen für die Schul- und Unterrichtspraxis

Die Befunde zu Formen, Häufigkeit und Folgen anerkennenden bzw. missachtenden Verhaltens verdeutlichen, dass Schülerinnen und Schüler in pädagogischen Beziehungen Erfahrungen der Anerkennung und der Missachtung sammeln (▶ Kap. 5.3.1; 5.3.2), die mit positiven bzw. negativen Folgen einhergehen (▶ Kap. 5.3.3). Die drei Formen der Anerkennung weisen zudem Zusammenhänge zu den drei Basic Needs der Selbstbestimmungstheorie (▶ Kap. 4.3.2) und Antinomien des Lehrerhandelns (▶ Kap. 2.2.2) auf (▶ Tab. 5.3). Insofern können emotionale, moralische und individuelle Anerkennung nicht nur als grundlegende Bedürfnisse der Lernenden, sondern auch als professionelles Handeln von Lehrpersonen erachtet werden.

Bei *emotionaler Anerkennung* in pädagogischen Beziehungen ist vor allem die Wahrnehmung und Wertschätzung der Lernenden als Person zentral. Lernende haben das Bedürfnis nach sozialer Eingebundenheit, also nach sicheren Bindungen zu anderen, auch zu Lehrpersonen (▶ Kap. 4.3.2). Insofern ist es wichtig, dass Lehrpersonen, ähnlich wie beim Vertrauen (▶ Kap. 6.4), den Schülerinnen und Schülern deutlich machen, dass sie sich für ihr Wohl und ihre Person interessieren. Dies kann durch Verhaltensweisen, wie sie in Studien ermittelt wurden (▶ Kap. 5.3.1), aber auch durch personenzentrierte Grundhaltungen (einfühlendes Verstehen; ▶ Kap. 4.2.1) realisiert werden. Für Lehrpersonen besteht somit die Möglichkeit, auch innerhalb

Tab. 5.3: Zusammenhänge zwischen Formen der Anerkennung, Basic Needs und Antinomien des Lehrerhandelns

	Emotionale Anerkennung	Moralische Anerkennung	Individuelle Anerkennung
Definition	Individuelle Zuwendung	Berechtigte Interaktionspartner	Wertschätzung erbrachter Leistungen
Basic Need	Soziale Eingebundenheit	Autonomie	Kompetenz
Antinomie	Nähe und Distanz	Heteronomie und Autonomie	Einheitlichkeit und Differenz

der »gebotenen professionellen Distanz« (Rothland, 2013, S. 32) der Antinomie Nähe und Distanz (▶ Kap. 2.2.2) den Lernenden das Gefühl zu vermitteln, sie zu mögen, sich um sie zu bemühen und auf sie als »ganze« Person einzugehen, nicht nur innerhalb der Schülerrolle (Rothland, 2013).

Hinsichtlich der *moralischen Anerkennung* kann Lernenden der Eindruck vermittelt werden, dass sie zwar keine gleichberechtigten, aber berechtigte Interaktionspartner sind. Durch sozial reversibles Verhalten, das Einhalten von Regeln und Pflichten (z. B. Pünktlichkeit, andere ausreden lassen, gute Unterrichtsvorbereitung) und personenzentrierte Grundhaltungen (Achtung-positive Zuwendung; ▶ Kap. 4.2.1) können Lehrende eine Beziehung auf Augenhöhe etablieren. Hinsichtlich der Unterrichtsgestaltung verfügen Lehrende über einen größeren Handlungs- und Entscheidungsspielraum als Lernende. Dennoch bestehen Möglichkeiten, Lernende einzubeziehen, z. B. indem ihre Meinungen und Interessen berücksichtigt werden, ihre Gedanken und Überlegungen in den Unterricht integriert werden, Vorschläge ernst genommen oder Mitbestimmungsmöglichkeiten gewährt werden. Hierdurch wird ebenfalls das Bedürfnis der Lernenden nach Autonomie erfüllt (▶ Kap. 4.3.2) und ihnen wird Verantwortung für den Lernprozess abgegeben, wodurch u. a. die Lernzielorientierung und Motivation der Lernenden gefördert werden kann (▶ Kap. 1.3.1).

Bei *individueller Anerkennung* sind die Wertschätzung von Leistungen und der sensible Umgang mit schlechten Leistungen in pädagogischen Beziehungen zentral. Individuelle Anerkennung kann durch Lob und Würdigung von erbrachten Leistungen, fächerübergreifenden Kompetenzen und besonderen Eigenschaften realisiert werden. Darüber hinaus erscheint es – auch angesichts der referierten Befunde zu Formen und Folgen anerkennenden und missachtenden Verhaltens von Lehrpersonen (▶ Kap. 5.3.1; 5.3.3) – sehr wichtig, dass Lernende bei schlechteren Leistungen nicht entmutigt oder bloßgestellt werden. Auch leistungsschwächere Lernende können individuelle Anerkennung erfahren. Durch Aufgaben mit verschiedenen Schwierigkeitsgraden erhalten sie die Möglichkeit, Aufgaben erfolgreich zu bewältigen und zu erkennen, dass sie über relevante Fähigkeiten und Kenntnisse verfügen. Günstige Rückmeldungen können bei schlechteren Leistungen dazu führen, dass Lernende auch bei wiederholter schlechter Leistung ihre Motivation und Selbstwirksamkeit nicht verlieren, z. B. indem der individuelle Lernfortschritt aufgezeigt wird (individuelle Bezugsnorm) oder Misserfolg auf mangelnde Anstrengung oder externe Faktoren (z.B. Aufgabenschwierigkeit, schlechten Tag gehabt) und nicht auf die allgemeine Fähigkeit und Begabung des Lernenden zurückgeführt wird.

Lernenden sollte folglich verdeutlicht werden, dass sie ihre Fähigkeiten und Leistungen durch Anstrengung oder die Anwendung von Lernstrategien grundsätzlich verbessern können, um sie individuell anzuerkennen, ihre Motivation, Lernzielorientierung, Selbstwirksamkeitserwartung und somit auch nachhaltiges Lernen zu fördern (▶ Kap. 1.3.1). Darüber hinaus sollten neben fachlichen und bereichsübergreifenden Kompetenzen (▶ Kap. 1.2) auch besondere Eigenschaften individuell anerkannt werden, z. B. originelle Ideen, Organisationstalent oder Humor, da sie ebenfalls (gesellschaftlich) wertvoll sein können, in der Schule jedoch systematisch nicht gewürdigt werden, weil sie außerhalb des schulischen Leistungsspektrums liegen (Kowalski, 2016).

Die Erfahrung emotionaler, moralischer und individueller Anerkennung trägt also nicht nur zu einer positiven Selbstbeziehung und Identitätsentwicklung bei (Honneth, 1992), sondern auch zu einer (unterrichtlichen) Atmosphäre, in der sich die Lernenden wohlfühlen, Verantwortung für ihren Lernprozess übernehmen und sich als selbstwirksam erleben können. Somit können emotionale, moralische und individuelle Anerkennung nicht nur zentrale Voraussetzungen für nachhaltiges Lernen schaffen (▶ Kap. 1.1), sondern auch als ethische Leitlinien für pädagogisches Handeln betrachtet werden (vgl. Reckahner Reflexionen).

Reckahner Reflexionen zur Ethik pädagogischer Beziehungen
Basierend auf der Kinderrechtskonvention der UN und anerkennungstheoretischen Grundlagen zu pädagogischen Beziehungen haben Fachleute aus Bildungswissenschaft, -verwaltung und -praxis initiiert durch Annedore Prengel und den Arbeitskreis Menschenrechte zehn Leitlinien entwickelt, die Lehrpersonen und pädagogischen Fachkräften zur Reflexion und als Orientierung für Verhalten in pädagogischen Beziehungen dienen sollen.

Die Leitlinien unterscheiden zwischen *ethisch begründbaren Verhaltensweisen* (z. B. Lernende wertschätzend ansprechen und behandeln, bei Rückmeldungen das Erreichte oder bereits gelingende Verhaltensweisen benennen und darauf aufbauen, die Interessen, aber auch Bedürfnisse, Sorgen und Kummer von Lernenden berücksichtigen) und *ethisch nicht begründbaren Verhaltensweisen* (z. B. Lernende respektlos, unhöflich, diskriminierend, demütigend oder übergriffig behandeln, Produkte und Leistungen entwertend und entmutigend kommentieren, auf Verhalten von Lernenden herabsetzend, überwältigend oder ausgrenzend reagieren).

Die Leitlinien wurden in einer Broschüre umfassend begründet und inzwischen in vier Sprachen übersetzt. Sie finden zunehmend Eingang in die Aus-, Fort- und Weiterbildung von Lehrpersonen.

Informationen, Material und Onlinekurse dazu unter: paedagogische-beziehungen.eu.

6

Vertrauenstheoretische Grundlagen der Beziehungsgestaltung

> Wem vertrauen Sie in Bezug auf verschiedene Bereiche und warum?
>
> - Ihre persönlichen Geheimnisse
> - Ihre Bankgeschäfte/Finanzen
> - Ihre Zahngesundheit
>
> Welche Eigenschaften und Merkmale zeichnen für Sie eine vertrauenswürdige Person aus? Notieren Sie diese und überprüfen Sie, ob diese Merkmale im Folgenden für Sie wiederzufinden sind!

Wir alle haben eine ganz bestimmte Vorstellung, was unter »Vertrauen« zu verstehen ist. Dennoch fällt es selbst in der Wissenschaft schwer, eine einheitliche Definition von Vertrauen zu finden (Schweer, 2017). Nichtsdestotrotz ist die Bedeutung des Vertrauens für das Gelingen sozialer Interaktionen vielfach nachgewiesen. Luhmann (2014, S. 27) beschreibt Vertrauen als Mechanismus zur »Reduktion von Komplexität«. Durch Vertrauen halten wir die Umwelt überschaubar und sind handlungsfähig. Dadurch, dass wir damit Kontrolle abgeben, ist Vertrauen mit einer »riskanten Vorleistung« verbunden, es besteht das Risiko eines Vertrauensmissbrauchs (ebd.).

Das wird deutlich am Beispiel der Zahnärztin, die dem Patienten eine Behandlung empfiehlt. Der Patient, als Laie, könnte Risiken und Chancen der Behandlung nur unter größten Anstrengungen selbst recherchieren und kann sich nicht selbst behandeln. Um trotzdem subjektiv die Kontrolle zu behalten, muss er der Ärztin Vertrauen entgegenbringen. Er vertraut darauf, dass sie ihm wohlgesonnen ist, die nötigen Kompetenzen besitzt, ehrlich und zuverlässig ist, ihn offen aufklärt und Risiken und Möglichkeiten transparent macht. Kurz: Er nimmt an, dass er sich auf die Zahnärztin verlassen kann. Die aufgezählten Dimensionen werden in der Forschung regelmäßig mit Merkmalen vertrauenswürdiger Anderer in Verbindung gebracht (Tschannen-Moran & Hoy, 2000; ▶ Tab. 6.1; vgl. Tschannen-Moran & Hoy, 2000).

Tab. 6.1: Dimensionen des Vertrauens aus wissenschaftlicher Sicht

Dimensionen des Vertrauens	Erläuterung
Wohlwollen	Guter Wille, gegenseitige Fürsorge
Verlässlichkeit	Zuverlässigkeit, Berechenbarkeit
Kompetenz	Fähig- und Fertigkeiten
Ehrlichkeit	Authentizität
Offenheit	Transparenz, Preisgabe von Informationen

Übereinstimmend zeigen sich das wahrgenommene Wohlwollen des Gegenübers sowie die Annahme, dass die jeweils nötigen Kompetenzen vorhanden sind, als Dimensionen des Vertrauens. Gleichzeitig wichtig sind Zuverlässigkeit, Ehrlichkeit und Offenheit, die teilweise als getrennte Dimensionen betrachtet werden, manchmal aber auch zu einem Faktor »Integrität« zusammengefasst werden (Romero & Mitchell, 2018, S. 157).

> **Bestimmungsstücke von Vertrauen**
>
> Theorien zum Vertrauen unterscheiden sich danach, ob sie Vertrauen eher als Eigenschaft einer Person oder als situationsabhängige Entscheidung konzipieren. Dennoch gibt es verschiedene Bestimmungsstücke, die alle Theorien gemeinsam haben (Schweer, 2008; Späth & Jedrzejczyk, 2008).
>
> 1. Vertrauen ist mit Erwartungen an ein vertrauenswürdiges Gegenüber[17] verbunden.
> 2. Vertrauen umfasst sowohl eine kognitive (Wissen, dass man in das Gegenüber vertrauen kann) als auch eine affektive (Gefühl der Sicherheit in Bezug auf das Gegenüber) und eine Verhaltenskomponente (Handeln, das Vertrauen in das Gegenüber zeigt).
> 3. Vertrauen ist mit einem Risiko verbunden und beinhaltet die Bereitschaft des Vertrauenden, Kontrolle abzugeben. Es kann auch enttäuscht werden.
> 4. Vertrauensentwicklung benötigt Zeit. Stabiles Vertrauen beruht auf einer Reihe positiver Erfahrungen mit dem Gegenüber.
> 5. Vertrauen ist bereichsspezifisch ausgeprägt und unterscheidet sich in verschiedenen sozialen Bereichen (z. B. Familie versus Geschäftsbeziehungen).

Vertrauen zwischen Personen gründet sich auf eine Norm der *Reziprozität* (Gegenseitigkeit; Schweer, 2017), die je nach Kontext unterschiedlich stark ausgeprägt ist. Auch der Zahnarzt vertraut auf seine Klientin, die sich z. B. an seine Anweisungen halten sollte. Noch wichtiger ist die Reziprozität aber in persönlichen Kontexten, z. B. in Freundschafts- oder auch in pädagogischen Beziehungen.

---

17 So definiert z. B. Rotter (1980, S. 1) Vertrauen als »generalized expectancy held by an individual that the word, promise, oral or written statement of another individual or group can be relied on«.

6.1 Vertrauen im Kontext Schule

6.1.1 Mehrebenenmodell des Vertrauens

In Bildungskontexten wird Vertrauen auf den Ebenen des Bildungssystems (institutionelles Vertrauen auf der Makroebene), der Schule (spezifisches Vertrauen auf der Mesoebene) und Vertrauen zwischen Individuen (personales Vertrauen auf der Mikroebene) unterschieden (Fabel-Lamla & Fetzer, 2014).

Das *institutionelle Vertrauen* auf Ebene des Bildungssystems ist das Vertrauen in Bildungsinstitutionen als abstrakte Systeme. Arbeitgeber, Eltern, Lehrpersonen und Lernende müssen in das Bildungssystem und die Schule als Institution vertrauen. Dieses Vertrauen nimmt jedoch aktuell ab (Erosion von Vertrauen in Bildungsinstitutionen; Bormann, 2012). Dennoch vertrauen viele Eltern den *Lehrpersonen* ihrer Kinder in Bildungs- und Erziehungsfragen (Vodafone-Stiftung, 2015).

Damit ist das *spezifische Vertrauen* auf der Schulebene angesprochen, also das Vertrauen in Lehrpersonen, Personal, Schulleitungen, bezogen auf ihre Funktionen, Rollen und ihr Fachwissen. Es gibt aber auch spezifisches Vertrauen von Lehrpersonen in Schülerinnen und Schüler in ihrer Rolle.

Das *personale Vertrauen* auf der Mikroebene schließlich bezeichnet das Vertrauen in zwischenmenschlichen Beziehungen und beruht am stärksten auf Interaktionen zwischen den Beteiligten. Im Schulkontext ist damit das Vertrauen zwischen Eltern, Lehrpersonen, Schulleitung und Schülerinnen und Schülern angesprochen. Hier ist die Norm der Reziprozität zwischen den Beteiligten besonders bedeutsam. Im Kontext des vorliegenden Bandes interessiert das Vertrauen zwischen Lehrpersonen und Schülerinnen und Schülern im Unterrichtsgeschehen. Dieses ist allerdings immer noch abhängig von der jeweiligen Rolle, d. h. nicht ganz klar vom spezifischen Vertrauen abgrenzbar (Fabel-Lamla & Fetzer, 2014).

6.1.2 Spezifisches Vertrauen auf der Schulebene

Betrachtet man die Einzelschule, so gibt es verschiedene Formen spezifischen Vertrauens. Lehrpersonen bringen ihrer Schulleitung mehr oder weniger Vertrauen entgegen. Dies ist für erfolgreiche Schulentwicklung unabdingbar (Bryk & Schneider, 2002). Die für eine gelingende individuelle Förderung der Schülerinnen und Schüler wichtige Kooperation unter den

Lehrpersonen sowie mit weiterem pädagogischem Personal verlangt gegenseitiges Vertrauen dieser Gruppen (Gräsel et al., 2006). Aber auch Eltern und Schülerinnen und Schüler müssen der Schulleitung, den Lehrpersonen sowie weiterem schulischem Personal vertrauen, um die Angebote der Schule optimal nutzen zu können.

Auch Schulleitungen und Lehrpersonen bringen ihren Schülerinnen und Schülern mehr oder weniger spezifisches Vertrauen entgegen. Sie unterscheiden sich darin, inwieweit sie davon ausgehen, dass Schülerinnen und Schüler generell wohlwollend, zuverlässig, lernfähig und offen sind (Van Maele & Van Houtte, 2011). Langfristig kann sich aus solchem spezifischen mit der Rolle verbundenen Vertrauen personales Vertrauen, also eine vertrauensvolle Beziehung zwischen den jeweiligen Akteuren entwickeln.

6.2 Personales Vertrauen in pädagogischen Beziehungen: Die differentielle Vertrauenstheorie

Für das Unterrichtsgeschehen spielt das personale Vertrauen zwischen Lehrpersonen und Schülerinnen und Schülern eine wichtige Rolle. Vertrauen zu erwachsenen Bezugspersonen ist für Kinder und Jugendliche eine wichtige soziale Ressource und wird in der Pädagogik vielfach als Bedingung für Erziehung angesehen (Schweer, 2017).

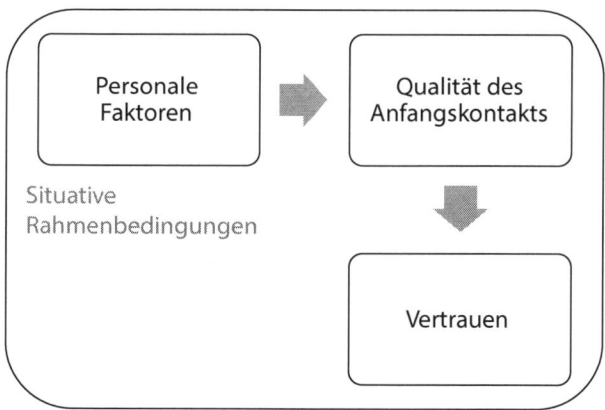

Abb. 6.1: Voraussetzungen von Vertrauen nach der differentiellen Vertrauenstheorie

Nach der differentiellen Vertrauenstheorie hängt personales Vertrauen von Voraussetzungen in der Person selbst (sogenannte personale Faktoren) sowie von situativen Bedingungen, d. h. vom Kontext, in dem sich eine Beziehung abspielt, ab. Auch der Anfangskontakt spielt eine wichtige Rolle: Lehrpersonen, die spontan als sympathischer bewertet werden, erhalten im Beziehungsverlauf mehr Vertrauen von den Lernenden (Schweer, 2008; ▶ Abb. 6.1).

6.2.1 Situative Bedingungen und die Wichtigkeit des Vertrauensvorschusses

Dass die schulischen Rahmenbedingungen für die Vertrauensentwicklung nicht optimal sind, liegt auf der Hand. Nach Schweer (2008) hängt Vertrauen vom Grad der *Symmetrie* in einer Beziehung, dem Grad der *Freiwilligkeit* der Beziehung, der Möglichkeit der offenen *Kommunikation* und der *zeitlichen Dauer* der Beziehung ab.

Bei der Beziehung zwischen Lehrpersonen und Schülerinnen und Schülern handelt es sich um eine nicht freiwillige Beziehungsform, die sich durch ein Machtungleichgewicht auszeichnet (▶ Kap. 2.2). Auch die Kommunikationswege sind durch das organisatorische Umfeld der Schule vorgegeben. Zeitliche Begrenzungen pädagogischer Beziehungen in der Schule entstehen durch die *Dauer* des Kontaktes in Schul(halb-)jahren, also abhängig von der Länge des Schulbesuchs der Lernenden sowie des Unterrichtens der Lehrenden in der spezifischen Klasse. Des Weiteren unterscheiden sich pädagogische Beziehungen in der *Regelmäßigkeit und Häufigkeit* des Kontakts. So ist es z. B. vom schuleigenen Curriculum und dem jeweils von einer Lehrperson unterrichteten Fach abhängig, wie häufig pro Woche eine Lehrperson mit den Lernenden in Kontakt kommt.

Dennoch kann sowohl über eine kurze als auch über eine langandauernde Beziehung intensives stabiles Vertrauen entstehen. Voraussetzungen dafür sind aber immer positive Interaktionserfahrungen (Schweer & Padberg, 2002; ▶ Abb. 6.2).

Für die Entwicklung eines stabilen Vertrauensverhältnisses ist ein *Vertrauensvorschuss* seitens eines Interaktionspartners nötig (▶ Abb. 6.2). So ein Vorschuss an Vertrauen ist jedoch mit einem gewissen Risiko behaftet. Da die Lehrperson im Schulkontext die mächtigere Person ist, würden die Schülerinnen und Schüler (als rangniedrigere Personen) ein höheres Risiko eingehen (▶ Beispiel 6.1), auch wenn es für beide Seiten ungewiss ist, ob das entgegengebrachte Vertrauen erwidert wird.

6 Vertrauenstheoretische Grundlagen der Beziehungsgestaltung

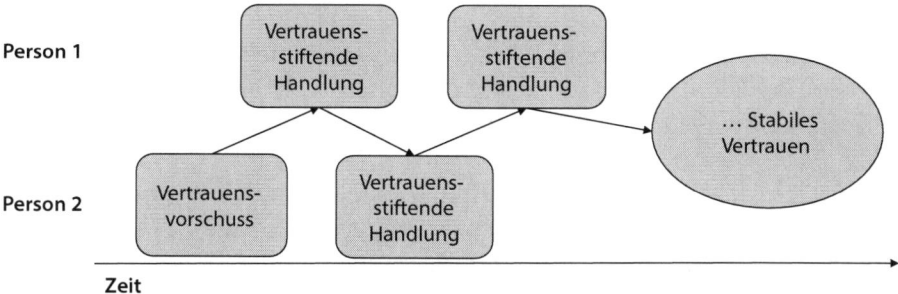

Abb. 6.2: Die Entwicklung interpersonalen Vertrauens über die Zeit (angelehnt an Schweer & Padberg, 2002, S. 15)

Beispiel 6.1

Emma hat in ihrer neuen Schule Probleme in Mathematik. Bisher kam sie ganz gut mit, aber nun im Oberstufengymnasium ist ihr das Tempo zu hoch und sie hat das Gefühl, dass sie einige Lücken mitgebracht hat. Da ihre Eltern sehr streng sind und hohe Ansprüche haben, möchte sie nicht, dass sie von ihren Problemen erfahren. Ihre Mathematiklehrerin kann sie noch nicht so gut einschätzen. Sie überlegt, ob sie sich ihr anvertrauen soll, vielleicht kann ihr die Lehrerin ein paar Tipps geben. Allerdings könnte die Lehrerin das Vertrauen auch missbrauchen und Emma vor der Klasse bloßstellen, die Eltern darauf ansprechen oder sie aufgrund dieser Informationen schlechter beurteilen, als sie es sonst tun würde. Letztendlich könnte ihre Abiturnote davon abhängen.

Um Vertrauen in der Klasse aufzubauen, empfiehlt es sich also, dass die Lehrperson den Schülerinnen und Schülern zunächst einen Vertrauensvorschuss einräumt. Vertrauen in ihre Klasse können Lehrpersonen u. a. zeigen, indem sie Verantwortung an Schülerinnen und Schüler übergeben und autonomieunterstützend handeln (▶ Kap. 4.3; ▶ Beispiel 6.2). Empirische Ergebnisse untermauern, dass dieses Verhalten zu Vertrauen der Schülerinnen und Schüler in die Lehrperson führen kann, sie schreiben einer solchen Lehrperson dann mit höherer Wahrscheinlichkeit prosoziale Motive und eine gerechte Haltung zu (zusf. Thies, 2014).

Beispiel 6.2

Frau Samaras beginnt den Unterricht in der 6b mit den Worten: »Heute knüpfen wir thematisch an die Hausaufgaben an. Ich gehe davon aus, dass ihr euch alle mit dem Thema beschäftigt habt. Die Aufgabe eurer

Tischgruppen für heute lautet: ...«. Eine reine Erledigungskontrolle der Hausaufgaben gibt es in ihrem Unterricht nicht mehr. Die Kinder wissen aber, dass sie die Hausaufgaben zur Weiterarbeit im Unterricht benötigen (Transparenz).

Wenn Lehrpersonen ihren Schülerinnen und Schülern dagegen mit Misstrauen entgegentreten, ist dies denkbar ungünstig für die Entwicklung gegenseitigen Vertrauens (▶ Beispiel 6.3).

Beispiel 6.3
In der zweiten Schulwoche einer neuen fünften Klasse betritt eine Vertretungslehrerin mit folgenden Worten den Klassenraum: »Eure Klassenlehrerin hat mir schon erzählt, dass ihr eine ganz schlimme Klasse seid. Ich habe ein besonderes Auge auf euch. Benehmt euch also!«

Mangelndes Vertrauen von Lehrpersonen in einzelne Schülerinnen und Schüler ist auch verbunden mit wenig *Zutrauen* in spezifische Kompetenzen der Lernenden und kann damit auch zu mangelndem Selbstvertrauen bei den Schülerinnen und Schülern führen (▶ Kap. 3.2; Beispiel 6.4).

Beispiel 6.4 (aus Prengel, 2019a, S. 78)
»Schreib wenigstens deinen Namen drauf, damit überhaupt was draufsteht.« Felix entsetzt: »Ich will's aber versuchen!« Lehrerantwort: »Kriegst doch eh nichts hin.«

6.2.2 Personale Faktoren und Vertrauensentwicklung

Alle Kinder und Jugendlichen bringen Merkmale mit, die den Aufbau von Vertrauen fördern oder behindern können. So prägt u. a. die individuelle Lebensgeschichte der Person die Überzeugung, ob und inwieweit überhaupt Vertrauen zu einem Interaktionspartner (bzw. einer Lehrperson oder pädagogischen Fachkraft) möglich ist. Diese *individuelle Vertrauenstendenz* kann über unterschiedliche Lebensbereiche (Freunde, Schule, Familie) hinweg variieren (Schweer, 2017). »Wer von dieser Möglichkeit [einer Person zu vertrauen] stärker überzeugt ist, nimmt in konkreten Interaktionssituationen auch verstärkt vertrauensfördernde Verhaltensweisen des Partners wahr; die Voraussetzungen für eine positive Vertrauensentwicklung sind also gegeben« (Schweer & Padberg, 2002, S. 29). Die individuelle

Vertrauenstendenz der Schülerinnen und Schüler kann also die Wahrnehmung der Interaktionen mit der Lehrperson beeinflussen und sogar im Sinne einer sich selbst erfüllenden Prophezeiung wirksam werden (Schweer, 2017; ▶ Kap. 3.2).

Davon abgegrenzt werden können die *impliziten Vertrauenstheorien* einer Person, die individuelle normative Erwartungen (▶ Kap. 3.1) über Attribute bezeichnen, die eine Person scheinbar vertrauenswürdig machen. Diese Erwartungen beziehen sich »darauf, wie sich eine Person verhalten sollte, damit man zu ihr Vertrauen fassen kann. Damit verbunden sind Vorstellungen darüber, wie man sich diesen Personen gegenüber zu verhalten hat« (Schweer & Padberg, 2002, S. 39; ▶ Beispiel 6.5).

Diese Erwartungen unterscheiden sich je nach Lebensbereich und Interaktionspartner. So könnte man von einer vertrauenswürdigen Lehrperson eher Transparenz in der Leistungsbewertung, Fairness und gleiche Bedingungen für alle Schülerinnen und Schüler erwarten, während die Erwartung an eine vertrauenswürdige Mutter sein kann, dass diese ihr Kind in besonderem Maße unterstützt. Je nachdem, ob das Verhalten einer Lehrperson der impliziten Vertrauenstheorie der Lernenden entspricht, wird die Entwicklung von Vertrauen erleichtert (bei Übereinstimmung: *Vertrauenskonkordanz*) oder erschwert (bei fehlender Übereinstimmung: *Vertrauensdiskordanz*). Beispiel 6.5 verdeutlicht die Rolle der (unterschiedlichen) Erwartungen der Schülerinnen und Schüler für die Vertrauensentwicklung.

Beispiel 6.5
Aufgrund seiner impliziten Vertrauenstheorie hält Julian es für besonders wichtig, dass ein vertrauenswürdiger Lehrer sich für die Meinung seiner Schülerinnen und Schüler interessiert. Da Herr Meltzer immer wieder entsprechendes Interesse äußert und die Jugendlichen auch in wichtige Entscheidungen einbezieht, entsteht bei Julian Vertrauenskonkordanz. Dies führt dazu, dass er auch keine Hemmungen hat, dem Lehrer Lernprobleme mitzuteilen und sich bei Diskussionen persönlich einzubringen. Es entwickelt sich eine Vertrauensbeziehung.

Antonia hingegen erwartet von einem vertrauenswürdigen Lehrer, dass dieser fachlich kompetent ist, sich für die persönlichen Belange der Schülerinnen und Schüler interessiert, hilfsbereit, stets zugänglich und humorvoll ist. Sie hat es – aufgrund ihrer hohen Erwartungen – schwerer, ein Vertrauensverhältnis zum Lehrer aufzubauen und wird leichter enttäuscht. Als Herr Meltzer bei einem ersten persönlichen Gespräch deutlich macht, dass er nur wenig Zeit habe und gleich heimgehen müsse, führt das zur Diskordanz mit Antonias impliziter Vertrauenstheorie.

Schon beim ersten Kontakt wird das Verhalten des Interaktionspartners mit der eigenen impliziten Vertrauenstheorie abgeglichen und hat Einfluss auf den weiteren Interaktionsverlauf (Schweer, 2017). Die Bedeutung des Anfangskontakts liegt, wie bereits erwähnt, auch darin begründet, dass der erste Eindruck einer Lehrperson, den sich ein Schüler oder eine Schülerin bildet, die weiteren Interaktionen beeinflusst (▶ Abb. 6.1).

Es sollte deutlich geworden sein, dass es bei der Vertrauensentwicklung immer auch auf die einzelne Person ankommt. Daher wird es für eine Lehrperson nicht unbedingt möglich sein, das Vertrauen aller Schülerinnen und Schüler gleichermaßen zu erlangen, aber es gibt durchaus Voraussetzungen, die die Entwicklung vertrauensvoller Beziehungen erleichtern. Im besten Fall kommt es im Verlauf des Kontakts zwischen zwei Personen zu einer reziproken, also wechselseitigen Verstärkung von Vertrauen (▶ Abb. 6.3; vgl. Schweer & Padberg, 2002). Im Folgenden wird darauf eingegangen, welche Forschungsergebnisse zum Vertrauen auf Schulebene und zum Vertrauen in pädagogischen Beziehungen im Unterricht vorliegen.

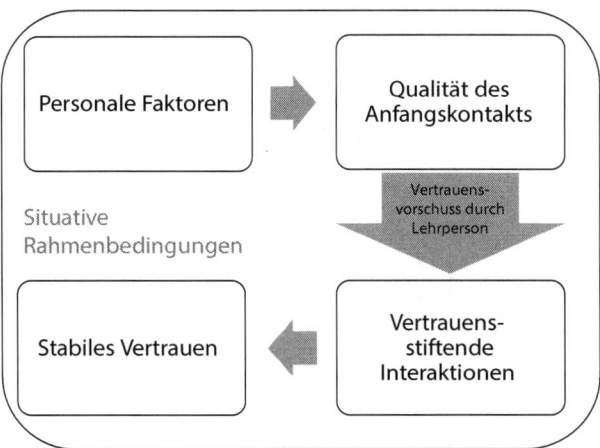

Abb. 6.3: Determinanten der Vertrauensentwicklung

6.3 Ergebnisse der Schul- und Unterrichtsforschung

6.3.1 Spezifisches Vertrauen auf der Schulebene

Wie wirkt sich das gegenseitige Vertrauen auf der Schulebene aus?

Eine viel zitierte amerikanische Studie konnte zeigen, dass hinsichtlich der Schulleistungen ihrer Lernenden besonders erfolgreiche Schulen auch in Bezug auf das Vertrauen besonders gut aufgestellt waren (Bryk & Schneider, 2002). Es ergab sich weiter, dass ein kollegialer, (autonomie-)unterstützender Führungsstil der Schulleitung Bedingung für vertrauensvolle Beziehungen im Kollegium ist. Dies wiederum bedingt ein stärkeres Engagement des Kollegiums für die Schulentwicklung und wirkt sich positiv auf Motivation und Leistung der Schülerinnen und Schüler aus. Diese Untersuchung unterstreicht die Bedeutung vertrauensvoller Beziehungen auf allen Ebenen der Einzelschule (vergleichbare Ergebnisse berichten Forsyth & Adams, 2014).

Weitere Untersuchungen ergaben, dass sich Schulen darin unterscheiden, inwieweit die Lehrkollegien in die Schülerschaft als Ganzes vertrauen (z. B. Van Maele & Van Houtte, 2011). Wenn Lehrende generell ihren Schülerinnen und Schülern vertrauen (sie also für wohlwollend, zuverlässig, ehrlich, lernfähig halten), wirkt sich dies auf das Verhalten der Lehrpersonen aus und fördert die Lernmotivation der Schülerinnen und Schüler (zusf. Van Maele & Van Houtte, 2011).

Insofern kann man das Vertrauen der Lehrkollegien in ihre Schülerinnen und Schüler auch als »soziales Kapital« (ebd., S. 86) der Lernenden ansehen. Tatsächlich spielt es eine wichtige Rolle für die Entkoppelung von sozialer Herkunft und Leistung (Goddard et al., 2009). Dort, wo Lehrende insgesamt ein höheres Vertrauen in die Lernenden zeigen, sind Schulleistungen weniger abhängig von der sozialen Herkunft der einzelnen Lernenden. Allerdings fällt das Vertrauen von Lehrpersonen in die Schülerschaft typischerweise in Schulen mit einer Schülerkomposition aus niedrigeren sozialen Schichten geringer und in gymnasialen Schulzweigen höher aus (Van Maele & Van Houtte, 2011; 2014). Dies hängt mit unterschiedlichen Erwartungen der Lehrpersonen zusammen (▶ Kap. 3). Je nach Zusammensetzung der Schülerschaft erwarten sie mehr Motivation, Engagement, Einsicht und besseres Sozialverhalten (»*teachability*«; Van Maele & Van Houtte, 2014, S. 179) von den Schülerinnen und Schülern und dies wirkt sich wiederum auf ihr Vertrauen in die Schülerschaft aus.

Insgesamt ergeben sich positive Effekte des gegenseitigen Vertrauens seitens Schulleitung und Kollegien für die Schulentwicklung und die individuelle Förderung der Lernenden. Hohes Vertrauen von Lehrpersonen in die Schülerschaft ist mit positiven Wirkungen für Lernende verbunden und hat sich darüber hinaus als Ressource gegen Burnout bei Lehrenden erwiesen (Van Maele & Van Houtte, 2015; ▶ Kap. 2.4).

6.3.2 Personales Vertrauen in pädagogischen Beziehungen

Welche Facetten beinhaltet Vertrauen in Lehrpersonen?

Einige Studien gehen der Frage nach, welche Merkmale die Schülerinnen und Schüler vertrauenswürdigen Lehrpersonen zuschreiben. Schweer und Padberg (2002, S. 39 f.) berichten aufgrund von Interviews mit Lernenden fünf Faktoren vertrauenswürdigen Lehrerhandelns (▶ Tab. 6.2; vgl. Schweer & Padberg, 2002). Diese und ähnliche Dimensionen werden von allen Befragten benannt, dabei unterscheiden sich verschiedene Personengruppen darin, wie wichtig ihnen das jeweilige Merkmal ist. Im Vergleich mit Studierenden und Auszubildenden spielt bei Schülerinnen und Schülern das Merkmal »persönliche Zuwendung« eine besonders wichtige Rolle.

Tab. 6.2: Dimensionen vertrauenswürdigen Lehrerhandelns (basierend auf Ergebnissen von Schweer & Padberg, 2002)

Dimension	Beispieläußerungen aus Interviews mit Schülerinnen und Schülern
Persönliche Zuwendung	»Ich kann mit dem Lehrer über private Probleme reden.« »Der Lehrer interessiert sich für das persönliche Wohl der Schüler.«
Fachliche Kompetenz und Hilfe	»Der Lehrer bewertet gerecht.« »Der Lehrer ermutigt zur freien Meinungsäußerung.«
Respekt	»Der Lehrer blamiert Schüler nicht vor anderen.« »Der Lehrer hält seine Versprechen ein.«
Zugänglichkeit	»Der Lehrer nimmt sich Zeit für uns.« »Ich kann mit dem Lehrer offen reden.«
Aufrichtigkeit	»Der Lehrer gibt Ungewissheit zu.« »Der Lehrer ist aufrichtig und ehrlich.«

Hier lassen sich Bezüge zu den allgemeinen Merkmalen vertrauenswürdiger Personen (▶ Tab. 6.1) herstellen. Zu bedenken ist, dass die »*Kompetenz*«

der Lehrperson sich auch auf Gerechtigkeit bezieht. Andere Studien zeigen ebenfalls, dass der Kompetenzbegriff in pädagogischen Beziehungen andere Dimensionen umfasst als in anderen sozialen Kontexten. Schülerinnen und Schüler nehmen ihre Lehrpersonen dann als kompetent wahr, wenn diese herausfordernde und interessante Aufgaben stellen und hohe Erwartungen an ihre Schülerinnen und Schüler haben (▶ Kap. 3) sowie transparent und gerecht bewerten (Romero, 2015). Wie in der personenzentrierten Pädagogik (▶ Kap. 4.2) sind für das Vertrauen Aufrichtigkeit, Einfühlung und Verständnis sowie Achtung der Lehrperson gegenüber den Schülerinnen und Schülern sehr bedeutsam.

Ähnliche Ergebnisse erhielt Thies (2002) in einer Fragebogenstudie im Gymnasium. Demnach vertrauen Schülerinnen und Schüler den Lehrpersonen, die sie ernst nehmen und sie nicht bloßstellen, verlässlich und gerecht handeln, ein positives und angstfreies Lernklima schaffen, auch eigene Fehler zugeben sowie Engagement für das Lernen der Kinder und Jugendlichen zeigen. Diese Studie untermauert die Annahme, dass Vertrauensvorleistungen der Lehrpersonen eine wichtige Rolle spielen: »Konkreten Lehrkräften wird dann vertraut, wenn sie die Schüler/innen von sich aus ansprechen, also den Kontakt suchen und zeigen können, dass sie ebenfalls Vertrauen in die jeweiligen Schüler/innen haben« (Thies 2014, S. 201).

Welche Zusammenhänge bestehen zwischen Vertrauen und dem Sozialverhalten der Schülerinnen und Schüler?

Die Wichtigkeit wechselseitigen Vertrauens unterstreicht eine Studie mit Grundschulkindern (Thies, 2010). Diese wurden zu ihrem Erleben der Beziehung zur Lehrperson befragt, während die Lehrenden u. a. Auskünfte zu problematischem und erwünschtem Sozialverhalten der einzelnen Kinder gaben. Es ergaben sich signifikante Zusammenhänge des Sozialverhaltens der Schülerinnen und Schüler mit dem Vertrauen: Kinder, die davon ausgingen, dass die Lehrperson *ihnen* vertraut, zeigten nach Angaben der Lehrenden positiveres Sozialverhalten, genauso wie Kinder, die selbst Vertrauen in die Lehrperson hatten. Dabei gab es starke Zusammenhänge des Vertrauens in die Lehrperson mit der Annahme, dass die Lehrperson in das jeweilige Kind vertraut. Gerade da wo Reziprozität wahrgenommen wurde, berichteten die Kinder auch über höheres schulisches Wohlbefinden (Schullust).

Untergräbt eine vertrauensvolle Beziehung die Autorität der Lehrperson?

Thies (2014) geht aufgrund ihrer Ergebnisse davon aus, dass die Schaffung einer vertrauensvollen Atmosphäre eine wichtige Voraussetzung für ein erfolgreiches Classroom Management darstellt. Dies wird gestützt durch Ergebnisse einer amerikanischen Highschool-Studie (Gregory & Ripski, 2008), die verdeutlicht, dass die Investition von Lehrpersonen in die Beziehungsqualität neben dem Vertrauen der Schülerschaft in höherer Kooperationsbereitschaft, mehr Disziplin und größerer Anerkennung der Lehrperson resultiert. Auch die Ergebnisse einer Tagebuchstudie mit 190 Jugendlichen untermauern, dass Schülerinnen und Schüler, die höheres Vertrauen in die Lehrenden, aber auch in die Institution Schule haben, nach einer Disziplinierung durch die Lehrperson mehr Engagement und erwünschtes Verhalten zeigen (Amemiya et al., 2020). Dies unterstützt einerseits die Annahme, dass das institutionelle Vertrauen die Wirkungen personalen Vertrauens beeinflussen kann. Es spricht andererseits dafür, dass der Aufbau einer vertrauensvollen Beziehung nicht etwa die Autorität der Lehrperson untergräbt, sondern dazu beiträgt, dass sie eher anerkannt wird (siehe auch Matthäi & Latzko, 2008).

Wirkt sich das Vertrauen in die Lehrperson auf das schulische Wohlbefinden und die Motivation aus?

Studien zum Zusammenhang des Vertrauens in die Lehrenden seitens der Schülerinnen und Schüler mit verschiedenen schulbezogenen Merkmalen ergeben insbesondere Bezüge zu höherer Lernmotivation und mehr Engagement im Unterricht (zusf. Schweer, 2017). Weitere Untersuchungen bestätigen, dass Vertrauen den Schülerinnen und Schülern Angst nehmen kann und mit hohem schulischem Wohlbefinden zusammenhängt (Thies, 2002; 2014). Mitchell et al. (2018) fanden in einer Studie mit über 5.000 Schülerinnen und Schülern der dritten bis zwölften Jahrgangsstufen Zusammenhänge zwischen dem Vertrauen in die Lehrerinnen und Lehrer und dem schulischen Wohlbefinden der einzelnen Kinder und Jugendlichen (Sicherheitsempfinden und Identifizierung mit der Schule). Gleichzeitig ergab sich, dass das Vertrauen in die Lehrpersonen Unterschiede in der Identifikation der Schülerschaft mit ihren Schulen auf der *Schulebene* maßgeblich erklärt.

> **Vertrauen in Lehrpersonen und Schulleistungen**
> In der Regel wird davon ausgegangen, dass Vertrauen sich nicht direkt auf Lernerfolg auswirkt. Vielmehr bewirkt es ein erhöhtes Lernengagement, mehr Zutrauen in eigene Fähigkeiten und Verbesserungen im Sozialverhalten. Der Lernerfolg wird wiederum durch diese Veränderungen beeinflusst. Beispielhaft sei hierzu eine Studie von Romero (2015) beschrieben.
>
> Die Wissenschaftlerin nutzte die Fragebogendaten von mehr als 10.000 Schülerinnen und Schülern amerikanischer Highschools, um festzustellen, welche Rolle das Vertrauen in Lehrpersonen (Jg. 10) für schulisches Sozialverhalten (über die gesamte Highschool-Zeit), Schulleistungen (Jg. 10) und den Schulabschluss (Jg. 12) sowie die Abhängigkeit von Sozialverhalten, Leistungen und Schulabschluss von der sozialen Herkunft spielt.
>
> Vertrauen in die Lehrpersonen wurde über die Wahrnehmung von *Wohlwollen* (Interesse an Lernenden, gut auskommen, loben), *Kompetenz* (hohe Erfolgserwartung, interessanter und herausfordernder Unterricht) und *Integrität* (gerechte und faire Regeln und Sanktionen) erfasst. Es stellte sich heraus, dass das Vertrauen in die Lehrpersonen einen kleinen direkten Effekt auf den Schulabschluss (Jg. 12) hatte. Es war allerdings sehr bedeutsam für positives Sozialverhalten und hatte einen wesentlich größeren Einfluss darauf als der familiäre Hintergrund (sozioökonomischer Status). Das Sozialverhalten wiederum war stark mit schulischen Leistungen in der Jahrgangsstufe 10 und dem erfolgreichen Abschluss der Highschool assoziiert. Der Einfluss des Vertrauens auf Schulleistungen ist also (zumindest teilweise) über ein besseres Sozialverhalten vermittelt. Kurz: Schülerinnen und Schüler, die ihren Lehrpersonen vertrauen, zeigen weniger problematisches Sozialverhalten. Dies wirkt sich auf die Schulleistungen aus und ist mit einem erfolgreichen Schulabschluss verbunden.

Welche Rolle spielen die situativen Rahmenbedingungen?

Hinweise zum Einfluss der situativen Rahmenbedingungen auf die Vertrauensentwicklung ergeben sich aus der Forschung zu außerunterrichtlichen Angeboten in der Schule (in Deutschland zählt dazu auch die Ganztagsschulforschung). Damit sind sowohl Angebote gemeint, die das fachliche Lernen unterstützen sollen, als auch eher freizeitorientierte oder das

Schulcurriculum ergänzende Angebote. Auch in diesen Kontexten wird die Bedeutung des gegenseitigen Vertrauens des pädagogischen Personals und der Kinder und Jugendlichen deutlich. Vertrauen der Kinder und Jugendlichen in das Personal scheint dabei insbesondere durch hohe Erwartungen des Personals an die Teilnehmenden, die Übergabe von Verantwortung (Partizipation) sowie das Angebot spannender und interessanter Aktivitäten bedingt zu sein (Huang et al., 2008).

Geht man davon aus, dass in außerunterrichtlichen Angeboten im Schulkontext die Lernsettings weniger formalisiert sind und das Machtungleichgewicht (u. a. aufgrund der fehlenden Benotung) weniger stark zu Buche schlägt als im curricularen Unterricht, so könnte die Beteiligung von Lehrpersonen an solchen Angeboten eine Chance zur Förderung von Vertrauen in pädagogischen Beziehungen bieten (Fischer & Richey, 2018). Hier besteht aktuell noch eine Forschungslücke. International zeigt sich aber, dass das Engagement von Lehrenden in außerunterrichtlichen Angeboten der Schule zu einer Verbesserung der Beziehungen im Unterricht und höherem Lernerfolg führen kann (zusf. Sutton, 2015) und dass außerunterrichtliche (informelle) Kommunikation zwischen Lehrenden und Lernenden mit höherem gegenseitigen Vertrauen und höherem Engagement der Lernenden im Unterricht zusammenhängt (Jaasma & Koper, 1999; ▶ Kap. 4.4.2; 8.2).

6.4 Schlussfolgerungen für die Schul- und Unterrichtspraxis

Aus den dargestellten Forschungsergebnissen und Theorien lassen sich direkte Hinweise für Schule und Unterricht ableiten. Für Schülerinnen und Schüler ist die Gerechtigkeit der Lehrperson eine wichtige Voraussetzung für die Vertrauensentwicklung. Gerechtes Handeln wird dabei nicht nur als kompetentes Verhalten der Lehrperson gefasst, sondern ist auch im Zusammenhang mit der Verlässlichkeit zu sehen. In diesem Sinne können transparente, nachvollziehbare Bewertungsmethoden und konsequente Umsetzung von (gemeinsam erstellten) Regeln Vertrauen fördern. Kontrollen (z. B. in Bezug auf Hausaufgaben, Material etc.) sollten für alle Lernenden in der gleichen Weise erfolgen, aber (im Sinne eines Vertrauensvorschusses) schrittweise abgebaut werden (Thies, 2014). Dies ist möglich, wenn die Verantwortung für den Lernprozess an die Lernenden abgegeben wird, z. B. durch Wochenplanarbeit, freie Lernsettings, Lernzeiten zum Selbstgestalten bzw. mit Auswahlmöglichkeiten (geöffneter und offener Unterricht; ▶ Kap. 4.5).

Schülerinnen und Schüler erwarten von vertrauenswürdigen Lehrpersonen Aufrichtigkeit in Bezug auf eigene Fehler und Unzulänglichkeiten sowie die Möglichkeit, ihre Meinung frei zu äußern. Eine positive Fehlerkultur im Sinne einer Ermutigungsdidaktik fördert das Vertrauen der Schülerinnen und Schüler und ist Voraussetzung dafür, eigene Schwächen im Lernprozess zu äußern, sowie für eine Feedbackkultur, in der sich die Lernenden und Lehrenden gegenseitig Rückmeldung geben.

Insgesamt sind die didaktischen Hinweise in Bezug auf nachhaltiges Lernen (▶ Kap. 1.4) geeignet, um die Vertrauensentwicklung zu unterstützen. Dabei spielt eine vertrauensvolle Haltung der Lehrpersonen gegenüber den Lernenden eine wichtige Rolle zur Förderung von Vertrauen und Lernerfolg bei den Schülerinnen und Schülern. Gleichzeitig ist, insbesondere für jüngere Schülerinnen und Schüler, die persönliche Zuwendung der Lehrperson von Bedeutung. Sie sollte den Lernenden deutlich machen, dass sie sich für ihr persönliches Wohl und ihre Person interessiert. Dazu gehört es auch, die Schülerinnen und Schüler individuell mit den jeweiligen Interessen und Präferenzen kennenzulernen (▶ Kap. 3.5). Dies kann z. B. durch eine Mitarbeit von Lehrpersonen in außerunterrichtlichen (AG-)Angeboten der Schule oder gemeinsame außerschulische Aktivitäten (Ausflüge, Projekttage usw.) und andere Gelegenheiten zu außerunterrichtlicher Interaktion geschehen (▶ Kap. 8.2). Wenn man im Unterricht oder bei der Vergabe von Aufgaben in kooperativen oder individualisierten Lernsettings auf individuelle Vorlieben oder Stärken der einzelnen Schülerinnen und Schüler eingeht, kann dies die Vertrauensentwicklung unterstützen.

Da sich Vertrauen allgemein in informellen Kontexten leichter entwickelt, wird so vermutlich nicht nur das Wissen über spezifische Kompetenzen der Lernenden gefördert, sondern auch das Vertrauen in die Lehrperson allgemein (Fischer & Richey, 2018). Außerunterrichtliche Kommunikation hat sich auch bei älteren Lernenden als wichtige Voraussetzung für Vertrauen in Lehrpersonen erwiesen (Jaasma & Koper, 1999; ▶ Kap. 4.4.2; 8.3.3) und ist überdies geeignet, die Schülerinnen und Schüler auch in Bezug auf ihre individuellen Vertrauenstendenzen und impliziten Vertrauenstheorien kennenzulernen (▶ Kap. 6.2.2).

Die Ergebnisse zur Bedeutung des Vertrauens der Lehrkollegien in die Schülerschaft für den Lernerfolg unterstreichen die Wichtigkeit hoher Erwartungen der Lehrpersonen in ihre Lernenden (▶ Kap. 3). Die Grundannahme, dass Schülerinnen und Schüler wohlwollend, motiviert und engagiert sind, ist demnach Mitvoraussetzung für ihren Lernerfolg. Dies gilt insbesondere für Kinder aus bildungsfernen Elternhäusern, hier kann das Vertrauen der Lehrperson in Lernende den Charakter von *sozialem Kapital* haben, also eine Ressource für das Lernen darstellen. Gleichzeitig ist eine solche positive Haltung zur Schülerschaft auch für das Wohlbefinden der Lehrpersonen wichtig.

Aus der differentiellen Vertrauenstheorie lassen sich einige Empfehlungen zur *Schulorganisation* ableiten. Die Bedeutung der Zeit für die Vertrauensentwicklung wird in Schulen mit *Jahrgangsteams* besonders berücksichtigt, in denen ein Team von Lehrpersonen den Jahrgang z. B. über die gesamte Sekundarstufe I unterrichtet. Dies unterstützt die Vertrauensentwicklung zwischen Lehrenden und Lernenden, aber auch die der Lehrerinnen und Lehrer des Teams untereinander. Die personalen Voraussetzungen der Vertrauensentwicklung bedingen u. a., dass die Lernenden nicht allen Lehrpersonen gleichermaßen vertrauen werden. Da die Klassenlehrperson dabei eine herausragende Stellung einnimmt, empfehlen sich Modelle mit *geteilter Klassenleitung*. So haben Schülerinnen und Schüler die Möglichkeit, ihre bevorzugte Bezugsperson zu wählen. Genauso wie bezogen auf pädagogische Beziehungen, gilt auch für die Beziehung zwischen Schulleitung und Lehrpersonen, dass die Abgabe von Verantwortung (an die Lehrpersonen, Jahrgangsteams usw.) sowie persönliche Nähe die Vertrauensentwicklung unterstützen.

Die Forschung zu Vertrauen im Schulkontext zeigt, dass Vertrauen auf den verschiedenen Ebenen sich gegenseitig bedingt. Es gilt, neben einem vertrauensbasierten Führungsstil der Schulleitung, das Vertrauen im Kollegium sowie die Vertrauensentwicklung in der Beziehung zu den Eltern zu unterstützen. Wichtig sind insgesamt transparente Strukturen und ein guter Informationsfluss im Sinne der Integrität sowie eine allgemein wertschätzende und wohlwollende Haltung. Partizipative Schulstrukturen sind geeignet, die Vertrauensentwicklung zu unterstützen.

Dies gilt auch auf Klassen- und Unterrichtsebene. Mitspracherecht der Schülerinnen und Schüler sollte also nicht nur in Bezug auf das eigene Lernen, sondern auch mit Blick auf den Unterricht und die Klasse realisiert werden. Dies kann im Sinne von offenen oder geöffneten Unterrichtssettings, aber auch z. B. durch einen selbst organisierten Klassenrat erfolgen. Auch in schulischen Belangen lässt sich echte Partizipation vielfältig realisieren, z. B. durch Mentoring- und Patenschaftsprogramme, Wahlpflichtkurse, Mitgestaltung der Räume und des Geländes bis hin zur Mitsprache bei Speiseplänen und zu eigenen AG-Angeboten der Schülerinnen und Schüler.

Vertrauen ist ein wichtiges Element pädagogischer Beziehungen und die Vertrauensentwicklung hat vielfältige Voraussetzungen, die gerade im Schulkontext nicht leicht und sicher nicht für alle Lernenden gleichermaßen umzusetzen sind. Lehrperson sollten daher die jeweiligen Schülerinnen und Schüler individuell betrachten und sich auf sie einstellen sowie eigene implizite Theorien und Verhaltensweisen immer wieder reflektieren (Schweer, 2017). Die in diesem Kapitel genannten Bedingungen können aber eine positive Vertrauenskultur in Schule und Unterricht unterstützen, was aufgrund der dargelegten Zusammenhänge mit Wohlbefinden, Schulleistungen und sozialem Lernen bedeutsam ist. Die Etablierung von Vertrauen kann somit als »pädagogisch relevantes Ziel« (ebd., S. 539) in Schule und Unterricht gesehen werden und bietet eine Grundlage für nachhaltiges Lernen.

IV

Pädagogische Beziehungen und Schulorganisation

Der Hauptfokus dieses Bandes liegt auf der Gestaltung des Unterrichts. Es sollte aber auch deutlich geworden sein, dass dieser immer in das Setting Schule eingebettet ist und Merkmale sowie Prozesse auf Schulebene Einfluss auf die Interaktionen im Unterricht nehmen (u.a. ▶ Kap. 2, ▶ Kap. 6). Im Folgenden sollen daher aktuelle Themen der Schulentwicklung und -organisation im Zusammenhang mit pädagogischen Beziehungen in den Blick genommen werden. Zunächst werden Potenziale und Herausforderungen in Bezug auf pädagogische Beziehungen in inklusiven Schulen betrachtet (▶ Kap. 7). Da in Deutschland aktuell die Mehrzahl der Schulen ganztägige Angebote offerieren, wird auch auf spezifische Potenziale für die Beziehungsgestaltung in Ganztagsschulen eingegangen (▶ Kap. 8).

7

Pädagogische Beziehungen und Inklusion

In inklusiven Schulen sollen alle Kinder und Jugendlichen gemeinsam beschult werden. Einleitend soll daher eine biographische Erzählung zur getrennten Beschulung verschiedener Gruppen im Zusammenhang mit Zuschreibungen von bestimmten Eigenschaften und diskriminierenden Verhaltensweisen dargestellt werden (▶ Beispiel 7.1). Im weiteren Verlauf des Kapitels wird thematisiert, welche Gruppe hier beschrieben wurde.

Beispiel 7.1
Eine biographische Erzählung: Der Schulhof meiner Schule war zweigeteilt. Die größere und schönere Hälfte war für uns reserviert. Auf der anderen Seite des Zaunes spielten die Kinder aus der Nachbarschule. Sie kamen mir sehr fremd vor, sahen anders aus als wir, irgendwie auch ungesünder. Sie waren weniger als wir und man ignorierte sie weitgehend. Manchmal gingen sie durch unsere Sporthalle, dann schauten wir alle weg. Wir waren auf jeden Fall die Privilegierten und das war uns immer bewusst. Jede Gruppe blieb unter sich. Kontakt gab es nicht.

7.1 Inklusive Schulen

7.1.1 Ein weites Verständnis von Inklusion

Inklusion ist aktuell in aller Munde und wird durchaus kontrovers diskutiert. Dabei ist nicht immer klar, welches Konzept und welchen Begriff von Inklusion die jeweils Diskutierenden verwenden, was u. a. in der Mehrdeutigkeit des Begriffes begründet liegt (Grosche, 2015). Daher gibt es zahlreiche wissenschaftliche Arbeiten, die versuchen, verschiedene Inklusionsverständnisse zu systematisieren (zusf. Brodesser et al., 2019). Häufig wird zwischen einem *engen* und einem *weiten* Verständnis von Inklusion unterschieden. Das enge Verständnis ist rein auf Menschen mit Behinderung und die Ermöglichung ihrer Teilhabe bezogen. Das weite Verständnis hingegen berücksichtigt verschiedene *Heterogenitätsdimensionen* (z. B. Herkunft, Geschlecht, Persönlichkeitsmerkmale usw.) und zielt auf eine Überwindung der Zwei Gruppen-Theorie (Menschen mit versus ohne Behinderung). Auch im weiten Verständnis können benachteiligte Gruppen in den Fokus geraten, denn es geht um eine »Maximierung der Partizipation und eine Minimierung sozialer Ausgrenzungsrisiken« (Lindmeier & Lütje-Klose, 2015, S. 9).

In Bezug auf die deutsche Schullandschaft ist Inklusion seit dem Inkrafttreten der UN-Konvention über die Rechte von Menschen mit Behinderungen (UN, 2008) von großer Bedeutung. In der Konvention ist u. a. festgelegt, dass Menschen mit Behinderungen nicht vom Bildungssystem ausgeschlossen sein dürfen und gleichberechtigten Zugang zu einem integrativen, hochwertigen und unentgeltlichen Unterricht an Grund- und weiterführenden Schulen haben sollen. Damit verbunden ist seit der Ratifizierung im Jahre 2009 eine Diskussion rund um das deutsche Förderschulwesen. Alle Schülerinnen und Schüler haben nun grundsätzlich das Recht in inklusiven Schulen unterrichtet zu werden.

Auch wenn die UN-Konvention Anlass für den Ausbau inklusiver Schulen war, ist der Begriff *Inklusion* nicht auf die Eingliederung von Menschen mit Behinderung beschränkt. Ohnehin ist die Behindertenrechtskonvention in eine lange Entwicklung in Bezug auf Menschenrechte eingebettet und stellt »eine Etappe der Entwicklung der Menschenrechte insgesamt dar, in der – da offensichtlich notwendig und bisher nicht ausreichend berücksichtigt – klargestellt wird, dass die Menschenrechte und insbesondere das Recht auf Bildung im allgemeinen Kontext auch für Menschen mit Behinderungserfahrungen gelten und dass eine hochwertige Bildung und der diskriminierungsfreie Zugang zu ihr (auch) für sie, wie für alle Menschen, zu gewährleisten sind« (Boban & Hinz, 2015, S. 17).

Dies macht deutlich: Ein enges Verständnis greift für den Anspruch, der sich hinter dem Begriff *Inklusion* verbirgt, viel zu kurz. Dennoch geht es politisch, in der allgemeinen Debatte und auch in der praktischen Umsetzung häufig (noch) vor allem um die Förderung von Schülerinnen und Schülern mit *sonderpädagogischem Förderbedarf* oder um Baumaßnahmen für Barrierefreiheit in Schulgebäuden und den Abbau von Förderschulen.

> **Sonderpädagogischer Förderbedarf**
> In Deutschland werden aktuell acht Kategorien sonderpädagogischen Förderbedarfs diagnostiziert. Dazu kommt eine übergreifende Kategorie für Kinder und Jugendliche, bei denen ein diesen Kategorien nicht zuzuordnender Förderbedarf festgestellt wird. Am häufigsten wird Förderbedarf im Bereich *Lernen* diagnostiziert, gefolgt von *Geistige Entwicklung*, *Emotionale und soziale Entwicklung* und *Sprache*. Förderbedarf im Bereich Sprache wird jedoch bei der Einschulung deutschlandweit am häufigsten festgestellt (Autorengruppe Bildungsberichterstattung, 2020). Jeweils weniger als 10 % der Kinder und Jugendlichen mit Förderbedarf sind den Kategorien *Körperliche und motorische Entwicklung*, *Hören*, *Sehen* und *Kranke* zugeordnet. Obwohl aktuell der Anteil an Kindern und Jugendlichen mit diagnostiziertem Förderbedarf steigt, sinkt der Anteil an Einschulungen in Förderschulen, wobei sich unterschiedliche politische Strategien der Länder bemerkbar machen. Allerdings wechseln in Deutschland aktuell noch dreimal so viele Lernende in der Sekundarstufe I von einer allgemeinbildenden an eine Förderschule wie umgekehrt (ebd.).
>
> Die in einigen Bundesländern geltende Bindung schulischer Ressourcen und individueller Unterstützung an eine den Lernenden zugewiesene Kategorie wird im Zuge von Inklusion häufig kritisch gesehen, da sie zur Verfestigung und Entstehung von Differenz beiträgt: »So bleibt die Trennung zwischen sogenannten ›Normalen‹ (ohne besondere Förderbedarfe) und sogenannten ›I-Kindern‹ (mit spezifischen Förderbedarfen) nicht nur weiterhin bestehen, sondern konstituiert sich in spezifischer Weise erst« (Budde & Hummrich, 2015, S. 35). Hier wird ein Dilemma zwischen Diagnostik für optimale Förderung und der Gefahr einer (stereotypen) Kategorisierung von Schülerinnen und Schülern deutlich (Lindmeier & Lütje-Klose, 2015).

Inklusion beinhaltet jedoch die Annahme, dass alle Menschen selbstverständlich verschieden sind. Dies bezieht sich auf so unterschiedliche Dimensionen wie Interessen, Begabungen, Geschlecht, Religion, Herkunft, kognitive, psychische und physische Merkmale usw. Damit ist die Heterogenität der Schülerschaft (schon immer) Normalzustand in Schulen (Budde & Hummrich, 2013).

Statt des Einbezugs einer definierten Gruppe (behinderter Menschen) in die Gemeinschaft (als *Integration*) wird also von einer grundsätzlichen Verschiedenheit aller ausgegangen. Denn welche Heterogenitätsdimension besonders in den Blick gerät, hängt nicht allein von der Relevanz der Dimension für den jeweiligen Kontext ab, sondern vor allem von gesellschaftlichen und *sozialen Konstruktionen* (Sturm, 2016). Dies verdeutlicht die biographische Erzählung vom Beginn dieses Kapitels (▶ Beispiel 7.1). Die Erzählerin berichtet aus ihrer Kindheit im vornehmlich katholischen ländlichen Rheinland-Pfalz in den 1960er Jahren. Damals wurden katholische und evangelische Kinder getrennt beschult. Sie stellt die Sicht einer katholischen Schülerin auf die andere Gruppe dar. Die *sozial-kulturelle Einbettung* der Heterogenitätsdiskussion wird vor allem dadurch deutlich, dass heute die Dimension katholisch versus evangelisch im Allgemeinen in deutschen Schulen weniger relevant ist. Hier zeigt sich auch, dass die Bedeutungszuschreibung von Differenz *sozial konstruiert* ist und gleichzeitig mit Handlungsweisen verbunden ist, die die Differenzen reproduzieren (»jede Gruppe blieb unter sich«, ▶ Beispiel 7.1).

Anstelle einer Klage über Heterogenität und Diversität werden diese in einer *Pädagogik der Vielfalt* (Prengel, 2019b; ▶ Kap. 7.1.2) als Bereicherung und die Homogenisierung der Schülerschaft durch Selektion und äußere Differenzierung als »Fiktion« (Tillmann, 2008, S. 33) verstanden. Im Fokus steht also die Anerkennung der Besonderheit des Einzelnen im Gegensatz zur Kategorisierung als Mitglied einer Gruppe (Brügelmann, 2011). Unterschiede finden sich sowohl interindividuell, also zwischen Individuen, als auch intraindividuell, innerhalb einer Person. Jede Person hat ihre persönlichen Stärken und Schwächen, unabhängig von gesellschaftlich zu einem bestimmten Zeitpunkt relevanten Kategorien. »Man kann bei einem Kind mit Migrationsgeschichte nicht einfach das ›Programm Migrant‹ abspulen, sondern muss sich auf das einzelne Kind einlassen« (Brügelmann, 2011, S. 355).

Eine Engführung von Inklusion auf einzelne Dimensionen wird demnach der Besonderheit des Einzelnen nicht gerecht, denn ein Kind ist ja z.B. nicht nur körperlich behindert, sondern auch ein Mädchen mit spezifischer Herkunft und Sozialisation, eigenen Interessen, Präferenzen und Persönlichkeitsmerkmalen. All diese Merkmale können sich u.a. auf schulische Leistungen und/oder deren Beurteilung durch Lehrpersonen auswirken. Daher ist im Zuge einer Pädagogik der Vielfalt eine *intersektionale Perspektive* wichtig, d.h. ein Bewusstsein dafür, dass sich unterschiedliche soziale Kategorien überschneiden und soziale Positionierungen durch ein Zusammenspiel dieser Kategorien entstehen (Budde & Hummrich, 2015). Heterogenitätsdimensionen und ihre Verknüpfungen sollten daher in Bildungsinstitutionen umfassend reflektiert werden. Dies erfolgt z.B. im *Index für Inklusion* (▶ Kap. 7.1.2).

7.1.2 Ansprüche an eine Pädagogik der Vielfalt und der Index für Inklusion

Vor gut 30 Jahren, also vor dem Aufkeimen der Inklusionsdebatte in Deutschland, entwarf Annedore Prengel im Zusammenhang mit integrativer Beschulung in der Grundschule ihre *Pädagogik der Vielfalt* als »Pädagogik der intersubjektiven Anerkennung zwischen gleichberechtigten Verschiedenen« (Prengel, 2019b, S. 57) auf Basis der Menschenrechte und der Anerkennungstheorie (▶ Kap. 5). Ausgangspunkt ist die Annahme der Einzigartigkeit jeder Person, die geachtet werden muss. Mit der *Anerkennung der Einzelpersönlichkeit* verbunden ist Selbstachtung (als Bildungsziel für alle Beteiligten) und eine respektvolle Haltung. Dabei geht es auch darum, die »innerpsychische Heterogenität« (Prengel, 2019b, S. 198) zu akzeptieren. Das beinhaltet u.a. auch die Auseinandersetzung mit eigenen Vorurteilen und Teilhabebarrieren.[18] Prengel (2019b) geht implizit auf die Intersektionalität von Heterogenitätsdimensionen ein, so könnten »einige Jungen als deutsch und männlich *dominierenden* Gruppen, als subproletarisch und schulversagend zugleich *inferiorisierten* Gruppen angehören« (ebd., S. 199; Hervorhebungen im Original).

Das »Kennenlernen der Anderen« (Prengel, 2019b, S. 195) in ihrer Einzigartigkeit erlaubt wiederum Gemeinsamkeit. Die Lehrperson hat Vorbildfunktion und sorgt für ein Klima der *Akzeptanz* von Vielfalt in der Lerngruppe. Dies geht einher mit einem Blick für erfahrene Hindernisse und Begrenzungen, Prengel entlehnt dafür den Begriff der *Trauerarbeit* aus der

---

18 Die Prinzipien der Anerkennung des Anderen und der eigenen Heterogenität beziehen sich auch auf die Lehrperson in ihrer Rolle. In diesem Zusammenhang geht Prengel u.a. auf die Auseinandersetzung mit der eigenen Machtposition ein (▶ Kapitel 2.1.3).

Psychoanalyse. Erst durch die Auseinandersetzung mit eigenen Grenzen können Potenziale und Chancen wahrgenommen werden (ebd.; ▸ Beispiel 7.2).

Beispiel 7.2 (Bericht einer Lehrerin aus Prengel, 1990, S. 230)
»Und da haben wir dann darüber gesprochen, was die Kinder haben oder was die nicht können und was sie können. Oder was sie vielleicht könnten oder was sie lernen können. Die Nadine, die hat also immer ihre Hände nur versteckt, das war für sie der größte Makel. Weil sie das ja sicher bei den anderen sieht, die haben fünf Finger und ich hab nur drei und kann damit nicht richtig umgehen. [...] Dann haben wir ihre Hände gemeinsam betrachtet. Und irgendein Kind hat dann gesagt, laß mich mal fühlen. Und dann wollten alle Kinder fühlen und alle Kinder haben ihre Hände angefaßt. Es war unheimlich eindrucksvoll für uns, wie das Kinder verarbeiten, auf einmal haben sie alle so versucht, diese Hand- und Fingerstellung nachzumachen und haben der Nadine zu verstehen gegeben, du das ist aber ganz schön schwierig mit solchen Händen was zu machen. Und dann haben sie sie von Anfang an sehr bewundert, daß sie schreiben konnte. [...] Für das Kind ist das eigentlich sehr schön gewesen, daß die anderen das als selbstverständlich betrachtet haben, das ist halt so.«

In Bezug auf Schule und Unterricht bedeutet eine Pädagogik der Vielfalt u. a. die Anerkennung unterschiedlicher Lernstile, Lernwege und -voraussetzungen und einen Fokus auf Entwicklungsdynamiken. Kategorisierungen (die z. B. für die Vorgabe adäquaten Lernmaterials nötig sein mögen) sind immer als *vorläufig*, *individuell* und in Verbindung mit dem *Kontext* zu betrachten. Das Kind ist mit seinen Stärken, Schwächen und persönlichen Eigenheiten und Präferenzen, also *in seiner Besonderheit,* wahrzunehmen. Hier ergeben sich Überschneidungen mit Prämissen der Beziehungsgestaltung zur Verminderung von Erwartungseffekten (▸ Kap. 3.5). Wichtigstes Ziel ist die Erziehung zur Selbstbestimmung und zu eigenständigen Positionierungen sowie dem respektvollen Umgang mit dem »Leben in seiner Vielfalt« (ebd., S. 202). Missachtung ist zu vermeiden, um Bildungsprozesse (in Bezug auf fachliche und bereichsübergreifende Kompetenzen; ▸ Kap. 1.2) zu fördern. Dies erfolgt in einer gut *strukturierten, sicheren* und *vorhersehbaren* Lernumgebung mit klaren Grenzen (ebd.). Die Pädagogik der Vielfalt lieferte u. a. die Grundlage für eine Ethik pädagogischer Beziehungen im Rahmen der Reckahner Reflexionen (▸ Kap. 5.4).

Ein Instrument für die Schulentwicklung, das Schulen auf dem Weg zur inklusiven Schule unterstützt, ist der *Index für Inklusion* (Boban & Hinz, 2015). Der Index ist in Großbritannien mit dem Anspruch der Verbesserung von Bildungschancen für alle Schülerinnen und Schüler entstanden und wurde in zahlreiche Sprachen übersetzt. Er richtet sich auf das angemessene Eingehen auf die Heterogenität der Schülerschaft und nicht nur auf einzelne Heterogenitätsdimensionen (Boban & Hinz, 2009). Damit ist er eine Umsetzungshilfe für eine Pädagogik der Vielfalt. Der Prozess hin zur inklusiven Schule ist nie abgeschlossen, sondern beruht auf einer *stetigen Reflexion*. Es geht darum, innerhalb der eigenen Schule Partizipation, Lernen und Teilhabe für alle Schülerinnen und Schüler gleichermaßen zu ermöglichen und entsprechende Hürden abzubauen (Boban & Hinz, 2015).

Inklusion ist nämlich immer auch im Spannungsverhältnis zu Exklusion und Benachteiligung zu verstehen (Budde & Hummrich, 2013). Denn allein durch den Hinweis darauf, dass eine bestimmte Gruppe zu inkludieren sei, wird ihre Differenz zu anderen Gruppen betont. Der Bildungs- und Erziehungsauftrag der Schule ist gesellschaftlich verankert (▶ Kap. 1.2), genauso sind es aber auch (scheinbar) pädagogisch relevante Kategorien, die einzelnen Schülerinnen und Schülern zugeschrieben werden. Gerade die Selektionsfunktion von Schule (▶ Kap. 2.1.1), die eine Zuschreibung bestimmter Leistungen und Fähigkeiten, also eine Kategorisierung, erfordert, steht im Widerspruch zur Bildung für alle (Budde & Hummrich, 2013).

Entsprechend wird im Index für Inklusion deutlich: Nur durch Reflexion der Exklusionsmechanismen innerhalb der eigenen Schule kann der Prozess der Entwicklung zur inklusiven Schule vorangetrieben werden. Dabei beruht die Auseinandersetzung über kollektive Mechanismen und institutionelle Prozesse immer auf der Auseinandersetzung mit der eigenen Rolle, den eigenen Vorurteilen und dem Selbstverständnis (Boban & Hinz, 2015). Es geht also auch darum, eigene Beteiligungen an Exklusion nicht zu verschleiern, da »Diskriminierung im Verhaltensrepertoire aller Menschen vorkommt« (Dollase, 2014, S. 22).

In Deutschland ist allein schon das selektive Schulsystem mit dem gymnasialen Bildungsgang exklusiv (Prengel, 2019b). Das bedeutet jedoch nicht, dass Inklusion z. B. im Gymnasium kein Thema wäre. Begreift man Inklusion als produktiven Umgang mit Diversität der Schülerschaft, dann ist es eine Herausforderung für alle Schulformen, sei der Zugang auch noch so exklusiv. Anstelle von »Gleichmacherei« (Boban & Hinz, 2015, S. 20) erfolgt – orientiert an den Menschenrechten – eine differenzierte Wahrnehmung der Vielfalt und die Nutzung ihres Potenzials.

IV Pädagogische Beziehungen und Schulorganisation

> **Der Index für Inklusion**
>
> Der Index für Inklusion wurde von Boban & Hinz (2003) in die deutsche Sprache übertragen. Er enthält drei Dimensionen (*Kulturen, Strukturen, Praktiken*), die sich in sechs Bereiche aufgliedern und insgesamt 44 Indikatoren beinhalten. Zu den Indikatoren gibt es insgesamt 560 Fragen, die die Schulen für ihre Schulentwicklung und zur Reflexion von Inklusionsbarrieren nutzen können. So gliedert sich z. B. die Dimension »Inklusive Kulturen schaffen« in die Bereiche »Gemeinschaft bilden« und »Inklusive Werte verankern«. In den letztgenannten Bereich fallen die Indikatoren:
>
> - »An alle SchülerInnen werden hohe Erwartungen gestellt.
> - Alle haben eine gemeinsame Philosophie der Inklusion.
> - Alle SchülerInnen werden gleich verständnisvoll bewertet und gefördert.
> - MitarbeiterInnen und SchülerInnen wertschätzen sich gegenseitig.
> - Die MitarbeiterInnen versuchen, Hindernisse für das Lernen zu beseitigen.
> - Die Schule bemüht sich, Diskriminierung auf ein Minimum zu reduzieren« (Boban & Hinz, 2009, S. 13).
>
> Die Schulen arbeiten selbstständig auf Basis des Index und erstellen, jeweils angepasst an die Schulsituation, ihre eigene Version. Die Arbeit erfolgt in fünf Phasen. Zunächst wird eine Koordinationsgruppe gebildet, die sich mit dem Material vertraut macht. Dann wird auf dieser Basis die spezielle Situation der Schule beleuchtet (möglicherweise im Rahmen einer internen Evaluation), um im dritten Schritt ein inklusives Schulprogramm zu entwerfen. Schließlich erfolgt die Umsetzung der Prioritäten und im letzten Schritt die Reflexion des Prozesses. Da der Prozess nie abgeschlossen ist, folgt auf die Reflexion eine erneute Betrachtung der Schulsituation. Wichtig ist es, in der gesamten Schulgemeinschaft ein Bewusstsein für Inklusion (und Benachteiligung) zu entwickeln. Der Index mit den dazugehörigen Fragen findet sich online unter www.inklusionspaedagogik.de.

Es geht also weder darum, Unterschiede zu leugnen, noch darum sie zu nivellieren, sondern um eine *reflexive Inklusion* (Budde & Hummrich, 2013). Diese ist verbunden mit der Wahrnehmung von Differenzen und ihren Konsequenzen in Bezug auf Exklusion und Benachteiligung und beinhaltet gleichzeitig die Reflexion und Vermeidung von Handlungswirksamkeit stereotyper Kategorisierungen sowie die »Dekonstruktion« impliziter Normen (Budde & Hummrich, 2015, S. 38).

7.1.3 Kooperation als Qualitätsmerkmal inklusiver Schulen

Der skizzierte weite Inklusionsbegriff beinhaltet eine Vorstellung von Schulqualität, die sich am allgemeinen Qualitätsdiskurs (▶ Kap. 2.3.1) anlehnt. Zusätzlich gibt es eine Reihe von Listen zur Qualität inklusiver Schulen (z. B. Reich, 2014; Frohn, 2019), auf die im Rahmen dieses Bandes nicht näher eingegangen werden soll. Hervorgehoben wird für inklusive Schulen vor allem das Qualitätsmerkmal *Kooperation*, das sich auf verschiedene Ebenen bezieht. Es wird davon ausgegangen, dass neben Lehrpersonen weitere Professionen in Schule und Unterricht einbezogen sind – hauptsächlich Förderschullehrerinnen und -lehrer, aber auch Sozialpädagoginnen und -pädagogen, Integrationshelferinnen und -helfer. Zwischen ihnen sollte eine *interprofessionelle* Kooperation erfolgen (Lütje-Klose et al., 2018). Damit geht ein Rollenwechsel bei Lehrpersonen einher, welche nicht mehr als »Einzelkämpfer/in« agieren (Werning & Löser, 2010, S. 109). Teamteaching in Klassen mit Doppelbesetzung aus zwei Regelschullehrpersonen oder einer Förderschul- und einer Regelschullehrperson wird zur bedeutsamen Aufgabe.

In der inklusiven Schule sollten alle Lehrpersonen für alle Kinder gleichermaßen zuständig sein (Reich, 2014) und eine gleichberechtigte Kooperation auf Augenhöhe unter Nutzung sowie gegenseitiger Anerkennung der jeweils spezifischen Expertisen erfolgen (Lütje-Klose et al., 2018). Die Zusammenarbeit stellt sich jedoch häufig als große Herausforderung für die Beteiligten dar (Budde & Hummrich, 2015; Heinrich et al., 2014), obgleich sich insgesamt häufig positive Bewertungen der Kooperation durch die Beteiligten finden lassen (z. B. Gebhard et al., 2014). Darüber hinaus wird *externe Kooperation* in inklusiven Schulen bedeutsamer. Vernetzung in die Gemeinde, mit der Stadtteilarbeit, der Kinder- und Jugendhilfe usw. sind Voraussetzungen für eine optimale Förderung aller Schülerinnen und Schüler. Schließlich sind auch *kooperative Settings im Unterricht*, z. B. nach dem Prinzip des kooperativen Gruppenunterrichts, in dem eine bewusst heterogen zusammengesetzte Lerngruppe über einen längeren Zeitraum zusammenarbeitet, inklusionsförderlich (Werning & Löser, 2010).

7.2 Inklusion und nachhaltiges Lernen

Es gibt zahlreiche Publikationen über eine inklusive Didaktik im Unterricht, die im Folgenden bezogen auf nachhaltiges Lernen in Kürze dargestellt werden. Zunächst ist, wie erläutert, ein reflektierter und bewusster Umgang mit Heterogenität und den unterschiedlichen Entwicklungs- und Sozialisationsbedingungen der Schülerinnen und Schüler Grundlage für die Unterrichtsplanung (Simon, 2019).

Um dem Einzelnen in inklusiven Settings gerecht zu werden, sind Maßnahmen individueller Förderung, wie Individualisierung und Differenzierung, vielversprechend. Will man nachhaltiges Lernen fördern, dann geht es jedoch nicht nur um eine Differenzierung von Aufgabenmaterialien und Lernzielen, sondern das Lernen muss gleichzeitig kooperativ und ko-konstruktiv erfolgen (► Kap. 1.1). Die Betrachtung individueller Stärken, Schwächen und Lernprofile mündet also nicht nur in Individualisierung, sondern wird verwendet, um das Mit- und Voneinander-Lernen zu unterstützen (Brügelmann, 2011). Dies kann durch eine organisatorische, methodische und inhaltliche Öffnung des Unterrichts (► Kap. 4.5) erfolgen, die gleichzeitig die gebotene Orientierung an den Partizipationsrechten und damit eine Unterstützung der Selbstbestimmung der Kinder beinhaltet (Simon, 2019). Auch Projektarbeit wird im Kontext adaptiven differenzierenden Unterrichts als Methode der Wahl genannt (Kullmann et al., 2014), diese könnte orientiert an Prinzipien des situierten Lernens umgesetzt werden (► Kap. 1.1). Die Bildung von temporären Kleingruppen steht der Inklusion im Übrigen nicht entgegen und erfolgt im Rahmen der prinzipiellen Zugehörigkeit zur Klassengemeinschaft (Frohn, 2019).

Inklusiver Unterricht sollte sich an den Prozessmerkmalen *Partizipation, Kommunikation, Kooperation* und *Reflexion* orientieren (Simon, 2019). Dabei erfolgt die Integration individualisierter Curricula in den gemeinsamen Unterricht mit dem Ziel, »dass jede Schülerin und jeder Schüler individuell auf ihrem bzw. seinem Niveau lernen kann, gleichzeitig aber die Lerngruppe an einem gemeinsamen Bildungsinhalt« arbeitet (Kullmann et al., 2014, S. 96). Prengel (2017, S. 19) schlägt die Orientierung an einem gestuften Kerncurriculum kombiniert mit einem »freiheitlich-fakultativen Kinder- und Jugendcurriculum« vor. Schülerinnen und Schüler werden in Bezug auf die individuelle Lern- und Entwicklungsplanung und die Überwachung des eigenen Lernprozesses gezielt beteiligt und als »Gestalter*innen ihres eigenen Lernens anerkannt« (ebd., S. 24). Durch die so erfolgende Förderung metakognitiver Strategien (▶ Kap. 1.3) wird eine Voraussetzung nachhaltigen Lernens unterstützt.

Entsprechend den bisherigen Ausführungen beschreiben Kullmann et al. (2014, S. 91) fünf leitende Prinzipien des inklusiven Unterrichts:

- »Akzeptanz aller Schülerinnen und Schüler in ihrer Individualität,
- didaktische Integration individualisierter Curricula,
- adaptiver Unterricht und Binnendifferenzierung,
- Herstellung von Gemeinsamkeit durch Kooperation der Schülerinnen und Schüler,
- Co-Teaching und Kooperation der Lehrkräfte.«

In inklusiven Settings kommen verschiedene Spannungsverhältnisse (Antinomien, ▶ Kap. 2.2.2) besonders zum Tragen: Homogenität versus Heterogenität sowie Person versus Sache. In Bezug auf die letztgenannte Antinomie geht es insbesondere um die Balance zwischen Selektion und individueller Förderung. Gleichzeitig gilt es, wie bereits erwähnt die Spannung zwischen Individualisierung versus Gemeinsamkeit zu balancieren.

Hinweise für die Leistungsdiagnostik und -bewertung in einer Pädagogik der Vielfalt gibt Prengel (2017). Demnach sollte schulische Bildung zunächst die Sozialisations- und Qualifikationsfunktion von Schule bedienen, dies beinhaltet auch das Infragestellen der Notwendigkeit einer Selektion während der Schulzeit. Die Umsetzung inklusiver Didaktik im Unterricht sollte sich am *formativen Assessment* orientieren (▶ Kap. 2.3.2), was einen Fokus auf individuelle Lernziele und -prozesse beinhaltet. So wird den Lernenden durch informatives statt kontrollierendem Feedback Verantwortung für das eigene Lernen übertragen, was das nachhaltige Lernen unterstützt. Diagnostik erfolgt weitgehend anhand verschiedener Beobachtungen und im Unterricht entstehender Produkte (Walm et al., 2017). Dabei dient die Diagnostik nicht dazu, die Schülerinnen und Schüler dauerhaft bestimmten Kategorien zuzuweisen, sondern allein der bestmöglichen individuellen Förderung. Dazu gehört u. a. das Verständnis von Ergebnissen der Diagnostik als vorläufig und revidierbar sowie eine ganzheitliche Betrachtung der Lernenden, wobei der diagnostizierte Bereich nur »wenige Aspekte der Person« umfasst (Prengel, 2017, S. 23). Die Diagnostik ist insgesamt eingebettet in eine umfassende Feedbackkultur mit individuellen Zielvereinbarungen und Fördergesprächen (Reich, 2014).

> **Leistungsbewertung in einer Pädagogik der Vielfalt**
> Mit Blick auf Leistungsbewertung wird allgemein zwischen einer individuellen (an der individuellen Entwicklung einer Person orientierten), einer kriterialen (an einem objektiven Kriterium orientierten) sowie einer sozialen (am Vergleich mit anderen Personen oder einer Bezugsgruppe orientierten) Bezugsnorm ausgegangen (Rheinberg, 2001). Prengel (2017) fasst ihre drei *Bezugsnormen der inklusiven Leistungsinterpretation* etwas anders. Zunächst führt sie eine *egalitär-universelle* Bezugsnorm ein, die die grundlegende Anerkennung der Menschenwürde und -rechte der Kinder und Jugendlichen beinhaltet, dies ist die Voraussetzung für die Anwendung der weiteren Bezugsnormen. Die *individuell-kriteriale* Bezugsnorm orientiert sich am Entwicklungsstand und den Lernzielen des einzelnen Kindes. Damit wird dem adaptiven und individualisierenden Charakter inklusiver Bildung Rechnung getragen. Auch objektive Vergleichskriterien werden individuell (und in Absprache mit den Lernenden) gesetzt. Die *sozial-vergleichende* Bezugsnorm beinhaltet einen fairen Vergleich mit jeweils »passenden« Kindern und Jugendlichen innerhalb der heterogenen Lerngruppe. Ein solches Verständnis von sozialem Vergleich beinhaltet gleichzeitig die Förderung der Solidarität der erfolgreich Lernenden (Prengel, 2017). Im Sinne der Inklusion haben alle Kinder das Recht auf eine faire Konkurrenz (Prengel, 2002). Dennoch sind solche Leistungsvergleiche unter Umständen problembehaftet, weshalb für eine *mehrperspektivische Anerkennung* von Schulleistungen plädiert wird (ebd.). Eine Anwendung sozialer Vergleiche sollte daher die »egalitär-universelle Bezugsnorm der unverlierbaren Menschenwürde und die individuell-kriteriale Bezugsnorm des einzigartigen kreativen Beitrags eines jeden Mitgliedes der Klasse oder Gruppe« einbeziehen (Prengel, 2017, S. 16).

7.3 Beziehungsgestaltung in inklusiven Schulen

Die Bedeutung pädagogischer Beziehungen für die Entwicklung fachlicher und bereichsübergreifender Kompetenzen wurde im vorliegenden Band bereits ausführlich erläutert. Sie stellen auch in inklusiven Settings eine »Voraussetzung für gelingendes Lernen« dar (Prengel, 2017, S. 22). Eine besondere Rolle spielt, wie bereits angedeutet, die Anerkennung als vollwertiges Mitglied der Gemeinschaft mit entsprechenden Rechten und Pflichten (Prengel, 2019b). Dabei kann es durchaus Spannungen zwischen der Anerkennung der Mitgliedschaft in der Klassengemeinschaft und der fachlichen Förderung geben, wie es Capovilla et al. (2018) anhand der Schulbegleitung thematisieren. Diese unterstützt z. B. Lernende mit Hör- oder Sehbeeinträchtigungen im laufenden Unterricht, was wiederum einen unbefangenen Kontakt zu Gleichaltrigen erschwert. In diesem Zusammenhang wird die Bedeutung der *sozialen Interaktion* in der Klassengemeinschaft für Inklusionsprozesse untermauert.

In Bezug auf den inklusiven Unterricht entwirft Seitz (2020) drei Dimensionen unterrichtlicher Anerkennung. Die *Anerkennung der Personalität* beinhaltet die Bemühungen von Lehrpersonen, die Lernenden in ihren jeweils spezifischen Lebenssituationen zu sehen und ihre spezifischen Konstruktionen des Lerngegenstandes zu durchdringen. Die *Anerkennung der Sozialität* beschreibt die Bedeutung sozialer Zugehörigkeit für die Kinder und Jugendlichen und deren Berücksichtigung im Unterricht. Die Dimension *Anerkennung von Komplexität* zielt auf die lebensweltorientierte Darbietung komplexer Probleme unter Anknüpfung an (geteilte) Erfahrungen der Kinder. Hier lassen sich einerseits Bezüge zum nachhaltigen, konstruktivistischen Lernen (▶ Kap. 1.1) herstellen, andererseits finden sich Anknüpfungspunkte an humanistische Theorien und die Grundbedürfnisse der Selbstbestimmungstheorie (▶ Kap. 4).

Dazu passen auch die dargestellten leitenden Prinzipien einer inklusiven Didaktik (▶ Kap. 7.2). Es ist anzunehmen, dass durch die Übernahme von Verantwortung für den Lernprozess Autonomie- und Kompetenzerleben angesprochen werden und kooperative Methoden die soziale Eingebundenheit erhöhen. Eine Orientierung an individuell-kriterialen Bezugsnormen und formatives Assessment sollten mit hohem Kompetenzerleben assoziiert sein (▶ Kap. 4.3.2). Die Erfüllung dieser Grundbedürfnisse ist wiederum eine Voraussetzung für positiv wahrgenommene pädagogische Beziehungen (▶ Kap. 4.3.3). Eine wichtige Rolle spielen (u. a. im Index für Inklusion, ▶ Kap. 7.1.2) hohe Erwartungen an alle Schülerinnen und Schüler (Reich, 2014). Insbesondere schwächere Lernende profitieren hinsichtlich ihrer Leistungen, der Motivation und des Selbstkonzepts von einer leichten Überschätzung durch die Lehrperson, gleichzeitig ist dies mit einer positiven Wahrnehmung der Beziehungsqualität verbunden (▶ Kap. 3.4.2).

Kullmann et al. (2014; ▶ Kap. 7.2) nennen die Akzeptanz aller Schülerinnen und Schüler in ihrer Individualität als leitendes Prinzip inklusiven Unterrichts, wobei sie sich explizit auf die bedingungslose positive Wertschätzung (Achtung-positive Zuwendung; ▶ Kap. 4.2.1) nach Tausch und Tausch (1998) beziehen. Diese Wertschätzung sollte sich nicht nur im Umgang mit den Schülerinnen und Schülern, sondern auch in der Kommunikation über Lernende zeigen und geht einher mit Empathie, Authentizität (▶ Kap. 4.2.1) sowie der Akzeptanz individueller Unterschiede (Kullmann et al., 2014). Zudem werden Bezüge zum lernendenzentrierten Unterricht deutlich, der u. a. die Berücksichtigung der Lernerfahrungen und -voraussetzungen der Schülerinnen und Schüler sowie die Ermöglichung unterschiedlicher Lernwege und das Setzen individueller, herausfordernder Lernziele beinhaltet (▶ Kap. 4.2.2).

Auch die Grundsätze eines auf der Beziehungsgestaltung beruhenden Classroom Managements (▶ Kap. 2.3.3) sind vermutlich insbesondere in inklusiven Settings unterstützend (Kullmann et al., 2014). Für alle Schülerinnen und Schüler ist eine gut strukturierte Lernumgebung wichtig, mit Blick auf pädagogische Beziehungen ist besonders der Aspekt der Sicherheit bedeutsam, der Transparenz und Vorhersagbarkeit im Sinne einer Förderung von Vertrauen (▶ Kap. 6) einschließt (Reich, 2014).

7.4 Ergebnisse der Schul- und Unterrichtsforschung

7.4.1 Einstellungen zur Inklusion bei Lehrpersonen

Welche Einstellungen zu Inklusion liegen bei Lehrpersonen vor?

Die Ausführung zu inklusivem Unterricht und einer Pädagogik der Vielfalt sollten deutlich gemacht haben, dass Einstellungen und Haltungen von Lehrpersonen einen besonderen Stellenwert für die Umsetzung von Inklusion in der Schule haben. Betrachtet man eine inklusive *Haltung* von Lehrpersonen mit den Merkmalen Akzeptanz von Verschiedenheit, dem »Interesse an Arbeit in Heterogenität« (Reich, 2014, S. 18) und der Wertschätzung der einzelnen Schülerinnen und Schüler in ihrer Besonderheit als Voraussetzung von Inklusion (▶ Beispiel 7.3), dann liegen bisher wenige, vor allem qualitative, Studien vor. Diese zeigen, dass eine solche Haltung mit einer stärker adaptiven Gestaltung des Unterrichts einhergeht (Lütje-Klose et al., 2018) und von den Beteiligten als Voraussetzung für Inklusion gesehen wird (Kullmann et al., 2015).

Beispiel 7.3 – Aus einem Interview mit einer Schulleitung (Kullmann et al., 2015, S. 191)
»Wir sind eine Schule, die jeden Einzelnen sieht und da sehen wir die Kinder mit besonderem Förderbedarf nur als eine (...) Schuppe der ganzen schillernden Palette von Kindern, die es in einer Klasse gibt. Jedes Kind ist so wie es ist und das Kind mit dem Trauma, das glückliche Kind, das Kind aus einem Elternhaus, wo es gerade nicht gut geht, das Kind mit Zuwanderungsgeschichte, das Kind mit ganz besonderen Begabungen, alle gehören dazu und wenn die Kollegen und wenn wir den Blick darauf nehmen – auf das Kind – spielt es eigentlich keine Rolle, wie ein Kind ist. Natürlich hat das etwas mit Ressourcen zu tun, dann an irgendeiner Stelle auch, aber dafür muss man nicht Kinder in Schubladen stecken.«

In der quantitativen Forschung werden vornehmlich *Einstellungen zur gemeinsamen Beschulung von Kindern mit und ohne sonderpädagogischen Förderbedarf* und weniger die Akzeptanz von Heterogenität im Sinne des weiten Verständnisses von Inklusion (▶ Kap. 7.1.1) erhoben.

In den meisten Studien zeigt sich bei Lehrpersonen und Studierenden des Lehramts gleichermaßen eine generelle Zustimmung zur Inklusion in Bezug auf die soziale Teilhabe aller Kinder und Jugendlichen bei gleichzeitiger Sorge in Bezug auf spezifische Fördermaßnahmen, die in der allgemeinbildenden Schule im Vergleich zu Förderschulen entfallen könnten (zusf. Gebhardt et al., 2016). Häufig fühlen sich die Lehrpersonen den Anforderungen inklusiver Settings nicht gewachsen, aber Erfahrungen mit Inklusion führen zu positiveren Einstellungen (ebd.).

Fühlen Lehrpersonen sich den Anforderungen im inklusiven Unterricht gewachsen?

Anhand von Daten des Nationalen Bildungspanels (NEPS) wurden die Einstellungen zur Inklusion sowie die entsprechenden Selbstwirksamkeitserwartungen von 225 Klassenlehrpersonen aller Schularten in Deutschland untersucht. Insgesamt stimmten 84 % der Befragten der Aussage (eher) zu, dass Kinder mit sonderpädagogischem Förderbedarf in Förderschulen am besten beschult werden können, und die Lehrpersonen waren sich in Bezug auf ihre nötigen diagnostischen Fähigkeiten (69 %) und ihre Möglichkeiten zur Herstellung eines positiven Klassenklimas im gemeinsamen Unterricht (68 %) (eher) unsicher (Gebhardt et al., 2016). Gleichzeitig sahen die Lehrpersonen jedoch ein Potenzial des gemeinsamen Unterrichts in Bezug auf die Verbesserung des Sozialverhaltens aller Schülerinnen und Schüler (79 %, ebd.). Insgesamt begegneten die Lehrpersonen dem Thema Inklusion eher mit Skepsis. Ähnliches ergab ein Überblick über 26 internationale Studien (de Boer et al., 2011). Demnach stehen Lehrpersonen der Inklusion neutral bis ablehnend gegenüber und fühlen sich wenig kompetent im Umgang mit Schülerinnen und Schülern mit besonderen Bedürfnissen. Untersuchungen mit Grundschullehrpersonen zeichnen meist ein positiveres Bild als Befragungen von Lehrpersonen in weiterführenden Schulen (Gebhardt et al., 2016).

Welche Bedingungen und Effekte haben positive oder negative Einstellungen zur Inklusion?

Eine negative Einstellung von Lehrpersonen zur Inklusion scheint dabei mit wenig Anerkennung gegenüber Schülerinnen und Schülern und sonderpädagogischem Personal seitens der Lehrpersonen einherzugehen. Dies bleibt nicht unbemerkt, denn es ist mit einem niedrigen Wohlbefinden der Lernenden assoziiert (Serke et al., 2015). Gleichzeitig erweist sich eine positive Einstellung zu Inklusion als Ressource gegen Belastung durch Unterricht (Bosse et al., 2016). Eine Studie mit 501 Lehrpersonen und 79 Schulleitungen aus integrativen Grundschulen gibt einen Hinweis auf die Bedeutung der *gemeinsamen Werte* auf Schulebene, wie sie im Index für Inklusion angestrebt werden. Die Einstellungen der Mitglieder des Kollegiums und der Schulleitung scheinen danach die Einstellung der einzelnen Lehrperson wesentlich zu beeinflussen (Urton et al., 2014).

7.4.2 Unterricht in inklusiven Schulen

Welche Ergebnisse liegen zu differenzierenden Unterrichtsmethoden im inklusiven Unterricht vor?

Weiterhin befasst sich die Forschung mit der Frage, ob im inklusiven Unterricht tatsächlich eher mit differenzierenden und individualisierenden Methoden gearbeitet wird und ob Settings des offenen Unterrichts vorherrschen. International und in Deutschland zeigt sich, dass dies in der Grundschule, die schon länger die entsprechenden Methoden umsetzt, eher gewährleistet ist als in der Sekundarstufe I (zusf. Löser & Werning, 2013).

Ergebnisse liegen insbesondere für binnendifferenzierende Methoden vor. Diese sind allgemein mit einer positiven Entwicklung des schulischen

Selbstkonzepts verbunden (Lipowsky et al., 2011). Dies ist gerade in inklusiven Unterrichtssettings wichtig, da ein positives Selbstkonzept eng mit Motivation, positiven Emotionen und schulischem Wohlbefinden verknüpft ist und somit eine Voraussetzung nachhaltigen Lernens darstellt (▶ Kap. 1.3). Allerdings weisen Ergebnisse aus der Bielefelder Längsschnittstudie zum Lernen in inklusiven und exklusiven Förderarrangements (BieLieF) darauf hin, dass das pure Abarbeiten von Arbeitsplänen zu vermeiden ist, da es mit einem geringen schulischen Wohlbefinden der Kinder mit Förderbedarf assoziiert ist (Stelling, 2018). Kooperative Formen, konstruktivistischer Unterricht und Projektarbeit gehen dagegen mit hohem Wohlbefinden einher (ebd.). Dies spricht für die Herstellung einer Balance von Individualisierung und Zusammenarbeit sowie für Differenzierung innerhalb kooperativer Lernsettings.

Der Einsatz differenzierender Methoden hängt von der Qualität und Quantität der Kooperation unter dem Personal der inklusiven Schulen ab (zusf. Löser & Werning, 2013). Allerdings sind in Schulen häufig zu wenig *institutionalisierte Kooperationsmöglichkeiten* vorhanden, z. B. feste Zeitfenster für Kooperation (ebd.). BiLieF zeigt, dass etablierte Kooperationsstrukturen und die kooperative Konzeptentwicklung von Lehrpersonen in inklusiven Grundschulen und in Förderschulen mit höherem Wohlbefinden und besseren Leistungen der Schülerinnen und Schüler mit Förderbedarf einhergehen (Lütje-Klose et al., 2018). Dabei scheint es insbesondere förderlich zu sein, wenn Regel- und Förderschullehrpersonen sich als gleichberechtigte, für die ganze Klasse zuständige Partner wahrnehmen (ebd.).

Was weiß man über kooperative Lernsettings im inklusiven Unterricht?

Auch kooperative Unterrichtsmethoden werden als Mittel der Wahl für den inklusiven Unterricht gesehen und dienen u. a. der Herstellung von Gemeinsamkeit (Kullmann et al., 2014). Insgesamt ist die produktive Nutzung der Heterogenität der Schülerschaft in Ansätzen zum kooperativen Lernen angelegt. Gleichzeitig ist kooperatives Lernen mit den Zielen des kognitiven und sozialen Lernens verbunden, daher liegt eine gute Passung zu inklusiven Lernsettings vor. Bisher gibt es jedoch nur wenige Untersuchungen zum kooperativen Lernen im inklusiven Unterricht in Deutschland. Empirische Ergebnisse aus der Schweiz deuten darauf hin, dass kooperative Methoden im inklusiven Unterricht von den Lernenden positiver erlebt werden als Einzelarbeit (Zurbriggen & Venetz, 2016). Studien aus dem englischsprachigen Raum geben Hinweise auf einen Vorteil kooperativer Methoden in inklusiven Klassen gegenüber Förderschulklassen mit Blick auf die Steigerung fachlicher Leistungen. Insgesamt ergeben sich in Bezug auf das Sozialverhalten eindeutiger positive Resultate als bezogen auf fachliches Lernen (zusf. Büttner et al., 2012).

Vielversprechend scheint in inklusiven Settings das Peer-Tutoring, bei dem die Schülerinnen und Schüler sich zu zweit in einem stark strukturierten Setting beim Lernen unterstützen und in der Regel abwechselnd die Lehrendenrolle einnehmen. Gemäß empirischen Studien ist Peer-Tutoring mit höherer Akzeptanz lernschwächerer Schülerinnen und Schüler verbunden, was eine wichtige Funktion in inklusiven Settings sein könnte. Es gibt auch einige Studien zu positiven Effekten des Peer-Tutoring im inklusiven Unterricht auf Leistungen. Diese Methode ist allerdings eher geeignet, um Wissen zu festigen und Fertigkeiten zu üben, als um komplexe Probleme zu bearbeiten (ebd.).

7.4.3 Pädagogische Beziehungen im inklusiven Unterricht

Wie gestalten sich Interaktionen und pädagogische Beziehungen in inklusiven Schulklassen?

BieLieF zeigt, dass ein anerkennendes und wertschätzendes Verhalten der Lehrpersonen in inklusiven Grundschulen oder Förderschulen mit hohem schulischem Wohlbefinden bei den Schülerinnen und Schülern einhergeht (unabhängig vom Setting), während in Schulen, in denen sich Lehrpersonen wenig wertschätzend über die Kinder äußern, die Leistungs- und Wohlbefindenswerte von Schülerinnen und Schülern mit Förderbedarf besonders niedrig sind (Lütje-Klose et al., 2018). Eine fürsorgliche Haltung der Lehrperson gepaart mit einer transparenten, effizienten Klassenführung erwies sich dem schulischen Wohlbefinden von Kindern mit Förderbedarf in inklusiven und exklusiven Schulformen zuträglich (Stelling, 2018). Dies unterstreicht, dass es eher auf Merkmale der Gestaltung von Schule und Unterricht ankommt als auf die Schulform und dass eine anerkennende Haltung der Lehrperson unter Gewährleistung einer sicheren Lernumgebung einen besonderen Stellenwert hat.

Kinder und Jugendliche erhalten jedoch nicht in allen Schulen gleichermaßen Anerkennung im Unterricht. Tellisch (2016) wertete Feldvignetten aus der Studie INTAKT (▶ Kap. 5.3.1) aus, die in neun inklusiven Grund- und Sekundarstufenschulen sowie Förderschulen protokolliert wurden. In allen untersuchten Schulen kommen sowohl anerkennende und neutrale als auch missachtende Verhaltensweisen vor. Allerdings identifizierte sie auch Schulen, in denen das missachtende Verhalten überwog. Basierend auf dem INTAKT-Datensatz vermutet die Autorin, dass sich insbesondere Förderschulen sehr stark hinsichtlich der Gestaltung pädagogischer Beziehungen unterscheiden und es Schulen gibt, in denen Diskriminierungen an der Tagesordnung sind. Beobachtungen aus INTAKT untermauern, dass auch das Recht aller Lernenden auf Mitgliedschaft in der inklusiven Klassengemeinschaft von Lehrpersonen teilweise missachtet wird (▶ Beispiel 7.4).

Beispiel 7.4 – eine Beobachtung aus der Studie INTAKT
»Während der zweitägigen Hospitation in einer Grundschule in Potsdam saß ich neben Anja, einem lernschwachen Mädchen, welches die 1. Klasse wiederholte. Die Klassenlehrerin ignorierte Anja bis auf wenige Ausnahmen. [...] Jedes Mal, wenn sich Anja meldete, wurde sie nicht rangenommen. Als in Mathematik ein kleiner Test geschrieben wurde und die Hefte danach abgegeben werden sollten, gab sie wesentlich später ab als ihre MitschülerInnen. Da sich mehrere ›Heftberge‹ auf dem Ablagetisch befanden, wusste sie nicht, auf welchen sie ihr Heft legen sollte. Ein Mitschüler wollte ihr behilflich sein und ihr den richtigen Stapel zeigen, doch darauf sagte die Lehrerin: ›Beachte Anja nicht, wir wissen doch, dass wir sie in Ruhe lassen!‹ Dieses Verhalten zog sich durch den gesamten Unterricht. Die Lehrerin beachtete das Mädchen nicht und kontrollierte ihre Aufgaben nur sehr selten.«[19]

Eine kanadische Beobachtungsstudie ergab, dass gerade schwächere Lernende weniger Aufmerksamkeit und Unterstützung der Lehrpersonen im gemeinsamen Unterricht der Grundschule erhielten als die anderen Kinder (McGhie et al., 2007). Dies könnte durchaus auf geringen Erwartungen der Lehrpersonen an die Lernenden beruhen (▶ Kap. 3) und ist gerade im inklusiven Unterricht problematisch. Eine Studie im Fachunterricht in der Sekundarstufe I macht deutlich, dass es den Lehrpersonen vor allem um ein Einfügen in den Unterrichtsablauf geht: »Zugespitzt formuliert eine Schulische Heilpädagogin, es sei ihre Aufgabe, dafür Sorge zu tragen, dass die Schüler*innen mit attestiertem besonderem Bildungsbedarf im Unterricht nicht negativ auffallen« (Sturm et al., 2020, S. 592).

---

19 Quelle: Prengel, A.: »Anerkennung – zwei Situationen« in: Online Fallarchiv Schulpädagogik, http://www.fallarchiv.uni-kassel.de/2011/methoden/theoriegeleitete-interpretation/annedore-prengel/anerkennung-zwei-situationen/ Zugriff: 22.07.2020.

Welchen Einfluss haben Lehrpersonen auf die soziale Integration von Schülerinnen und Schülern?

In Bezug auf die soziale Integration in der Schulklasse sprechen Forschungsergebnisse dafür, dass Schülerinnen und Schüler mit sonderpädagogischem Förderbedarf und schlechten Schulnoten häufig eher ausgegrenzt und weniger beliebt sind als ihre Mitschülerinnen und -schüler (Huber & Wilbert, 2012). Das kann mit einem eingeschränkten schulischen Wohlbefinden einhergehen und könnte sich dadurch negativ auf nachhaltiges Lernen auswirken. Die Forschung untermauert aber auch die zentrale Rolle der Lehrperson in diesem Zusammenhang. So ist die soziale Integration von Grundschülerinnen und -schülern wesentlich abhängig vom Gefühl des Angenommenseins durch die Lehrperson (Huber & Wilbert, 2012; siehe auch Gronostaj et al., 2015) und vor allem von der *Sympathie*, die die Lehrperson dem Kind entgegenbringt (Huber, 2011). Dabei spielt die von den Mitschülerinnen und -schülern wahrgenommene Sympathie der Lehrperson für einen Lernenden eine noch größere Rolle als die (ebenfalls einflussreiche) von der Lehrperson selbst berichtete Sympathie. Lehrpersonen scheinen also eine Art Vorbildcharakter zu haben und der Klasse als *soziale Referenz* in Bezug auf Inklusion und Exklusion zu dienen (▶ Beispiel 7.4).

Im inklusiven Unterricht sollte auf missachtende und exkludierende Etikettierungen daher verzichtet werden. Hinweise darauf, dass dies Lehrpersonen nicht immer gelingt, gibt es aus zahlreichen qualitativen Beobachtungsstudien, die Interaktionen im Unterricht direkt beobachten und die Differenzkonstruktionen der Lehrpersonen aus ihrem Interaktionsverhalten rekonstruieren (z. B. Merl, 2019; Sturm, 2013). Es ergeben sich immer wieder große Unterschiede zwischen Lehrpersonen im Umgang mit Heterogenität. Dies unterstreicht die Bedeutung der Aufarbeitung eigener Vorurteile und Inklusionsbarrieren für die Entwicklung einer inklusiven Haltung, die wiederum für die soziale Integration und die positive Entwicklung aller Schülerinnen und Schüler wichtig scheint. Daher werden aktuell in der Lehrerbildung entsprechende Lernumgebungen vorgeschlagen und erprobt, die Empathie und Perspektivenübernahme sowie eine an den Fähigkeiten der Kinder und Jugendlichen orientierte Wertschätzung fördern sollen (Faber et al., 2018; te Poel, 2020).

7.5 Hinweise für die Beziehungsgestaltung in inklusiven Schulen

In inklusiven Klassen ist also ein besonderes Augenmerk auf das soziale Miteinander der Kinder und Jugendlichen wichtig. Ziel ist es, eine Atmosphäre zu schaffen, in der sich alle Schülerinnen und Schüler willkommen fühlen (Werning, 2011), denn »[d]ie Leistungen der Schülerinnen und Schüler können unter den [...] Bedingungen von Heterogenität und Diversität nur gesichert werden, wenn sowohl die Schülerinnen und Schüler als auch die Lehrerinnen und Lehrer sich an den inklusiv arbeitenden Schulen wohl fühlen« (Rathmann & Hurrelmann, 2018, S. 11).

Insgesamt gelten für die Beziehungsgestaltung in inklusiven Klassen dieselben Prinzipien, die bereits umfassend dargelegt wurden (▶ Kap. 3 bis 6). Es geht darum, hohe *Erwartungen* an alle Schülerinnen und Schüler zu haben, spezifische Fähigkeiten zu würdigen, die Lernenden *als Individuen* in ihrer Einzigartigkeit wahrzunehmen und wertzuschätzen sowie verschiedene fachliche und bereichsübergreifende Kompetenzen der Schülerinnen und Schüler anzuerkennen. Missachtung, Bloßstellung und Stigmatisierung sind zu vermeiden. Durch transparentes, zuverlässiges und vorhersagbares Handeln wird *Sicherheit* erzeugt und *Vertrauen* gefördert. Letzteres wird auch durch das Gewährleisten von *Partizipation* im Sinne eines offenen Unterrichts, aber auch Mitsprache in Bezug auf die eigene Förderplanung unterstützt. Das Ansprechen der *Grundbedürfnisse* nach Autonomie, Kompetenzerleben und sozialer Eingebundenheit ist auch im inklusiven Unterricht eine wichtige Voraussetzung für funktionierende Beziehungen und nachhaltiges Lernen. Auch die umfassende *Reflexion* eigener Erwartungen, Vorurteile, Haltungen und des eigenen Interaktionsverhaltens (der Lehrpersonen sowie der Schülerinnen und Schüler) ist prinzipiell eine Voraussetzung für guten Unterricht. Gerade bei (teilweise) unterschiedlichen Curricula und individuellen Förderplänen ist die Etablierung einer umfassenden *Feedbackkultur* sowie eines positiven *Fehlerklimas* (▶ Kap. 1.3.3) mit einer Trennung von Lernprozess und Leistungsbewertung und einem Blick auf bereits Gelingendes sowie individuelle und kriteriale Bezugsnormen unabdingbar.

Dabei gilt es auch, die Heterogenität des Personals im Unterricht zu akzeptieren und produktiv und kooperativ zur bestmöglichen Förderung aller Lernenden zu nutzen. Die Rolle der Lehrperson wandelt sich vom Einzelkämpfer zum *Teamplayer*. In den Teams muss ein *gemeinsames Verständnis* von Inklusion entwickelt werden und die individuelle Förderung sollte als gemeinsame Aufgabe und etwas grundsätzlich Normales im Regelunterricht verstanden werden (Werning, 2011).

Inklusion ist jedoch nicht mit dem Unterricht beendet, sondern muss sich auf alle Teile der Schule erstrecken. Dies ist aktuell noch nicht immer der Fall, so gibt es z. B. nicht immer Mittel für Integrationshelferinnen und -helfer, die am Nachmittag und für AG-Teilnahme zur Verfügung stehen. Es sollte auch vermieden werden, dass die Teilnahme an bestimmten Förderangeboten (z. B. Deutsch als Zweitsprache) der Mitwirkung an anderen attraktiven Aktivitäten in der Schule entgegensteht. Teilhabe ist eine Voraussetzung für echte Partizipation. Die inklusive Schule hat prinzipiell demokratische Strukturen und öffnet sich nach außen.

Von den vorhandenen *strukturellen Inklusionshindernissen* sollen hier nur einige genannt werden. Sitzenbleiben oder Abschulungen sind z. B. prinzipiell selektierende und etikettierende Praktiken (Frohn, 2019), auf die verzichtet werden kann. Auch die Bedeutung von Schulnoten ist zu überdenken, wenn es um individuelle Förderung und differente Lernziele geht. Da die Forschung zeigt, dass das Risiko einer Ausgrenzung in erster Linie aufgrund schlechter Noten und erst in zweiter Linie aufgrund von Förderbedarf besteht (Huber & Wilbert, 2012), sind alternative Beurteilungsformen aufzuwerten und eine Reflexion der Bedeutung der Schulnoten innerhalb der Schulgemeinschaft ist unabdingbar. Eine Konzentration auf die Sozialisations- und Qualifikationsfunktion von Schule statt auf Selektion, wie von Prengel (2017) gefordert, wäre eine gute Leitlinie für die Schulentwicklung. So könnte eine Konzentration auf nachhaltiges Lernen erfolgen, denn Schülerinnen und Schüler sollen »die richtigen Fragen stellen können, nicht mehr Problemlösungen lernen, sondern Probleme lösen lernen« (Reich, 2014, S. 21).

Die inklusive Schule ist prinzipiell eine Schule für alle Kinder und Jugendlichen. Solange es in Deutschland aber ein gegliedertes Schulsystem gibt, stellen Inklusion und Umgang mit Heterogenität für alle Schulformen eine Herausforderung dar. Es wird angenommen, dass Inklusion prinzipiell insbesondere in *Ganztagsschulen* gut umgesetzt werden kann, da dort besonders gute Bedingungen für individuelle Förderung vorliegen sollten (Reich, 2014; ▶ Kap. 8).

8

Pädagogische Beziehungen in Ganztagsschulen

8.1 Organisation von Ganztagsschulen in Deutschland

Der Ausbau der Ganztagsschule in Deutschland stellt eine umfassende Reform des Bildungswesens dar, die sich jedoch ohne große Resonanz vollzog (Rauschenbach, 2015). Daher kann man aktuell immer noch Erstaunen mit der Information hervorrufen, dass ca. 70 Prozent der bundesdeutschen Schulen als Ganztagsschulen geführt werden (KMK, 2020). Der Anstoß für den Ausbau erfolgte mit dem im Anschluss an die Ergebnisse von PISA 2000 vom Bund aufgelegten Förderprogramm »Investitionsprogramm Zukunft Bildung und Betreuung« (IZBB, BMBF, 2009). Der Anteil der Ganztagsschulen an allen schulischen Verwaltungseinheiten in Deutschland hat sich seit Beginn des Programms im Jahre 2003 mehr als vervierfacht.

> **Definition von Ganztagsschule**
> Aktuell wird die Ganztagsschule von der Kultusministerkonferenz (KMK) folgendermaßen definiert:
> Ganztagsschulen sind Schulen im Primar- und Sekundarbereich I, an »denen
>
> - an mindestens drei Tagen in der Woche ein ganztägiges Angebot für die SchülerInnen bereitgestellt wird, das täglich mindestens sieben Zeitstunden umfasst;
> - an allen Tagen des Ganztagsschulbetriebs den teilnehmenden SchülerInnen ein Mittagessen bereitgestellt wird;
> - die Ganztagsangebote unter der Aufsicht und Verantwortung der Schulleitung organisiert und in enger Kooperation mit der Schulleitung durchgeführt werden sowie in einem konzeptionellen Zusammenhang mit dem Unterricht stehen« (KMK, 2020, S. 4).
>
> Seit 2015 ist diese Definition ausgeweitet auf Schulen, in denen die Schulleitung eine *Mitverantwortung* für das Angebot trägt, das in Kooperation mit einem *außerschulischen Träger* angeboten wird (ebd., S. 6). Damit wird der Tatsache Rechnung getragen, dass häufig Wohlfahrtsverbände, Einrichtungen der Jugendhilfe oder Vereine Aufgaben bezüglich der Organisation des Ganztagsangebots übernehmen und das dort pädagogisch tätige Personal stellen.
> Insgesamt hat diese Definition den Charakter einer Mindestanforderung an Ganztagsschule, da die einzelnen Bundesländer Ganztagsschulen sehr unterschiedlich definieren und ausgestalten (Fischer & Kuhn, in Druck).

Die Einführung der Ganztagsschule war nicht nur mit Hoffnungen in Bezug auf verbesserte fachliche und bereichsübergreifende Förderung verbunden (zusf. Fischer & Kuhn, in Druck), sondern auch mit der Erwartung, dass sich Schule »von einem ›sterilen‹ Lernort hin zu einem vielseitigen Lebensort und fördernden Erfahrungsraum und damit zu einer neuen Schulkultur entwickelt« (Prüß et al., 2009, S. 180).

Inzwischen gibt es, unabhängig von der Ganztagsschuldefinition der KMK, in den meisten Bundesländern eigene Ganztagsschuldefinitionen und vielfältige Umsetzungen von Ganztagsschule. Allen gemeinsam ist jedoch eine Anreicherung des Schultages mit außerunterrichtlichen Angeboten, den *Ganztagsangeboten*. Diese reichen von Angeboten mit starkem Unterrichtsbezug (z. B. Hausaufgabenbetreuung, Lernzeiten, Erweiterung der Unterrichtszeit) über Fach- und Förderangebote (z. B. kompensatorische Angebote zur Leseförderung oder fachbezogene Neigungsangebote in verschiedenen Bereichen, wie Robotik oder Chinesisch), sportliche und musisch-kulturelle Angebote bis hin zu Freizeitangeboten, die mehr oder weniger stark vorstrukturiert sein können (z. B. Schach, Kochen oder Jungen-/Mädchengruppen mit wechselnden Aktivitäten). Diese Angebote können, je nach *Organisationsform* der Ganztagsschule, entweder nachmittags im Anschluss an den Unterricht oder über den ganzen Tag verteilt im Wechsel mit dem Unterricht stattfinden.

Die Organisationsform gibt Auskunft über den Verpflichtungsgrad der Teilnahme am Ganztagsbetrieb einer Schule. Während in *gebundenen* Ganztagsschulen die gesamte (oder ein definierter Teil der) Schülerschaft verbindlich am Ganztagsprogramm der Schule teilnimmt, ist die Teilnahme in *offenen* Ganztagsschulen freiwillig. Dennoch verpflichten sich auch in diesen Schulen die Kinder und Jugendlichen meist zumindest für ein Schulhalbjahr, an einmal gewählten Ganztagsangeboten teilzunehmen. Zudem gibt es Mischformen, in denen z. B. einzelne Klassen oder Jahrgangsstufen verpflichtend am Ganztagsbetrieb teilnehmen, und auch in offenen Ganztagsschulen gibt es verbindliche Angebote (z. B. verbindliche zusätzliche Lernzeiten) für alle Schülerinnen und Schüler. Zudem unterscheiden sich Schulen (und Vorgaben der Länder) darin, ob Angebote einzeln belegt werden können oder man bei Anmeldung am Ganztagsprogramm für eine gewisse Anzahl an Tagen teilnehmen muss. Die Organisationsform hat nicht nur Konsequenzen für die zeitliche Taktung von Unterricht und Ganztagsangebot *(Rhythmisierung)*, sondern steht auch mit weiteren Merkmalen der Ganztagsschule in Zusammenhang (Fischer et al., 2016).

Eine Veränderung auf organisatorischer Ebene, die fast alle Ganztagsschulen betrifft, ist das Hinzukommen einer neuen Personalgruppe, die in sich durchaus heterogen ist. Das *pädagogische Personal* in Ganztagsschulen (im Folgenden *Ganztagspersonal*) umfasst so unterschiedliche Gruppen wie Erzieherinnen und Erzieher (vornehmlich im Primarbereich), Sozialpädagogen und -pädagoginnen, Studierende, Trainerinnen und Trainer oder engagierte Eltern, Geschwister und Großeltern (zusf. Tillmann, 2020). Gerade in der Sekundarstufe I werden auch häufig Lehrpersonen in Ganztagsangeboten eingesetzt (StEG-Konsortium, 2019).

Die veränderte Personaldimension in der Ganztagsschule führt auch zu einer Wandlung von Prozessen auf Schulebene (▶ Kap. 2.3.1), denn damit ist die Anforderung der *interprofessionellen Kooperation* verbunden (Prüß et al., 2009). Die Zusammenarbeit sollte nicht nur unter Lehrpersonen, sondern auch zwischen Lehrpersonen und Ganztagspersonal erfolgen. Geht man davon aus, dass gute Beziehungen im Kollegium Einfluss auf die Interaktionsgestaltung im Unterricht haben (▶ Kap. 6.1.2) und die Schulen sich hinsichtlich ihres *Schulklimas* unterscheiden, dann ist die Erweiterung des Personals durchaus wichtig mit Bezug zur Beziehungsgestaltung in der Schule insgesamt.

> **Schulklima**
> Das Schulklima kann als »Charakterisierung der emotionalen Grundtönung einer pädagogischen Gesamtatmosphäre« (Eder, 2006, S. 622) in den sozialen Beziehungen beschrieben werden. Dabei werden alle sozialen Beziehungen in der Schule mit einbezogen. Vornehmlich sind das die alltäglich vorhandenen Beziehungen zwischen dem gesamten Personal der Schule und den Schülerinnen und Schülern sowohl untereinander als auch mit der jeweils anderen Gruppe. Eine wichtige Rolle spielt auch eine kollegiale und unterstützende Schulleitung (Bryk & Schneider, 2002). Ein positiv erlebtes Schulklima wirkt als Ressource gegen Belastung von Lehrpersonen (Dauber & Döring-Seipel, 2013; ▶ Kap. 2.4) und wirkt sich günstig auf das schulische Wohlbefinden der Schülerinnen und Schüler aus (Hascher & Hagenauer, 2011; ▶ Kap. 1.3.4).

Im Folgenden sollen die *Qualitätsmerkmale* der Ganztagsschule und von Ganztagsangeboten fokussiert werden, die pädagogische Beziehungen und nachhaltiges Lernen positiv beeinflussen können. Zunächst werden pädagogische Annahmen über Qualität und Wirkungen von Ganztagsschule (▶ Kap. 8.2) und anschließend Ergebnisse der Schul- und Unterrichtsforschung (▶ Kap. 8.3) dargestellt. Zuletzt werden Hinweise für die Gestaltung von Ganztagsschulen abgeleitet (▶ Kap. 8.4).

8.2 Potenziale der Ganztagsschule

8.2.1 Unterstützung nachhaltigen Lernens

Erwartungen an positive Wirkungen der Ganztagsschule in Bezug auf das (nachhaltige) Lernen hängen mit der Annahme einer veränderten Lernkultur in der Ganztagsschule zusammen. In Ganztagsschulen sollte mehr Zeit für den Einsatz vielfältiger Lehr-Lernmethoden genutzt werden (Holtappels, 2005; Kolbe, 2009). Geht man davon aus, dass in Ganztagsschulen tatsächlich mehr Lernzeit zur Verfügung steht, so würde dies die Orientierung an konstruktivistischen Lernmethoden, bei denen die Lernenden kokonstruktiv an authentischen Problemen arbeiten, erleichtern. Damit könnte der erweiterte Zeitrahmen der Ganztagsschule das nachhaltige Lernen unterstützen (▶ Kap. 1.1).

Eine Voraussetzung wäre, dass der erweiterte Zeitrahmen tatsächlich für die Beschäftigung mit Themen des Unterrichts genutzt würde. Des Weiteren müsste in der verlängerten Zeit sowohl kooperativ als auch selbstständig an Problemen gearbeitet werden. Eine Verlängerung der Unterrichtszeit wäre allerdings organisatorisch nur in gebundenen Ganztagsschulen möglich. Man könnte aber strukturell Angebote unterbreiten, die für alle Schülerinnen und Schüler oder Teile der Schülerschaft obligatorisch sind, und die Lernzeit in Bezug auf Themen des Unterrichts ausdehnen. Lernzeiten könnten zudem unabhängig von der Organisationsform der Ganztagsschule für selbstgesteuertes oder kooperatives Lernen genutzt werden.

In Ganztagsangeboten können in allen Ganztagsschulformen Probleme und Aufgabenstellungen aus dem Unterricht in anderer Weise aufgegriffen werden, um eine vertiefte Beschäftigung mit den Gegenständen zu ermöglichen (▶ Beispiel 8.1).

Beispiel 8.1 (aus Haenisch, 2009, S. 14 f.)
»Innerhalb des Themenfeldes ›Wasser‹ hat eine Jahrgangsstufe die Bachpatenschaft für ein Gewässer eingeführt. Da aber über den Sachunterricht nur ein Teil der Arbeit abgedeckt werden kann, wird die praktische Umsetzung der eigentlichen Bachpatenschaft (Pflege des Gewässers und Beobachtungen über einen längeren Zeitraum) mit den Kindern von den Fach- und Ergänzungskräften des offenen Ganztags übernommen. Hier wird dafür eine AG eingerichtet, die zweimal in der Woche mit je zwei Stunden über einen Zeitraum von einem Jahr in dem Projekt aktiv ist [...] Es gibt eine Vorbereitungsgruppe von Lehr- und Fachkräften, die für die Planung des Projektes verantwortlich ist. Die Fach- und Ergänzungskräfte führen mit einer Schülergruppe das im Unterricht eingestielte Projekt mit besonderer Betonung der praktischen Seite fort. [...] Auf gesonderten Veranstaltungen werden die Ergebnisse des Projektes präsentiert. Die Erfahrungen zeigen, dass bei den Kindern dadurch eine größere Sinngebung beim Lernen entsteht.«

Angesprochen ist hier das Qualitätsmerkmal *Verbindung von Angeboten und Unterricht*. Diese lässt sich vielfältig realisieren (▶ Tab. 8.1). Im Beispiel 8.1 sind verschiedene Möglichkeiten der Verbindung realisiert. Neben dem Aufgreifen von fachunterrichtlichen Themen im Ganztag erfolgt der Austausch von Lehrpersonen und Ganztagspersonal über Inhalte, Ziele und Konzepte.

Tab. 8.1: Möglichkeiten der Verbindung von Angeboten und Unterricht (aus Fischer et al., 2012, S. 43)

Verzahnung über	Beispiel
Themen	Inhalte, Materialien, Erfahrungsberichte aus Ganztagsangeboten im Unterricht
Austausch	Austausch der Lehrkräfte und des Personals in den Angeboten über Inhalte, Konzepte, Methoden, einzelne Schülerinnen und Schüler
Leitbild	Allgemein gültige Normen, Regeln, Umgangsformen
Personen	Team-Teaching, Lehrkräfte als Anbieter außerunterrichtlicher Angebote, gegenseitige Hospitationen

Ganztagsschulen können, so die Erwartung, »bessere Bedingungen für eine individuelle Förderung« bieten (Forum Bildung, 2002, S. 23). Denn Unterricht und Angebote können auch durch den Austausch der Professionellen über einzelne Schülerinnen und Schüler mit dem Ziel der individuellen Förderung verbunden werden. Eine Verbindung ist natürlich auch dadurch möglich, dass dieselben Erwachsenen in Unterricht und Angebot anwesend sind. Dadurch erfolgt nicht nur eine Verlängerung der Lernzeit, sondern auch eine »Erhöhung der gezielten zeitlichen und räumlichen Beschäftigung mit dem zu fördernden Lerner« (Jäger, 2009, S. 231). Eine entsprechende Nutzung des Ganztagsbetriebs zur Diagnostik könnte Differenzierung und Individualisierung im Unterricht und die Passung von Anforderungen und Fähigkeiten erleichtern. Auch könnten die Schülerinnen und Schüler mehr informatives Feedback zu ihren Lernprozessen erhalten, was das Kompetenzerleben stärken (▶ Kap. 4.3.2) und positiven Emotionen der Lernenden Vorschub leisten könnte.

Eine stärker an individuellen Bedürfnissen orientierte Beschäftigung mit Unterrichtsthemen in Ganztagsangeboten könnte also die Voraussetzungen nachhaltigen Lernens (positive Emotionen, Motivation, Lernstrategien, schulisches Wohlbefinden ▶ Kap. 1.3) positiv beeinflussen. Das Anwenden neuer Lehr-Lernmethoden, eine andere Gruppenzusammensetzung im Ganztagsangebot, eine neue Perspektive auf das Thema sowie die Einbettung in stärker autonomieunterstützende Kontexte (▶ Kap. 4.4.2) könnten z.B. die Motivation steigern und mit positiven Emotionen und schulischem Wohlbefinden einhergehen.

Der Ansatz des *positive youth development* (Larson, 2000) geht davon aus, dass organisierte Freizeitangebote die im Unterricht erlebte Herausforderung mit der Freude, die in unstrukturierter Freizeit erlebt wird, sowie dem Interesse verbinden und daher die Motivation und positive Entwicklung von Jugendlichen fördern. Die angesprochenen Aktivitäten sind durch einen vorgegebenen Rahmen mit gemeinsamen Regeln und regelmäßigen Treffen sowie (meist) das Vorhandensein einer erwachsenen Bezugsperson gekennzeichnet und entsprechen somit den schulischen Ganztagsangeboten. Die interessengeleitete Wahl von Ganztagsangeboten sowie das Erleben von nicht curricular-verankerten Veranstaltungen und freizeitorientierten Angeboten in der Schule können demnach Motivation und schulisches Wohlbefinden unterstützen.

Überdies liegt ein Fokus nachhaltigen Lernens auf der Selbstständigkeit und Selbststeuerung (▶ Kap. 1). In der außerschulischen Bildungsforschung werden insbesondere der *Ernstcharakter der Handlungssituationen* (Handeln in Lebenssituationen und nicht im Klassenraum) und das *Lernen durch Verantwortungsübernahme* als besondere Potenziale außerschulischer Bildung angesehen (Rauschenbach, 2009). Hier ergeben sich Parallelen zum situierten Lernen (▶ Kap. 1.1.1). In diesem Sinne könnten gerade Ganztagsangebote, die viel Selbstorganisation erfordern, frei gestaltbare Zeit in der Ganztagsschule und die Verantwortungsübernahme von Schülerinnen und Schülern für die Ganztagsschule (z.B. als Leitung einer AG, Mentor oder Mentorin für andere Schülerinnen und Schüler oder Küchenhilfe in Bezug auf das Mittagessen) die Selbststeuerung und wichtige bereichsübergreifende Kompetenzen fördern. Dies hat auch Konsequenzen für die Qualität pädagogischer Beziehungen im Unterricht, die eine weitere Voraussetzung für nachhaltiges Lernen darstellt.

8.2.2 Verbesserte pädagogische Beziehungen im Unterricht

Gerade die bereits angesprochene Verbindung von Angeboten und Unterricht (▶ Kap. 8.2.1) sollte zur Verbesserung pädagogischer Beziehungen beitragen können. Dies lässt sich einmal über eine Veränderung von normativen und antizipatorischen Erwartungen bzw. den damit einhergehenden Erwartungseffekten (▶ Kap. 3) erklären. In diesem Zusammenhang wird auch vorgeschlagen, Lernende »als Individuen und mit all ihren persönlichen Eigenschaften und nicht als Angehörige einer Gruppe oder in stereotyper Weise zu erfassen« (Dubs, 2009, S. 459). Dies könnte dadurch erfolgen, dass Lehrpersonen ihre Schülerinnen und Schüler in Ganztagsangeboten erleben und/oder sich mit Ganztagspersonal austauschen. Wenn schwächere Schülerinnen und Schüler in Ganztagsangeboten ihre spezifischen Fähigkeiten zeigen, könnte dies dazu beitragen, die fachbezogenen antizipatorischen Erwartungen der Lehrenden zu erhöhen, was sich wiederum auf das Kompetenzerleben der Lernenden auswirken könnte (Fischer et al., 2012; ▶ Beispiel 8.2).

Das bessere Kennenlernen verhindert vermutlich auch die Reduzierung der Lernenden auf ihre fachlichen Leistungen durch die Lehrpersonen (▶ Beispiel 8.2). Da sich normative Erwartungen an die Schülerinnen und Schüler auf den Unterricht beziehen (Richey, 2016), ist anzunehmen, dass ihnen in außerunterrichtlichen Angeboten deutlich weniger Bedeutung zukommt und auch im Unterricht als wenig leistungsstark eingeschätzte Lernende im Ganztagsangebot Wertschätzung erleben können (Fischer & Richey, 2018; ▶ Kap. 4.4.2; 5.1.3). Andererseits kann das Kennenlernen von Lehrpersonen in einem anderen Kontext bewirken, dass die Schülerinnen und Schüler eher dazu motiviert werden, deren normative Erwartungen im Unterricht zu erfüllen (ebd.; ▶ Beispiel 8.2).

Beispiel 8.2
Danilo interessiert sich wenig für Physik und arbeitet im Unterricht kaum mit. Entsprechend hat sein Lehrer Herr Williams den Eindruck, dass er es hier mit einem leistungsschwachen Schüler zu tun hat, der am liebsten in Ruhe gelassen wird, und verhält sich entsprechend. Im zweiten Halbjahr ihrer Zusammenarbeit kommt Danilo in Herrn Williams Fußball-AG. Hier lernt der Lehrer ihn als umsichtigen, zuverlässigen und fairen Spieler kennen, der einen guten Überblick hat. Danilo erkennt nicht nur, dass Herr Williams ein kompetenter Fußballer ist – in der Kommunikation am Spielfeldrand ergibt sich auch, dass die beiden einen ähnlichen Musikgeschmack aufweisen. Das führt dazu, dass Herr Williams seine Einschätzung Danilo gegenüber überdenkt und verstärkt versucht, ihn für sein Fach zu motivieren. Da Danilo den Lehrer nun sympathischer findet, folgt er dem Unterricht zunehmend aufmerksamer.

In Ganztagsangeboten entfallen einige Rahmenbedingungen pädagogischer Beziehungen, die im Unterricht gelten und den Beziehungsaufbau erschweren (▶ Kap. 2.2). Ganztagsangebote sind nicht curricular bestimmt und die Bewertung durch das Personal bzw. die Lehrperson entfällt in der Regel. Daher sollten der Selektionsauftrag von Schule und das damit verbundene Machtgefälle weniger stark zu Buche schlagen. Zudem werden die Angebote, zumindest teilweise, freiwillig gewählt (Steiner & Fischer, 2011), was bei Unterricht und der entsprechenden Lehrperson normalerweise nicht möglich ist. Letztlich ist anzunehmen, dass die Rolle der Leitung eines Ganztagsangebots aus Sicht der Schülerinnen und Schüler weniger starr festgelegt ist als die Rolle einer Lehrperson im Unterricht (▶ Kap. 2.1.2), womit der Aufbau einer persönlichen Beziehung erleichtert werden könnte.

Zudem kann im Unterricht stärker an spezifische Interessen angeknüpft bzw. Lebensweltbezug hergestellt werden, wenn die Lehrperson die Schülerinnen und Schüler besser kennt. Dies spricht das Autonomiebedürfnis der Lernenden an (▶ Kap. 4.3). Die Betonung der Wichtigkeit von Eigenaktivität und Partizipation in Ganztagsangeboten (Fischer et al., 2012; ▶ Kap. 8.2.1) eröffnet eine Chance für vertrauensvolle pädagogische Beziehungen. Verantwortungsübergabe und autonom gestaltbare Zeit in der Ganztagsschule können seitens der Schülerinnen und Schüler als Vertrauensvorschuss gewertet werden (Fischer & Richey, 2018; ▶ Kap. 6.2.1) und stellen Möglichkeiten der moralischen Anerkennung dar (▶ Kap. 5.1.2). Zudem könnte sich »[d]ie stärkere Übernahme von Eigenverantwortung und Partizipationslernen [...] über Änderungen im Selbstkonzept und in Selbstregulationskompetenzen auf den Unterricht auswirken und sich in veränderten Erwartungen aller Beteiligten niederschlagen« (Fischer & Richey, 2018, S. 64).

Insgesamt wird davon ausgegangen, dass die Bedürfnisse nach Autonomie, Kompetenzerleben und sozialer Eingebundenheit in Ganztagsangeboten leichter angesprochen werden können als im Unterricht. Stecher et al. (2009) bringen dies mit erweiterten nicht-akademischen Inhalten, vielfältigen Lehr-Lernmethoden und sozialen Erfahrungsräumen mit stärkerem Gleichaltrigenbezug in den Angeboten (im Vergleich zum Unterricht) in Zusammenhang. Die Erfüllung dieser Grundbedürfnisse sollte wiederum die Beziehung zum Personal in den Angeboten, die Motivation und das schulische Wohlbefinden stärken (▶ Kap. 4.4.2). Daher kann erhofft werden, dass sich diese positiven Effekte außerunterrichtlicher Angebote letztlich auf die Interaktionen im Unterricht auswirken.

8.2.3 Positives Schulklima

Die Ganztagsschule nimmt zeitlich einen größeren Raum im Alltag der Schülerinnen und Schüler und ggf. der Lehrpersonen ein und wird so zum »Lebensort« (Prüß et al., 2009, S. 180). Umso bedeutsamer ist das Wohlbefinden aller Beteiligten in der Ganztagsschule und ein entsprechend positives Schulklima (▶ Kap. 8.1). In der Ganztagsschule gibt es vielfältige Begegnungsanlässe außerhalb des Unterrichts, u.a. beim Mittagessen, in Ganztagsangeboten, in Lern- und Ruhezeiten. Sollten die Lehrpersonen Arbeitsplätze in den Schulen haben und ebenfalls über den ganzen Tag anwesend sein (was in Grundschulen bisher eher selten der Fall ist, StEG-Konsortium, 2019), dann ergeben sich nicht nur mehr Möglichkeiten der Kommunikation zwischen ihnen und den Schülerinnen und Schülern, sondern auch Überschneidungszeiten mit dem Ganztagspersonal, die im Sinne des Beziehungsaufbaus genutzt werden könnten.[20]

Schülerinnen und Schüler verbringen mehr Zeit miteinander und durch die jahrgangs- und klassenübergreifende Struktur der Ganztagsangebote auch mit Kindern und Jugendlichen außerhalb ihrer Klassengemeinschaft. Zudem gibt es direkt mit einem positiven Schulklima verknüpfte Angebote, wie z.B. eine Streitschlichtungs-AG oder einen Schulsanitätsdienst. Aber auch eine Zuständigkeit für die Gestaltung der Schule im Rahmen von Ganztagsangeboten (Graffiti-AG, Schulgarten u.ä.), für den reibungslosen Ablauf des Mittagessens oder für die Speiseplanung sowie eine eigenständige Übernahme von Ganztagsangeboten durch Schülerinnen und Schüler mit spezifischer Expertise sollten die Identifikation mit der Schule erhöhen und zu einem positiven Schulklima beitragen (Fischer, 2018).

---

20 Auch Eltern sollten in die Schulgemeinschaft einbezogen sein, denn die Partizipation von Eltern (bei Schulentwicklung, -organisation oder ganz konkret als Mitarbeitende im Ganztagsbetrieb) wird als Qualitätsmerkmal der Ganztagsschule gesehen (z.B. HKM, 2018).

8.3 Ergebnisse der Schul- und Unterrichtsforschung

8.3.1 Ganztagsschule und nachhaltiges Lernen

Ist der Unterricht in Ganztagsschulen besonders adaptiv und ko-konstruktiv?

Resultate internationaler Forschung legen nahe, dass ein größeres Zeitkontingent tatsächlich ein Mittel zur Steigerung der akademischen Leistungen (z. B. in den Domänen Lesen und Rechnen) von Schülerinnen und Schülern sein kann (Patall et al., 2010). Das gilt insbesondere für jene Gruppe von Lernenden, die ein relativ hohes Risiko für Schulversagen aufweisen. Ein längerer Zeitrahmen allein reicht jedoch nicht aus, um Schülerinnen und Schüler adäquat zu fördern, sondern es kommt darauf an, wie Unterricht und Ganztagsangebote gestaltet sind. Bisher gibt es kaum Forschung dazu, ob der erweiterte Zeitrahmen für nachhaltiges Lernen und erweiterte Diagnostik genutzt wird. Einige Studien haben dagegen untersucht, ob Ganztagsschulen in besonderem Ausmaß individuelle Förderung durch Differenzierung und Individualisierung im Unterricht leisten bzw. welche Schulmerkmale hierzu beitragen.

Die Studie zur Entwicklung von Ganztagsschulen (StEG) zeigt, dass Lehrpersonen in gebundenen Ganztagsschulen eher vom Einsatz individualisierender und differenzierender Lehr-Lernformen berichten und die Lernenden (unabhängig von der Organisationsform) hinsichtlich der motivationalen Entwicklung und der Entwicklung von Schulnoten davon profitieren (Fischer et al., 2012). Merkmale der Schulqualität, wie eine höhere Kooperationsintensität im Kollegium (ebd.) sowie eine veränderte Zeitstruktur (Höhmann & Kummer, 2006) gehen mit stärkerem Einsatz individualisierender Methoden einher. Allerdings ergeben sich auch Hinweise darauf, dass diese Methoden nicht zwangsläufig das nachhaltige Lernen unterstützen.

Dies untermauern Unterrichtsbeobachtungen im Rahmen der Studie LUGS (Lernkultur und Unterrichtsentwicklung in Ganztagsschulen), die zunächst bestätigen, dass im Unterricht der untersuchten Ganztagsschulen vermehrt individualisierende Methoden (Planarbeit, Projekte u. ä.) eingesetzt werden und der Frontalunterricht weniger bedeutsam ist als erwartet.[21] Dies ist jedoch verbunden mit einer »Kultur des Aufgabenerledigens«

---

[21] Hier fehlt allerdings der Vergleich zu Halbtagsschulen, daher kann sich evtl. auch ein allgemeiner Trend zu vermehrter Individualisierung niedergeschlagen haben (Trautmann & Lipkina, 2020).

(Reh et al., 2015, S. 321) anstelle von Diskussionen und Ko-Konstruktion von Wissen. Hier wird die Selbstorganisation im Sinne des selbstständigen Abarbeitens von »Pensen« (ebd., S. 321) gestärkt, dies geht vermutlich zu Lasten des situierten, aktiven, sozialen Lernens (► Kap. 1.1). Betrachtet man die bisher spärlichen Ergebnisse zum Unterricht in Ganztagsschulen insgesamt, so lässt sich konstatieren: »Die Organisationsform allein (Ganz- oder Halbtag) bzw. der erweiterte Zeitrahmen bieten zwar theoretisch bessere Möglichkeiten für eine ›neue Lernkultur‹, führen aber praktisch nicht automatisch zu einem veränderten Unterricht oder gar zu einer verbesserten Unterrichtsqualität« (Trautmann & Lipkina, 2020, S. 1015).

Wird in Ganztagsangeboten mit anderen Methoden gearbeitet als im Unterricht?

Wie erläutert, sollte es in Ganztagsschulen möglich sein, vielfältige Lehr-Lernmethoden anzuwenden, die wiederum nachhaltiges Lernen und eine positive Interaktionsqualität fördern sollten (Hamre et al., 2013; ► Kap. 2.3.2). Die wenigen Studien, die Angebote und Unterricht hinsichtlich der eingesetzten Lehr-Lernmethoden vergleichen, finden aber kaum Unterschiede zwischen den Settings. Eine Befragung von Schülerinnen und Schülern im Rahmen der StEG ergab, dass in Bezug auf den Unterricht der Einsatz lehrerzentrierter Methoden und klassischer Medien (Buch, Arbeitsblatt) klar dominierte. Gleichzeitig zeigte sich, dass gerade in Fach- und Förderangeboten nur wenige schüleraktivierende Methoden Anwendung fanden und alle untersuchten Methoden ähnlich häufig eingesetzt wurden wie im Unterricht (Stecher et al., 2009; ähnlich: LUGS, Kolbe, 2009).

Fördern Ganztagsangebote Motivation, Selbstkonzept und schulisches Wohlbefinden?

Auch für Ganztagsangebote gilt wie für den Unterricht: Es kommt auf die Qualität der Interaktionen und Lernprozesse an. In mehreren Untersuchungen wurde überprüft, ob die Teilnahme an Ganztagsangeboten mit höherem schulischem Wohlbefinden und einer verbesserten Lernmotivation zusammenhängt. Die entsprechenden Zusammenhänge stellen sich demnach nur bei entsprechender *Angebotsqualität* ein (► Kap. 2.3.2). Die Erfüllung der drei Grundbedürfnisse nach Autonomie, Kompetenz und sozialer Eingebundenheit in Angeboten führt zu höherem Wohlbefinden in der Schule über die Sekundarstufe I hinweg (Fischer & Theis, 2014a). In Schulen, in denen die Angebote als besonders herausfordernd wahrgenommen und das Bedürfnis nach Kompetenzerleben der Schülerinnen und Schüler angesprochen wurde, ist die Teilnahme an Ganztagsangeboten zudem (verglichen mit Nicht-Teilnahme) mit einer positiveren Entwicklung der Lernzielorientierung (▶ Kap. 1.3.1) von der 5. bis zur 9. Jahrgangsstufe verbunden (Fischer & Theis, 2014b). Insgesamt erweist sich die erlebte Qualität der pädagogischen Beziehungen in den Angeboten als besonders wichtig in Bezug auf Motivation und schulisches Wohlbefinden. In einer weiteren Untersuchung wurde festgestellt, dass die erlebte soziale Unterstützung durch Personal bzw. Lehrpersonen in der Hausaufgabenbetreuung mit einem höheren schulischen Selbstkonzept einhergeht (Tillack et al., 2015). Die Ergebnisse unterstützen die Annahme, dass eine positiv erlebte Beziehungsqualität in Ganztagsangeboten geeignet ist, die Voraussetzungen für nachhaltiges Lernen zu verbessern.

8.3.2 Beziehungsqualität in außerunterrichtlichen Angeboten

Kann die Mitarbeit von Lehrpersonen in Ganztagsangeboten deren Erwartungen verändern?

Bisher liegen nur wenige Forschungsergebnisse zur Wirkung der Mitarbeit von Lehrpersonen in Ganztagsangeboten auf den Unterricht vor. Eine Studie, deren Ergebnisse darauf hindeuten, dass die dargestellten Annahmen zu veränderten Erwartungen und Rollen (▶ Kap. 8.2.2) tatsächlich gelten könnten, entstammt der Evaluation offener Ganztagsschulen in Nordrhein-Westfalen (Haenisch, 2009). Lehrpersonen, die in Ganztagsangeboten mitarbeiten, berichten in Interviews, dass sich ihre Erwartungen gegenüber Schülerinnen und Schülern durch das Erleben dieser in den Angeboten und beim Mittagessen tatsächlich verändern. Haenisch (2009) begründet das damit, dass die Lehrpersonen mehr über die Kinder und Jugendlichen erfahren und eine ganzheitliche Sicht auf sie haben. Lehrpersonen geben an, dass sie Schülerinnen und Schüler zuvor »auf den Unterricht und was im Unterrichtszusammenhang passierte« (ebd., S. 25) reduzierten, und dass sie nun mehr über das jeweilige Lebensumfeld erfahren und Gespräche über Inhalte jenseits des Unterrichts führen. International hat sich gezeigt, dass sich informelle Kommunikation außerhalb des Unterrichts positiv auf die Beziehungsqualität im Unterricht auswirken kann (▶ Kap. 6.3.2). Damit stützt die Studie die Annahme positiver Effekte der Mitarbeit von Lehrpersonen im Ganztagsbetrieb auf den Unterricht.

Äußerungen der Lehrpersonen sprechen überdies für einen Rollenwechsel, der mit dem Wegfall der Bewertungspflicht in Zusammenhang gebracht wird. So äußert eine Lehrperson: »da bin ich ein ganz normales Gegenüber, ohne werten zu müssen, dauernd werten und beurteilen zu müssen« (Haenisch, 2009, S. 25). Dies zeigt, dass Lehrpersonen sich durch den Wegfall der Selektionsaufgabe erleichtert fühlen, was mit dem Gewähren größerer Freiräume in den Ganztagsangeboten einhergeht. Aber der Ganztag wird auch für die Diagnostik genutzt, u. a. könne man, nach Aussagen der Lehrpersonen, in den Ganztagsangeboten besser »an die Wurzeln kommen, warum etwas nicht klappt« (ebd.). Zusätzlich werden spezifische Interessen und Fähigkeiten der Schülerinnen und Schüler sichtbar und die Lehrpersonen geben an, dass sich dies auch auf ihre Aufgabenstellung im Unterricht auswirke.

Welche Potenziale sehen Lehrpersonen in ihrer Mitarbeit in Ganztagsangeboten?

In einer Evaluationsstudie von Ganztagsgrundschulen in Hessen[22] wurde mittels Fragebogen erhoben, welche Potenziale Lehrpersonen, die in einzelnen Ganztagselementen mitarbeiten, in dieser Mitarbeit sehen (Fischer & Kuhn, 2020). Egal, ob der Einsatz im Rahmen von Betreuungs-, Freizeit- oder Fach- und Förderangeboten erfolgte, gaben die Lehrpersonen zu einem großen Anteil an, dass sich ihr Blick auf die Kinder durch die Erfahrungen in den Ganztagsangeboten verändere (jeweils mind. 83 %). Zudem gaben sie an, die Kinder besser kennenzulernen (mind. 90 % in Betreuungs- oder Freizeitangeboten und 69 % in Fach- und Förderangeboten) und wertvolle Hinweise für die Förderung der Schülerinnen und Schüler im Unterricht zu bekommen (85 % in Fach- und Förderangeboten, 69 % in Betreuungsangeboten und 59 % in Freizeitangeboten). Dies spricht dafür, dass sich die Mitarbeit in Ganztagsangeboten durchaus lohnen und eine Verbesserung der Beziehungen im Unterricht bewirken kann.

Werden pädagogische Beziehungen in Ganztagsangeboten anders wahrgenommen als im Unterricht?

Die geschilderten Ergebnisse passen zu der Annahme, dass sich die Qualität pädagogischer Beziehungen in Ganztagsangeboten von der im Unterricht unterscheidet. Internationale empirische Untersuchungen zeigen, dass sich insbesondere das Erleben positiver Interaktionen mit Gleichaltrigen (Peerbezug) in außerunterrichtlichen Angeboten positiv auf den Selbstwert Jugendlicher auswirkt (Blomfield & Barber, 2010). Dabei scheint aber auch

---

22 im Auftrag des Hessischen Kulturministeriums.

das Vorhandensein einer erwachsenen Bezugsperson von Bedeutung zu sein, denn Schülerinnen und Schüler sind in außerunterrichtlichen Aktivitäten besonders dann engagiert und motiviert, wenn außer Gleichaltrigen auch (autonomieunterstützende) Erwachsene dabei sind (Shernoff & Vandell, 2007).

Tatsächlich sprechen Ergebnisse aus der Sekundarstufe I dafür, dass Schülerinnen und Schüler die Beziehung zum Personal und zu Lehrpersonen in Ganztagsangeboten positiver bewerten als die Beziehung zu Lehrpersonen im Unterricht (Fischer & Kuhn, 2015). Die wahrgenommene Beziehungsqualität in den Angeboten ist eng verknüpft mit dem allgemeinen schulischen Wohlbefinden (Fischer & Theis 2014a, b).

Hier deuten sich mögliche Effekte der Beziehungsqualität in Ganztagsangeboten auf den Unterricht an. Auch in den Beobachtungen des Projekts LUGS wird insgesamt eine »Informalisierung« (Reh et al., 2015, S. 326) des Umgangs in Ganztagsschulen sichtbar, welche durchaus mit einer positiveren Bewertung der Beziehungsqualität in Einklang gebracht werden kann. Die Forscherinnen und Forscher sehen die Zunahme von »Möglichkeiten und auch Notwendigkeiten [...], miteinander in Form von Praktiken umzugehen, die bisher eher in außerschulischen Kontexten und Bereichen typisch waren« (ebd. S. 320), aber auch kritisch. So könnten mit dem besseren Kennenlernen auch Aspekte des Selbst bewertungsrelevant werden, die bisher nicht im Fokus standen. Dies könnte sich in Bezug auf die Notengebung sowohl positiv als auch negativ auswirken und ist noch nicht explizit untersucht worden. Allerdings stellten Kuhn und Fischer (2011) fest, dass die Teilnahme an Ganztagsangeboten über eine Verbesserung des Sozialverhaltens der Schülerinnen und Schüler zu einer besseren Entwicklung der Schulnoten in der Sekundarstufe I beiträgt.

Welche Bedeutung haben Partizipationsmöglichkeiten in Ganztagsschulen?

Es kann angenommen werden, dass Partizipationsmöglichkeiten im Sinne eines Vertrauensvorschusses gedeutet werden könnten und daher mit einer positiv wahrgenommenen Beziehungsqualität in Verbindung stehen. Untersuchungen zu Partizipationsmöglichkeiten an Ganz- und Halbtagsschulen zeigen jedoch weder im Primar- noch im Sekundarbereich Unterschiede hinsichtlich der von den Schülerinnen und Schülern erlebten Partizipationsmöglichkeiten (Weber et al., 2008). Allerdings erleben Schülerinnen und Schüler der Sekundarstufe I in Ganztagsangeboten mehr Mitbestimmungsmöglichkeiten als im Unterricht (Arnoldt & Steiner, 2010). Dies unterscheidet sich vermutlich nach Angebotsart. Ergebnisse von Sauerwein

(2019) legen nahe, dass Partizipationsmöglichkeiten im Deutschunterricht und in dem Deutschunterricht nahen Ganztagsangeboten (Lese- und Medienangebote[23]) von Schülerinnen und Schülern der Jahrgangsstufe 5 ähnlich wahrgenommen werden.

Für die Wahrnehmung der Angebotsqualität und auch der Beziehungsqualität in den Angeboten scheint es wichtig zu sein, inwiefern sich die Schülerinnen und Schüler freiwillig für eine Teilnahme an Ganztagsangeboten entschieden haben (Sauerwein, 2017). Insofern ist die Bedeutung der Freiwilligkeit der Teilnahme an Angeboten durchaus ein eigenes Qualitätskriterium, das das Erleben der Interaktionen im Angebot mit beeinflussen kann. Auch Interviews mit Schülerinnen und Schülern machen die Bedeutung der freiwilligen Teilnahme und gleichzeitig der Entkoppelung vom verpflichtenden Curriculum deutlich (Dzengel & Stein, 2015): »Die Freizeitangebote werden so als in positiver Weise sich vom Unterricht unterscheidende wahrgenommen« (Dzengel & Stein, 2015, S. 294).

Ein besonderes Potenzial für Partizipationslernen sowie für den Aufbau von Vertrauen und positiven Beziehungen haben vermutlich frei gestaltbare Zeiträume für die Schülerinnen und Schüler mit und ohne Supervision durch Erwachsene. Gruppendiskussionen mit Schülerinnen und Schülern in Rheinland-Pfalz untermauern, dass es ihnen wichtig ist, freie Zeit während des Schultages unkontrolliert nutzen zu können (Rabenstein, 2008). Die Bedeutung solcher Freiräume für die Beziehungsgestaltung und das nachhaltige Lernen ist bisher noch kaum untersucht.

8.3.3 Schulklima in Ganztagsschulen

Positive Effekte des Ganztagsschulbesuchs auf das Sozialverhalten der Schülerinnen und Schüler und das soziale Klima werden seit den ersten Erhebungen in Ganztagsschulen immer wieder berichtet. Basierend auf empirischen Ergebnissen lässt sich annehmen, dass die Interaktionen in der Ganztagsschule besonders positiv erlebt werden müssten. Denn es zeigt sich, dass die regelmäßige Angebotsteilnahme mit weniger problematischem Sozialverhalten über die Sekundarstufe I hinweg assoziiert ist (Fischer et al., 2011). Ganztagsschülerinnen und -schüler weisen eine höhere Selbst- und Fremdaufmerksamkeit auf als Halbtagsschülerinnen und -schüler und zeigen sich bei Konflikten konstruktiver (v. Salisch, 2013). Insbe-

---

23 Unter »Medienangebote« fallen in dieser Studie Angebote wie Theater-AG, Film-AG, Schulzeitung, Homepagegestaltung.

sondere für Jungen sind Partizipationsmöglichkeiten in Angeboten wichtig, denn diese sind bei ihnen mit einer höheren sozialen Verantwortungsübernahme in der Schule verbunden (z. B. Unterstützung von Lernenden, Verantwortung für die Sauberkeit des Schulgebäudes, Unterstützung bei Konfliktlösungen; Kuhn et al., 2016).

Es gibt bisher keine Hinweise darauf, dass Lehrpersonen, die im Ganztagsbetrieb mitarbeiten, besonders belastet wären und sich dies negativ auf das Schulklima auswirken könnte (▶ Kap. 2.4). Im Gegenteil scheint die Lehrerbelastung durch außerunterrichtliches Engagement nicht gesteigert zu werden (Fussangel & Dizinger, 2014) und interprofessionelle Kooperation geht, wenn sie denn stattfindet, mit Entlastungseffekten einher (Dizinger, 2015). Darüber hinaus sollten sich die positiven Ergebnisse zur Qualität pädagogischer Beziehungen in Ganztagsangeboten (▶ Kap. 8.3.2) auch insgesamt in einem positiven Schulklima niederschlagen.

8.4 Hinweise für die beziehungsförderliche Gestaltung von Ganztagsschulen

Aus den beschriebenen theoretischen Annahmen und empirischen Befunden lassen sich Hinweise für die Förderung der Qualität pädagogischer Beziehungen und des nachhaltigen Lernens in Ganztagsschulen ableiten. Zunächst sei nochmals auf die Bedeutung der (noch wenig untersuchten und umgesetzten) *Verbindung von Angeboten und Unterricht* hingewiesen (▶ Tab. 8.1). Das *Aufgreifen von Themen* aus dem Unterricht in Ganztagsangeboten erhöht faktisch die Lernzeit für Schülerinnen und Schüler. Wenn dies mit Methodenvielfalt verbunden ist, sind auch motivationale Wirkungen auf den Unterricht zu erwarten. Der *Austausch zwischen Lehrpersonen und Ganztagspersonal* mit Blick auf Ziele und Konzepte ist dafür unabdingbar. Wichtig ist auch Kommunikation über einzelne Schülerinnen und Schüler, um Potenziale und Probleme zu erkennen und individuelle Förderung leisten zu können, aber auch um Erwartungen der Lehrpersonen an leistungsschwache Schülerinnen und Schüler zu verändern. Hier scheint eine *Mitarbeit der Lehrpersonen im Ganztagsbetrieb* besonders effektiv. Durch informelle Gespräche in Ganztagsangeboten oder beim Mittagessen lernen sich Schülerinnen und Schüler und Lehrpersonen anders kennen als im Unterricht, was auf die Beziehungen im Unterricht zurückwirken kann. In diesem Zusammenhang ist auch die Mitwirkung von Lehrpersonen in freizeitorientierten Angeboten hilfreich. In Fach- und Förderangeboten können Lehrpersonen besondere Fähigkeiten und Interessen der Schülerinnen und Schüler identifizieren und erhalten Hinweise für die individuelle Förderung im Unterricht. Somit lässt sich annehmen, dass Ganztagsschulen positive pädagogische Beziehungen im Unterricht insbesondere durch *vielfältige Begegnungsräume von Lehrpersonen und Schülerinnen und Schülern* fördern können.

Nachhaltiges Lernen erfordert in besonderer Weise *konstruktivistische Lernmethoden*. Ganztagsschulen scheinen aktuell das Potenzial für die Umsetzung ko-konstruktiven und situierten Lernens noch wenig zu nutzen. Auch Individualisierung könnte (durch Förderung der Selbststeuerung) nachhaltiges Lernen unterstützen, wenn eine echte Wissenskonstruktion anstelle eines Abarbeitens von Aufgaben erfolgen würde.

Letztlich ist gerade durch *Freiräume für Schülerinnen und Schüler* in der Ganztagsschule nachhaltiges Lernen mit Blick auf demokratische Partizipation, Selbstorganisation sowie kooperatives Arbeiten zu erwarten. Dies geht einher mit einem positiv erlebten Schulklima. Insofern kann an Ganztagsschulen appelliert werden, die *Abgabe von Verantwortung an Schülerinnen und Schüler* zu institutionalisieren. Dies ist, wie verschiedentlich ausgeführt, in vielfältiger Weise möglich und erschöpft sich längst nicht in einer freiwilligen Teilnahme oder der Mitbestimmung innerhalb der Ganztagsangebote.

Abbildungs- und Tabellenverzeichnis

Abbildungsverzeichnis

Abb. 1.1: Elemente nachhaltigen Lernens und konstruktivistischer Lernumgebungen 15
Abb. 1.2: Schlüsselkompetenzen der OECD (2005; eigene Darstellung) 18
Abb. 1.3: Komponenten der Studierfähigkeit 20
Abb. 1.4: Gemäßigt konstruktivistische Sichtweise auf selbstreguliertes nachhaltiges Lernen 22
Abb. 2.1: Pädagogische Beziehungen (konstituiert durch Interaktionen zwischen Lehrenden und Lernenden) in der Schule und ihre Einflussgrößen 37
Abb. 2.2: Verortung pädagogischer Beziehungen und nachhaltigen Lernens im Input-Prozess-Output-Modell auf drei Ebenen.. 49
Abb. 2.3: Faktoren des Teaching-Through-Interactions-Ansatzes und Beobachtungsdimensionen des CLASS 52
Abb. 2.4: Wechselseitiger Einfluss der Belastung von Lehrpersonen und der Qualität pädagogischer Beziehungen 58
Abb. 3.1: Normative Erwartungen von Lehrenden und Lernenden vor dem Hintergrund ihrer schulischen Aufgaben 64
Abb. 3.2: Funktion normativer Erwartungen am Beispiel von Lehrpersonen und Schüler*innen 65
Abb. 3.3: Modell des Prozesses und der Wirkung von Erwartungen von Lehrpersonen 68
Abb. 4.1: Zusammenhänge der Grundhaltungen personenzentrierter Lehrender mit ihrem Unterrichtsverhalten und vermutete Wirkung auf nachhaltiges Lernen 87
Abb. 4.2: Kontinuum von kontrolliertem Verhalten zu selbstbestimmter Motivation nach der Selbstbestimmungstheorie 90
Abb. 6.1: Voraussetzungen von Vertrauen nach der differentiellen Vertrauenstheorie 128
Abb. 6.2: Die Entwicklung interpersonalen Vertrauens über die Zeit (angelehnt an Schweer & Padberg, 2002, S. 15) 130
Abb. 6.3: Determinanten der Vertrauensentwicklung 133

Tabellenverzeichnis

Tab. 1.1: Merkmale der Ausbildungsreife aus dem Kriterienkatalog der BfA (2009) 19
Tab. 2.1: Antinomien des Lehrerhandelns 44
Tab. 3.1: Normative Erwartungen von Lernenden und ihre Erfüllung 73
Tab. 3.2: Erfüllung normativer Erwartungen von Lernenden aus Sicht der Lernenden 74
Tab. 4.1: Ansprechen der psychologischen Grundbedürfnisse im Unterricht 101
Tab. 5.1: Anerkennendes und missachtendes Verhalten von Lehrpersonen aus Sicht von Beobachterinnen und Beobachtern 114
Tab. 5.2: Positives und negatives Verhalten von Lehrpersonen aus Sicht ehemaliger Schülerinnen und Schüler 115
Tab. 5.3: Zusammenhänge zwischen Formen der Anerkennung, Basic Needs und Antinomien des Lehrerhandelns 121
Tab. 6.1: Dimensionen des Vertrauens aus wissenschaftlicher Sicht .. 125
Tab. 6.2: Dimensionen vertrauenswürdigen Lehrerhandelns (basierend auf Ergebnissen von Schweer & Padberg, 2002) 135
Tab. 8.1: Möglichkeiten der Verbindung von Angeboten und Unterricht (aus Fischer et al., 2012, S. 43) 172

Literaturverzeichnis

Aldrup, K., Klusmann, U. & Lüdtke, O. (2017). Does Basic Need Satisfaction Mediate the Link between Stress Exposure and Well-Being? A Diary Study among Beginning Teachers. *Learning and Instruction, 50*, 21–30.

Aldrup, K., Klusmann, U., Lüdtke, O., Göllner, R. & Trautwein, U. (2018). Student Misbehavior and Teacher Well-Being: Testing the Mediating Role of the Teacher-Student Relationship. *Learning and Instruction, 58*, 126–136.

Allen, J., Gregory, A., Mikami, A., Lun, J., Hamre, B. K. & Pianta, R. (2013). Observations of Effective Teacher-Student Interactions in Secondary School Classrooms: Predicting Student Achievement with the Classroom Assessment Scoring System – Secondary. *School Psychology Review, 42*, 76–98.

Amemiya, J., Fine, A. & Wang, M. (2020). Trust and Discipline: Adolescents' Institutional and Teacher Trust Predict Classroom Behavioral Engagement Following Teacher Discipline. *Child Development, 91*, 661–678.

APA Work Group of the Board of Educational Affairs (1997). *Learner-Centered Psychological Principles: A Framework for School Reform and Redesign.* Washington, DC: American Psychological Association.

Argyle, M. & Henderson, M. (1986). *Die Anatomie menschlicher Beziehungen: Spielregeln des Zusammenlebens.* Paderborn: Junfermann.

Arnold, R. (2012). *Wie man lehrt, ohne zu belehren. 29 Regeln für eine kluge Lehre. Das LENA-Modell.* Heidelberg: Carl-Auer.

Arnoldt, B. & Steiner, C. (2010). Partizipation in Ganztagsschulen. In T. Betz, W. Gaiser & L. Pluto (Hrsg.), *Partizipation von Kindern und Jugendlichen. Forschungsergebnisse und gesellschaftliche Herausforderungen* (S. 155–179). Schwalbach/Ts.: Wochenschau Verlag.

Asendorpf, J. & Banse, R. (2000). *Psychologie der Beziehung.* Bern: Huber.

Assor, A., Roth, G. & Deci, E. L. (2004). The Emotional Costs of Parents' Conditional Regard: A Self Determination Theory Analysis. *Journal of Personality, 72*, 47–88.

Autorengruppe Bildungsberichterstattung (2020). *Bildung in Deutschland.* Bielefeld: wbv.

Babad, E. (1993). Pygmalion – 25 Years after Interpersonal Expectations in the Classroom. In P. D. Blanck (Ed.), *Interpersonal Expectations* (pp. 125–153). Cambridge: Cambridge University Press.

Babad, E. (1995). The »Teacher's Pet« Phenomenon, Teacher's Differential Behavior, and Students' Morale. *Journal of Educational Psychology, 87*, 361–374.

Babad, E., Avni-Babad, D. & Rosenthal, R. (2003). Teachers' Brief Nonverbal Behaviors in Defined Instructional Situations Can Predict Students' Evaluations. *Journal of Educational Psychology, 95*, 225–561.

Bachmair, G. (1969). *Einstellungen von Schülern zum Lehrer und zum Unterrichtsfach.* Unveröffentlichte Dissertation. Friedrich-Alexander-Universität Erlangen-Nürnberg.

Balzer, N. (2019). Anerkennung als erziehungswissenschaftliche Kategorie. In L. Siep, H. Ikaheimo & M. Quante (Hrsg.), *Handbuch Anerkennung.* Wiesbaden: Springer VS.

Bartels, K. (2006). *Veni vidi vici. Geflügelte Worte aus dem Griechischen und Lateinischen.* Mainz: Verlag Philipp von Zabern.

Bauer, J. (2012). Burnout ist keine Modediagnose. *Bildung und Wissenschaft, 4,* 25–27.

Baumgärtner, A. M. (1969). *Wie sich Schüler heute ihre Lehrer wünschen.* München: Ehrenwirth Verlag.

Bieri, T. (2002). *Die berufliche Situation aus der Sicht der Lehrpersonen. Zufriedenheit, Belastung, Wohlbefinden und Kündigung im Lehrerberuf.* Dissertation. Eberhard-Karls-Universität, Tübingen. Zugriff am 31.05.2021. Verfügbar unter https://publikationen.uni-tuebingen.de/xmlui/bitstream/handle/10900/47304/pdf/Diss_Bieri_complete.pdf?sequence=1&isAllowed=y.

Bischof, L. M. (2017). *Schulentwicklung und Schuleffektivität.* Wiesbaden: Springer VS.

Blomfield, C. J. & Barber, B. (2010). Developmental Experiences during Extracurricular Activities and Australian Adolescents' Self-Concept: Particularly Important for Youth from Disadvantaged Schools. *Journal of Youth and Adolescence, 39,* 291–305.

BMBF (2009). *Gut angelegt. Das Investitionsprogramm Zukunft, Bildung und Betreuung.* Berlin: Verlag.

Boban, I. & Hinz, A. (2003). *Index für Inklusion. Lernen und Teilhabe in Schulen der Vielfalt entwickeln* (Martin-Luther-Universität). Zugriff am 20.07.2020. Verfügbar unter www.inklusionspaedagogik.de.

Boban, I. & Hinz, A. (2009). Der Index für Inklusion. Lernen und Teilhabe in der Schule der Vielfalt entwickeln. *Sozial Extra, 33,* 12–16.

Boban, I. & Hinz, A. (2015). Der Index für Inklusion – eine Einführung. In I. Boban & A. Hinz (Hrsg.), *Erfahrungen mit dem Index für Inklusion. Kindertageseinrichtungen und Schulen auf dem Weg* (S. 11–41). Bad Heilbrunn: Klinkhardt.

de Boer, A., Pijl, S. P. & Minnaert, A. (2011). Regular Primary Schoolteachers' Attitudes towards Inclusive Education: A Review of the Literature. *International Journal of Inclusive Education, 15,* 331–353.

Bohl, T. & Kucharz, D. (2010). *Offener Unterricht heute: konzeptionelle und didaktische Weiterentwicklung.* Weinheim: Beltz.

Bohnsack, F. (2013). *Wie Schüler die Schule erleben. Zur Bedeutung der Anerkennung, der Bestätigung und der Akzeptanz von Schwäche.* Opladen: Barbara Budrich.

Bormann, I. (2012). Vertrauen in Institutionen der Bildung oder: Vertrauen ist gut – ist Evidenz besser? *Zeitschrift für Pädagogik, 58,* 812–823.

Bosse, S., Henke, T., Jäntsch, C., Lambrecht, J., Vock, M. & Spörer, N. (2016). Die Entwicklung der Einstellung zum inklusiven Lernen und der Selbstwirksamkeit von Grundschullehrkräften. *Empirische Sonderpädagogik, 1,* 103–116.

Breidenstein, G. (2006). *Teilnahme am Unterricht. Ethnographische Studien zum Schülerjob.* Wiesbaden: VS Verlag für Sozialwissenschaften.

Breidenstein, G. (2009). Die Lehrperson als Ressource der Schülerkultur. In H. de Boer & H. Deckert-Peaceman (Hrsg.), *Kinder in der Schule. Zwischen Gleichaltrigenkultur und schulischer Ordnung* (S. 137–158). Wiesbaden: VS Verlag für Sozialwissenschaften.

Breidenstein, G. (2010). Überlegungen zu einer Theorie des Unterrichts. *Zeitschrift für Pädagogik, 56,* 869–887.

Brodesser, E., Simon, T., Schmitz, L. & Moser, V. (2019). Inklusiver Unterricht aus der Sicht angehender Lehrer*innen. In J. Frohn, E. Brodesser, V. Moser & D. Pech (Hrsg.),

Inklusives Lehren und Lernen. Allgemein- und fachdidaktische Grundlagen (S. 158–170). Bad Heilbrunn: Klinkhardt.

Brömer, B., Höfer, D., Perels, F. & Schreder, G. (2013). *Glossar zum Hessischen Referenzrahmen Schulqualität. Begriffe und Konzepte.* Wiesbaden: Hessisches Kultusministerium (HKM).

Brophy, J. & Good, T. (1976). *Die Lehrer-Schüler-Interaktion.* München: Urban & Schwarzenberg.

Brügelmann, H. (2011). Den Einzelnen gerecht werden – in der inklusiven Schule. Mit einer Öffnung des Unterrichts raus aus der Individualisierungsfalle! *Zeitschrift für Heilpädagogik, 62,* 355–362.

de Bruyckere, P. & Kirschner, P. A. (2016). Authentic Teachers: Student Criteria Perceiving Authenticity of Teachers. *Cogent Education, 3.* Zugriff am 20.07.2020. Verfügbar unter https://doi.org/10.1080/2331186X.2016.1247609.

Bryk, A. S. & Schneider, B. (2002). *Trust in Schools: A Core Resource for Improvement.* New York: Russell Sage Foundation.

Budde, J. & Hummrich, M. (2013). Reflexive Inklusion. *Zeitschrift für Inklusion online.* Zugriff am 20.07.2020. Verfügbar unter http://www.inklusion-online.net/index.php/inklusiononline/article/view/193/199.

Budde, J. & Hummrich, M. (2015). Inklusion aus erziehungswissenschaftlicher Perspektive. *Erziehungswissenschaft, 26,* 33–51.

van Buer, J. (1991). *Lehrerbild des Schülers und unterrichtliches Schülerverhalten* (Kieler Berichte Nr. 1). Institut für Pädagogik der Universität Kiel.

Bundesagentur für Arbeit (2009). *Kriterienkatalog zur Ausbildungsreife.* Bundesagentur für Arbeit (BA). Zugriff am 10.07.2020. Verfügbar unter https://www.arbeitsagentur.de/bildung/download-center-bildung.

Büttner, G., Warwas, J. & Adl-Amini, K. (2012). Kooperatives Lernen und Peer Tutoring im inklusiven Unterricht. *Zeitschrift für Inklusion online, 6.* Zugriff am 20.07.2020. Verfügbar unter http://www.inklusion-online.net/index.php/inklusion-online/article/view/61/61.

Capovilla, D., Gebhardt, M. & Hastall, M. (2018). »Mach mal Platz, hier kommt ein Behinderter«. Schulische Inklusion und problematische atypische Situationen am Beispiel von Lernenden mit einer Beeinträchtigung des Sehens – inklusive Fettnäpfchen. *Vierteljahreszeitschrift für Heilpädagogik, 87,* 112–125.

Chott, P. O. (2006). Fehlerkultur und das Lernen lernen. *Schweizerische Zeitschrift für Bildungswissenschaften, 28,* 131–136.

Cooper, H. & Good, T. (1983). *Pygmalion Grows Up: Studies in the Expectation Communication Process.* New York: Longman.

Cornelius-White, J. (2007). Learner-Centered Teacher-Student Relationships Are Effective: A Meta-Analysis. *Review of Educational Research, 77,* 113–143.

Covington, M. V. (2000). Goal theory, Motivation and School Achievement: An Integrative Review. *Annual Review of Psychology, 51,* 171–200.

Creemers, B. P., Kyriakides, L. & Antoniou, P. (2012). School Effectiveness and Improvement: Using a Dynamic Approach to Improve Quality in Education. In M. Brundrett (Ed.), *Principles of School Leadership* (pp. 54–69). London: Sage.

Dauber, H. (2009). *Grundlagen humanistischer Pädagogik.* Bad Heilbrunn: Klinkhardt.

Dauber, H. & Döring-Seipel, E. (2013). *Was Lehrerinnen und Lehrer gesund hält: empirische Ergebnisse zur Bedeutung psychosozialer Ressourcen im Lehrerberuf.* Göttingen: Vandenhoeck & Ruprecht.

DeCharms, R. (1968). *Personal Causation.* New York: Academic Press.

Deci, E. L. & Ryan, R. M. (1993). Die Selbstbestimmungstheorie der Motivation und ihre Bedeutung für die Pädagogik. *Zeitschrift für Pädagogik, 39,* 223–238.

DiCintio, M. J. & Stevens, R. J. (1997). Student Motivation and the Cognitive Complexity of Mathematics Instruction in Six Middle Grades Classrooms. *Research in Middle Level Education Quarterly, 20,* 27–42.

Diers, M. (2016). *Resilienzförderung durch soziale Unterstützung von Lehrkräften.* Wiesbaden: Springer VS.

DIHK (2019). *Ausbildung 2019. Ergebnisse einer DIHK-Online-Unternehmensbefragung.* Berlin: DIHK.

Ditton, H. (2000). Qualitätskontrolle und Qualitätssicherung in Schule und Unterricht. Ein Überblick zum Stand der empirischen Forschung. *Zeitschrift für Pädagogik, 41. Beiheft,* 73–92.

Ditton, H. (2007). Schulqualität – Modelle zwischen Konstruktion, empirischen Befunden und Implementierung. In J. van Buer & C. Wagner (Hrsg.), *Qualität von Schule. Ein kritisches Handbuch* (S. 83–92). Frankfurt a. M.: Peter Lang.

Dizinger, V. (2015). *Professionelle und interprofessionelle Kooperation von Lehrerinnen und Lehrern im Kontext schulischer Belastung und Beanspruchung.* Bielefeld: Universität Bielefeld.

Dollase, R. (2014). Wie wird die schönste pädagogische Vision Wirklichkeit? Grenzen und Möglichkeiten der Inklusion. *Profil, Juli/August,* 20–24.

Drahmann, M., Cramer, C. & Merk, S. (2018). *Wertorientierungen und Werterziehung von Lehrerinnen und Lehrern in Deutschland.* Tübingen: Forschungsbericht.

Dubs, R. (2009). *Lehrerverhalten. Ein Beitrag zur Interaktion von Lehrenden und Lernenden im Unterricht.* Stuttgart: Franz Steiner Verlag.

Dweck, C. S. (1986). Motivational Processes Affecting Learning. *American Psychologist, 41,* 1040–1048.

Dweck, C. S. (2017). The Journey to Children's Mindsets – and Beyond. *Child Development Perspectives, 11,* 139–144.

Dzengel, J. & Stein, D. (2015). Zur Schülersicht auf Freizeitangebote im offenen Ganztag. In S. Reh, B. Fritzsche, T.-S. Idel & K. Rabenstein (Hrsg.), *Lernkulturen. Schule und Gesellschaft* (S. 283–296). Wiesbaden: Springer VS.

Ecarius, J. (2009). Generation und Bildung. Eine historische und systematische Betrachtung unter besonderer Berücksichtigung des Bildungsbegriffs und der schulischen Bildung. In R. Tippelt & B. Schmidt (Hrsg.), *Handbuch Bildungsforschung* (S. 693–711). Wiesbaden: VS Verlag für Sozialwissenschaften.

Eccles, J. S., Midgley, C., Wigfield, A., Buchanan, C. M., Reuman, D., Flanagan, C. & Mac Iver, D. (1993). Development During Adolescence: The Impact of Stage-Environment Fit on Young Adolescents' Experiences in Schools and in Families. *American Psychologist, 48,* 90–101.

Eccles, J. S. & Wigfield, A. (1985). Teacher Expectations and Student Motivation. In J. Dusek (Ed.), *Teacher Expectancies* (pp. 185–217). Hillsdale, NJ: Lawrence Erlbaum.

Eder, F. (2006). Schul- und Klassenklima. In D. H. Rost (Hrsg.), *Handbuch Pädagogische Psychologie* (S. 622–631). Weinheim: Beltz.

Eichhorn, C. (2013). Classroom Management, damit es im Unterricht rund läuft. *Schule Heute, Juli/August*, 4–7.

Eichhorn, C. (2014). Classroom Management. Bessere Beziehungen – Besserer Unterricht. *Lernende Schule, 65*, 25–28.

Fabel Lamla, M. & Fetzer, J. (2014). Vertrauen in Schule(n) – ein Überblick. In S. Bartmann, M. Fabel-Lamla, N. Pfaff & N. Welter (Hrsg.), *Vertrauen in der erziehungswissenschaftlichen Forschung* (S. 251–272). Opladen: Barbara Budrich.

Faber, L., Fischer, N. & Heinzel, F. (2018). Wertschätzung und Anerkennung als Basis professionellen Handelns von Grundschullehrerinnen und -lehrern in inklusiven Settings. *Zeitschrift für Grundschulforschung, 11*, 253–268.

Fend, H. (2006). *Neue Theorie der Schule*. Wiesbaden: VS Verlag für Sozialwissenschaften.

Fischer, N. (2006). *Motivationsförderung in der Schule. Konzeption und Evaluation einer Fortbildungsmaßnahme für Mathematiklehrkräfte*. Hamburg: Dr. Kovac.

Fischer, N. (2018). *Wohlbefinden in der Ganztagsschule – Ganztagsschule als Chance für ein positives Schulklima. Dokumentation der DGUV-KMK-BZgA-Tagung »Prävention und Gesundheitsförderung in Schulen – Ganztag gesundheitsförderlich gestalten«*. Dresden: DGUV.

Fischer, N. & Kuhn, H. P. (2015). Ganztagsschule als Chance für das soziale Klima? *Friedrich Jahresheft, 23*, 114–116.

Fischer, N. & Kuhn, H. P. (2020). *Abschlussbericht der Evaluation des Pakts für den Nachmittag im Auftrag des Hessischen Kultusministeriums*. Kassel.

Fischer, N. & Kuhn, H. P. (in Druck). Ganztagsschulforschung. In H. Reinders, D. Bergs-Winkels, A. Prochnow & I. Post (Hrsg.), *Empirische Bildungsforschung*. Wiesbaden: Springer VS.

Fischer, N., Kuhn, H. P. & Tillack, C. (2016). Warum können Ganztagsschulen besonders gute Schulen sein? – Spezifische Qualitätsmerkmale der Ganztagsschule. In N. Fischer, H. P. Kuhn & C. Tillack (Hrsg.), *Was sind gute Schulen? Teil 4. Theorie, Praxis und Forschung zur Qualität von Ganztagsschulen* (S. 10–40). Immenhausen: Prolog-Verlag.

Fischer, N., Kuhn, H. P. & Züchner, I. (2011). Entwicklung von Sozialverhalten in der Ganztagsschule – Wirkungen der Ganztagsteilnahme und der Angebotsqualität. In N. Fischer, H. G. Holtappels, E. Klieme, T. Rauschenbach, L. Stecher & I. Züchner (Hrsg.), *Ganztagsschule: Entwicklung, Qualität, Wirkungen. Längsschnittliche Befunde der Studie zur Entwicklung von Ganztagsschulen (StEG)* (S. 246–266). Weinheim: Juventa.

Fischer N., Radisch, F., Theis, D. & Züchner, I. (2012). *Qualität von Ganztagsschulen - Bedingungen, Wirkungen und Empfehlungen. Expertise für die SPD Bundestagsfraktion*, DIPF. Zugriff am 27.07.2020. Verfügbar unter https://www.pedocs.de/frontdoor.php?source_opus=6794.

Fischer, N. & Richey, P. (2018). Förderung von Vertrauen und Wertschätzung in pädagogischen Beziehungen – Potenziale der Ganztagsschule. In S. Maschke, G. Schulz-Gade & L. Stecher (Hrsg.), *Jahrbuch Ganztagsschule. Lehren und Lernen in der Ganztagsschule. Grundlagen - Ziele - Perspektiven* (S. 59–66). Frankfurt a. M.: Debus Pädagogik.

Fischer, N. & Rustemeyer, R. (2007). Motivationsentwicklung und schülerperzipiertes Lehrkraftverhalten im Mathematikunterricht. *Zeitschrift für Pädagogische Psychologie, 21*, 135–144.

Fischer, N. & Theis, D. (2014a). Quality of Extracurricular Activities: Considering Developmental Changes in the Impact on School Attachment and Achievement. *Journal for Educational Research Online (JERO), 6*, 54–75.

Fischer, N. & Theis, D. (2014b). Extracurricular Participation and the Development of School Attachment and Learning Goal Orientation: The Impact of School Quality. *Developmental Psychology, 50*, 1788–1793.

Forgas, J. P. (1999). *Soziale Interaktion und Kommunikation. Eine Einführung in die Sozialpsychologie*. Weinheim: Beltz.

Forsyth, P. & Adams C. (2014). Organizational Predictability, the School Principal, and Achievement. In D. van Maele, P. Forsyth & M. van Houtte (Eds.), *Trust and School Life* (pp. 83–98). Dordrecht: Springer.

Forum Bildung (2002). *Empfehlungen und Einzelergebnisse des Forum Bildung*. Bonn: BMBF.

Frohn, J. (2019). Das Didaktische Modell für inklusives Lehren und Lernen – Aufbau, Interdependenzen und Akteur*innen. In J. Frohn, E. Brodesser, V. Moser & D. Pech (Hrsg.), *Inklusives Lehren und Lernen. Allgemein- und fachdidaktische Grundlagen* (S. 28–33). Bad Heilbrunn: Klinkhardt.

Fussangel, K. & Dizinger, V. (2014). The Challenge of Change? The Development of All-Day Schools and its Implications for Teacher Stress. *Journal for Educational Research Online (JERO), 6*, 115–133.

Gartmeier, M. (2018). *Gespräche zwischen Lehrpersonen und Eltern. Herausforderungen und Strategien der Förderung kommunikativer Kompetenz*. Wiesbaden: Springer VS.

Gebhard, S., Happe, C., Paape, M., Riestenpatt, J., Vägler, A., Wollenweber, K. U. & Castello, A. (2014). Merkmale und Bewertung der Kooperation von Sonderpädagogen und Regelschullehrkräften in inklusiven Unterrichtssettings. *Empirische Sonderpädagogik, 6*, 17–32.

Gebhardt, M., Schwab, S., Nusser, L. & Hessels, M. (2015). Einstellungen und Selbstwirksamkeit von Lehrerinnen und Lehrern zur schulischen Inklusion in Deutschland – eine Analyse mit Daten des Nationalen Bildungspanels Deutschlands (NEPS). *Empirische Pädagogik, 29*, 211–229.

Georgiou, M. & Kyriakides, L. (2012). The Impact of Teacher and Principal Interpersonal Behaviour on Student Learning Outcomes: A Large Scale Study in Secondary Schools of Cyprus. In T. Wubbels, P. den Brok, J. van Tartwijk & J. Levy (Eds.), *Interpersonal Relationships in Education* (pp. 119–135). Rotterdam: Sense.

Gnambs, T. & Hanfstingl, B. (2016). The Decline of Academic Motivation During Adolescence: An Accelerated Longitudinal Cohortanalysis on the Effect of Psychological Need Satisfaction. *Educational Psychology, 36*, 1691–1705.

Goddard, R. D., Salloum, S. J. & Berebitsky, D. (2009). Trust as a Mediator of the Relationships Between Poverty, Racial Composition, and Academic Achievement: Evidence from Michigan's Public Elementary Schools. *Educational Administration Quarterly, 45*, 292–311.

Good, T. L. (1993). Teacher Expectations. In L. Anderson (Ed.), *International Encyclopedia of Education* (pp. 140–153). Oxford: Pergamon.

Good, T. L. & Brophy, J. E. (2003). *Educational Psychology*. New York: Longman.

Graham, S. & Weiner, B. (1986). From Attribution Theory to Developmental Psychology: A Roundtrip Ticket? *Social Cognition, 4*, 152–179.

Gräsel, C., Fußangel, K. & Pröbstel, C. (2006). Lehrkräfte zur Kooperation anregen. Eine Aufgabe für Sisyphos. *Zeitschrift für Pädagogik, 52,* 205–219.

Gregory, A. & Ripski, M. B. (2008). Adolescent Trust in Teachers: Implications for Behavior in the High School Classroom. *School Psychology Review, 37,* 337–353.

Greitemeyer, T. (2008). Sich selbst erfüllende Prophezeiung. In L.-E. Petersen & E. Six (Hrsg.), *Stereotype, Vorurteile und soziale Diskriminierung. Theorien, Befunde und Interventionen* (S. 80–87). Weinheim: Beltz.

Gronostaj, A., Kretschmann, J., Westphal, A. & Vock, M. (2015). Motivationale Kompetenzen und soziale Integration von Kindern mit sonderpädagogischem Förderbedarf in inklusiven Lernsettings. In Landesinstitut für Schule und Medien Berlin-Brandenburg (Hrsg.), *Inklusives Lernen und Lehren im Land Brandenburg. Abschlussbericht zur Begleitforschung des Pilotprojekts »Inklusive Grundschule«* (S. 109–136). Potsdam: LISUM.

Grosche, M. (2015). Was ist Inklusion? Ein Diskussions- und Positionsartikel zur Definition von Inklusion aus Sicht der empirischen Bildungsforschung. In P. Kuhl, P. Stanat, B. Lütje-Klose, C. Gresch, H. A. Pant & M. Prenzel (Hrsg.), *Inklusion von Schülerinnen und Schülern mit sonderpädagogischem Förderbedarf in Schulleistungserhebungen: Grundlagen und Befunde* (S. 17–39). Wiesbaden: Springer VS.

Gruber, H., Mandl, H. & Renkl, A. (2000). Was lernen wir in Schule und Hochschule: Träges Wissen? In H. Mandl & J. Gerstenmeier (Hrsg.), *Die Kluft zwischen Wissen und Handeln: empirische und theoretische Lösungsansätze* (S. 139–156). Göttingen: Hogrefe.

Grundmann, G. & Kötters, C. (2000). Schulklima und schulisches Wohlbefinden. In K.-H. Krüger, G. Grundmann & C. Kötters (Hrsg.), *Jugendliche Lebenswelten und Schulentwicklung* (S. 225–265). Opladen: Leske & Budrich.

Haag, L. & Streber, D. (2014). *Individuelle Förderung. Eine Einführung in Theorie und Praxis.* Weinheim: Beltz.

Haenisch, H. (2009). Verzahnung zwischen Unterricht und außerunterrichtlichen Angeboten im offenen Ganztag. *Der GanzTag in NRW, 5,* 6–27.

Hafen, C. A., Hamre, B. K., Allen, J. P., Bell, C. A., Gitomer, D. H. & Pianta, R. C. (2015). Teaching Through Interactions in Secondary School Classrooms: Revisiting the Factor Structure and Practical Application of the Classroom Assessment Scoring System-Secondary. *The Journal of Early Adolescence, 35,* 651–680.

Hafeneger, B., Henkenborg, P. & Scheer, A. (2002). Vorwort. In B. Hafeneger, P. Henkenborg & A. Scheer (Hrsg.), *Pädagogik der Anerkennung. Grundlagen, Konzepte, Praxisfelder* (S. 7–9). Schwalbach/Ts.: Wochenschau Verlag.

Hamre, B. K. & Pianta, R. C. (2006). Student-Teacher Relationships. In G. G. Bear & K. M. Minke (Eds.), *Children's Needs III: Development, Prevention, and Intervention* (pp. 59–71). National Association of School Psychologists.

Hamre, B. K., Pianta, R. C., Downer, J. T., DeCoster, J., Mashburn, A. J. & Hamagami, A. (2013). Teaching Through Interactions: Testing a Developmental Framework of Teacher Effectiveness in Over 4,000 Classrooms. *The Elementary School Journal, 113,* 461–487.

Hargreaves, D. (1972). *Interaktion und Erziehung. Pädagogische Aspekte zu zwischenmenschlichen Beziehungen.* Wien: Hermann Böhlhaus.

Hargreaves, D. (2000). Mixed Emotions: Teachers' Perceptions of their Interactions with Students. *Teaching and Teacher Education, 16,* 811–826.

Hascher, T. (2004). *Wohlbefinden in der Schule.* Münster: Waxmann.

Hascher, T. & Hagenauer, G. (2011). Schulisches Wohlbefinden im Jugendalter – Verläufe und Einflussfaktoren. In A. Ittel, H. Merkens & L. Stecher (Hrsg.), *Jahrbuch Jugendforschung 2010* (S. 15–45). Wiesbaden: VS Verlag für Sozialwissenschaften.

Hasselhorn, M. & Gold, A. (2017). *Pädagogische Psychologie: Erfolgreiches Lernen und Lehren.* Stuttgart: Kohlhammer.

Hattie, J. A. C. (2009). *Visible Learning: A Synthesis of over 800 Meta-Analyses Relating to Achievement.* London: Routledge.

Hattie, J. A. C. (2013). *Lernen sichtbar machen.* Baltmannsweiler: Schneider Verlag Hohengehren.

Heinrich, M., Arndt, A.-K. & Werning, R. (2014). Von »Fördertanten« und »Gymnasialempfehlungskindern«. Professionelle Identitätsbehauptung von Sonderpädagog/innen in der inklusiven Schule. *Zeitschrift für interpretative Schul- und Unterrichtsforschung, 3,* 58–71.

Helmke, A. (2006). Was wissen wir über guten Unterricht? Über die Notwendigkeit einer Rückbesinnung auf den Unterricht als dem »Kerngeschäft« der Schule. *Pädagogik, 58,* 42–45.

Helmke, A. (2012). *Unterrichtsqualität und Lehrerprofessionalität.* Seelze: Klett Kallmeyer.

Helsper, W. (2002). Lehrerprofessionalität als antinomische Handlungsstruktur. In M. Kraul, W. Marotzki & C. Schweppe (Hrsg.), *Biographie und Profession* (S. 64–102). Bad Heilbrunn: Klinkhardt.

Helsper, W. (2004). Antinomien, Widersprüche, Paradoxien: Lehrerarbeit – ein unmögliches Geschäft? In B. Koch-Priewe, U. Kolbe & J. Wildt (Hrsg.), *Grundlagenforschung und mikrodidaktische Reformansätze zur Lehrerbildung* (S. 49–98). Bad Heilbrunn: Klinkhardt.

Helsper, W. & Hummrich, M. (2014). Die Lehrer-Schüler-Beziehung. In C. Tillack, N. Fischer, D. Raufelder & J. Fetzer (Hrsg.), *Beziehungen in Schule und Unterricht. Teil 1. Theoretische Grundlagen und praktische Gestaltung pädagogischer Beziehungen* (S. 32–59). Immenhausen: Prolog-Verlag.

Helsper, W. & Lingkost, A. (2002). Schülerpartizipation in den Antinomien von Autonomie und Zwang sowie Organisation und Interaktion - eine exemplarische Rekonstruktion im Horizont einer Theorie schulischer Anerkennung. In B. Hafeneger, P. Henkenborg & A. Scheer (Hrsg.), *Pädagogik der Anerkennung. Grundlagen, Konzepte, Praxisfelder* (S. 132–156). Schwalbach/Ts.: Wochenschau Verlag.

Helsper, W., Sandring, S. & Wiezorek, C. (2005). Anerkennung in pädagogischen Beziehungen. Ein Problemaufriss. In W. Heitmeyer & P. Imbusch (Hrsg.), *Integrationspotenziale einer modernen Gesellschaft* (S. 179–206). Wiesbaden: VS Verlag für Sozialwissenschaften.

Helsper, W., Ullrich, H., Stelmaszyk, B., Höblich, D., Graßhoff, G. & Jung, D. (2008). *Autorität und Schule: Die empirische Rekonstruktion der Klassenlehrer-Schüler-Beziehung an Waldorfschulen.* Wiesbaden: VS Verlag für Sozialwissenschaften.

Hericks, U. & Kunze, I. (2002). Entwicklungsaufgaben von Lehramtsstudierenden, Referendaren und Berufseinsteigern: Ein Beitrag zur Professionalisierungsforschung. *Zeitschrift für Erziehungswissenschaft, 5,* 401–416.

Hessisches Kultusministerium. (2018). *Ganztägig arbeitende Schulen.* Wiesbaden: HKM.

Hinde, R. A. (1997). *Relationships: A Dialectical Perspective.* Hove, UK: Psychology Press.

Höhmann, K. & Kummer, N. (2006). Vom veränderten Takt zu einem neuen Rhythmus. Auswirkungen einer neuen Zeitstruktur auf die Ganztagsschulorganisation. In S. Appel, H. Ludwig, U. Rother & G. Rutz (Hrsg.), *Ganztagsschule 2007. Ganztagsschule gestalten* (S. 264-275). Schwalbach, Ts: Wochenschau Verlag.

Holtappels, H. G. (1987). *Schulprobleme und abweichendes Schülerverhalten aus der Schülerperspektive. Empirische Studie zu Sozialisationseffekten im situationellen und interaktionellen Handlungskontext der Schule.* Bochum: Ulrich Schallwig Verlag.

Holtappels, H. G. (2005). Ganztagsbildung in ganztägigen Schulen – Ziele, pädagogische Konzepte, Forschungsbefunde. In T. Fitzner, T. Schlag & M. W. Lallinger (Hrsg.), *Ganztagsschule – Ganztagsbildung. Politik – Pädagogik – Kooperationen* (S. 48-85). Bad Boll: Evangelische Akademie.

Honneth, A. (1992). *Kampf um Anerkennung. Zur moralischen Grammatik sozialer Konflikte.* Frankfurt a. M.: Suhrkamp.

Huang, D., Cho, J., Mostafavi, S. & Nam, H. (2008). *What Works? Common Practices in High Functioning Afterschool Programs: The National Partnership for Quality Afterschool Learning Final Report.* Austin, TX: SEDL.

Huber, C. (2011). Soziale Referenzierungsprozesse und soziale Integration in der Schule. *Empirische Sonderpädagogik, 3,* 20-36.

Huber, C. & Wilbert, J. (2012). Soziale Ausgrenzung von Schülern mit sonderpädagogischem Förderbedarf und niedrigen Schulleistungen im gemeinsamen Unterricht. *Empirische Sonderpädagogik, 4,* 147-165.

Ipfling, H. J., Peez, H. & Gamsjäger, E. (1995). *Wie zufrieden sind die Lehrer? Empirische Untersuchungen zur Berufs(un)zufriedenheit von Lehrer/Lehrerinnen der Primar- und Sekundarstufe im deutschsprachigen Raum.* Bad Heilbrunn: Klinkhardt.

Jaasma, M. A. & Koper, R. J. (1999). The Relationship of Student-Faculty Out-of-Class Communication to Instructor Immediacy and Trust and to Student Motivation. *Communication Education, 48,* 41-47.

Jäger, R. S. (2009). Gestaltung des Lernens in der Ganztagsschule. Unterrichtsentwicklung aus der Sicht der Wissenschaft. In F. Prüß, S. Kortas & M. Schöpa (Hrsg.), *Die Ganztagsschule: von der Theorie zur Praxis. Anforderungen und Perspektiven für Erziehungswissenschaft und Schulentwicklung* (S. 229-248). Weinheim: Juventa.

Jonas, K., Stroebe, W. & Hewstone, M. (2014). *Sozialpsychologie.* Berlin: Springer.

Jussim, L. & Harber, K. D. (2005). Teacher Expectations and Self-Fulfilling Prophecies: Knows and Unknows, Resolved and Unresolved Controversies. *Personality and Social Psychology Review, 9,* 131-155.

Kammler, T. (2013). *Anerkennung und Gewalt an Schulen. Eine evidenzbasierte und theoriegeleitete Interventionsstudie im Praxistest.* Wiesbaden: Springer VS.

Kanders, M., Rolff, H.-G. & Rösner, E. (1996). Schülerschelte für die Lehrer. *ZEIT Punkte, 2/96,* 34-37.

Kiel, E., Frey, A. & Weiß, S. (2013). *Trainingsbuch Klassenführung.* Bad Heilbrunn: Klinkhardt.

Kiesler, D. J. (1983). The 1982 Interpersonal Circle. A Taxonomy for Complementarity in Human Transactions. *Psychological Review, 90,* 185-214.

Kiper, H. (2014). Beziehungen in Schule und Unterricht. In C. Tillack, N. Fischer, D. Raufelder & J. Fetzer (Hrsg.), *Beziehungen in Schule und Unterricht. Teil 1. Theoretische*

Grundlagen und praktische Gestaltung pädagogischer Beziehungen (S. 11–31). Immenhausen: Prolog-Verlag.

Klaffke, T. (2013). *Klassen führen – Klassen leiten: Beziehungen, Lernen, Classroom Management. Schule weiterentwickeln – Unterricht verbessern.* Seelze: Kallmeyer.

Klieme, E. (2016). Schulqualität, Schuleffektivität und Schulentwicklung – Welche Erkenntnis eröffnet empirische Forschung? In U. Steffens & T. Bargel (Hrsg.), *Schulqualität – Bilanz und Perspektiven* (S. 45–64). Münster: Waxmann.

Klieme, E. & Rakoczy, K. (2008). Empirische Unterrichtsforschung und Fachdidaktik: Outcome-orientierte Messung und Prozessqualität des Unterrichts. *Zeitschrift für Pädagogik, 54,* 222–237.

Klieme, E., Schümer, G. & Knoll, S. (2011). Mathematikunterricht in der Sekundarstufe I: »Aufgabenkultur« und Unterrichtsgestaltung im internationalen Vergleich. In E. Klieme & J. Baumert (Hrsg.), *TIMSS – Impulse für Schule und Unterricht* (S. 43–57). Bonn: BMBF.

Klusmann, U., Kunter, M., Trautwein, U. & Baumert, J. (2006). Lehrerbelastung und Unterrichtsqualität aus der Perspektive von Lehrenden und Lernenden. *Zeitschrift für Pädagogische Psychologie, 20,* 161–173.

Kolbe, F.-U. (2009). Unterrichtsorganisation aus der Sicht der Wissenschaft. Rhythmisierung und Flexibilisierung des Tagesablaufes. In F. Prüß, S. Kortas & M. Schöpa (Hrsg.), *Die Ganztagsschule: von der Theorie zur Praxis. Anforderungen und Perspektiven für Erziehungswissenschaft und Schulentwicklung* (S. 203–214). Weinheim: Juventa.

Köller, O. (2018). Bildungsstandards. In R. Tippelt & B. Schmidt-Hertha (Hrsg.), *Handbuch Bildungsforschung* (S. 625–648). Wiesbaden: Springer VS.

Köller, O. & Meyer, H. (2013). *Vom guten Unterricht zur guten Lehrperson, Bundeszentrale für politische Bildung.* Zugriff am 02.08.2020. Verfügbar unter https://www.bpb.de/gesellschaft/bildung/zukunft-bildung/176617/guter-lehrer-guter-unterricht.

König, J. (2007). *Welche Merkmale sollte eine »gute« Lehrkraft haben?* Zugriff am 10.07.2020. Verfügbar unter https://edoc.hu-berlin.de/bitstream/handle/18452/9928/4.pdf?sequence=1.

Kowalski, M. (2016). Zur Bedeutung von Anerkennung in der Lehrer-Schüler-Beziehung für gute Schulen. In S. Hadeler, K. Moegling & G. Hund-Göschel (Hrsg.), *Was sind gute Schulen? Teil 3. Forschungsergebnisse* (S. 45–63). Immenhausen: Prolog-Verlag.

Krapp, A. (2005). Das Konzept der grundlegenden psychologischen Bedürfnisse. Ein Erklärungsansatz für die positiven Effekte von Wohlbefinden und intrinsischer Motivation im Lehr-Lerngeschehen. *Zeitschrift für Pädagogik, 51,* 626–641.

Krause, A., Dorsemagen, C. & Alexander, T. (2011). Belastung und Beanspruchung im Lehrerberuf. Arbeitsplatz- und bedingungsbezogene Forschung. In E. Terhart, H. Bennewitz & M. Rothland (Hrsg.), *Handbuch der Forschung zum Lehrerberuf* (S. 788–813). Münster: Waxmann.

Kriz, J. (2000). *Humanistische Psychologie, Lexikon der Psychologie.* Zugriff am 10.07.2020. Verfügbar unter https://www.spektrum.de/lexikon/psychologie/humanistische-psychologie/6752.

Krumm, V. & Weiß, S. (2000). Was Lehrer Schülern antun. Ein Tabu in der Forschung über »Gewalt an Schulen«. In H.-U. Grundner (Hrsg.), *›Und nun an die Arbeit‹* (S. 252–266). Baltmannsweiler: Schneider Verlag Hohengehren.

Ksienzyk, B. & Schaarschmidt, U. (2005). Beanspruchung und schulische Arbeitsbedingungen. In U. Schaarschmidt (Hrsg.), *Halbtagsjobber? Psychische Gesundheit im Lehrerberuf - Analyse eines veränderungsbedürftigen Zustandes* (S. 73–87). Weinheim: Beltz.

Kuhn, H. P. & Fischer, N. (2011). Zusammenhänge zwischen Schulnoten und problematischem Sozialverhalten in der Ganztagsschule: Entwickeln sich Ganztagsschüler/-innen besser? *Zeitschrift für Erziehungswissenschaft, 14*, 143–162.

Kuhn, H. P., Fischer, N. & Schoreit, E. (2016). Soziales Lernen von Jungen und Mädchen in der Ganztagsschule. Zur Bedeutung der Mitbestimmung in den Angeboten für die Entwicklung der schulbezogenen sozialen Verantwortungsübernahme. In N. Fischer, H. P. Kuhn & C. Tillack (Hrsg.), *Was sind gute Schulen? Teil 4. Theorie, Praxis und Forschung zur Qualität von Ganztagsschulen* (S. 148–167). Immenhausen: Prolog-Verlag.

Kullmann, H., Lütje-Klose, B. & Textor, A. (2014). Eine allgemeine Didaktik für inklusive Lerngruppen – fünf Leitprinzipien als Grundlage eines Bielefelder Ansatzes der inklusiven Didaktik. In B. Amrhein & M. Dziak-Mahler (Hrsg.), *Fachdidaktik inklusiv: Auf der Suche nach didaktischen Leitlinien für den Umgang mit Vielfalt in der Schule* (S. 89–107). Münster: Waxmann.

Kullmann H., Lütje-Klose B., Textor A., Berard J. & Schitow K. (2015). Inklusiver Unterricht – (Auch) eine Frage der Einstellung! Eine Interviewstudie über Einstellungen und Bereitschaften von Lehrkräften und Schulleitungen zur Inklusion. In C. Siedenbiedel & C. Theurer (Hrsg.), *Grundlagen inklusiver Bildung. Teil 1. Inklusive Unterrichtspraxis und -entwicklung* (S. 181–196). Immenhausen: Prolog-Verlag.

Kultusministerkonferenz (2020). *Allgemeinbildende Schulen in Ganztagsform in den Ländern in der Bundesrepublik Deutschland - Statistik 2014 bis 2018*. Berlin: KMK.

Kyriacou, C. (2001). Teacher Stress: Directions for Future Research. *Educational Review, 53*, 27–35.

Larson, R. W. (2000). Toward a Psychology of Positive Youth Development. *American Psychologist, 55*, 170–183.

Lewis, R. & Riley, P. (2009). Teacher Misbehaviour. In L. J. Saha & A. G. Dworkin (Eds.), *International Handbook of Research on Teachers and Teaching* (pp. 417–431). New York: Springer Science + Business Media LLC.

Lindmeier, C. & Lütje-Klose, B. (2015). Inklusion als Querschnittsaufgabe in der Erziehungswissenschaft. *Erziehungswissenschaft, 26*, 7–16.

Lipowsky, F., Kastens, C., Lotz, M. & Faust, G. (2011). Aufgabenbezogene Differenzierung und Entwicklung des verbalen Selbstkonzepts im Anfangsunterricht. *Zeitschrift für Pädagogik, 57*, 868–884.

Lorenz, G. & Gentrup, S. (2017). Lehrererwartungen und der Bildungserfolg von Schülerinnen und Schülern mit Migrationshintergrund. In Berliner Institut für empirische Integrations- und Migrationsforschung (Hrsg.), *Vielfalt im Klassenzimmer. Wie Lehrkräfte gute Leistung fördern können* (S. 24–37). Berlin.

Löser, J. M. & Werning, R. (2013). Inklusion aus internationaler Perspektive – ein Forschungsüberblick. *Zeitschrift für Grundschulforschung, 6*, 21–33.

Ludwig, P. H. (2010). Erwartungseffekt. In D. H. Rost (Hrsg.), *Handbuch Pädagogische Psychologie* (S. 144–150). Weinheim: Beltz.

Luhmann, N. (2014). *Vertrauen. Ein Mechanismus der Reduktion sozialer Komplexität*. Stuttgart: UTB.

Lussi, I. & Huber, S. G. (2015). Das Erleben von Anerkennung in der Schule und seine Relevanz für die Werteentwicklung von jungen Erwachsenen. *Forum Qualitative Sozialforschung/Forum: Qualitative Social Research, 16,* Art. 32.

Lütje-Klose, B., Neumann, P., Gorges, J. & Wild, E. (2018). Die Bielefelder Längsschnittstudie zum Lernen in inklusiven und exklusiven Förderarrangements (BiLieF) – Zentrale Befunde. *Die Deutsche Schule, 110,* 109–123.

Madon, S., Smith, A., Jussim, L., Russell, D. W., Walkiewicz, M., Eccles, J. & Palumbo, P. (2001). Am I as You See Me or Do You See Me as I Am?: Self-Fulfilling Prophecy and Self-Verification. *Personality and Social Psychology Bulletin, 27,* 1214–1224.

van Maele, D. & van Houtte, M. (2011). The Quality of School Life: Teacher-Student Trust Relationships and the Organizational School Context. *Social Indicators Research, 100,* 85–100.

van Maele, D. & van Houtte, M. (2014). Teacher Trust in Students and the Organizational School Context: The Role of Student Culture and Teachability Perceptions. In D. van Maele, P. Forsyth & M. van Houtte (Eds.), *Trust and School Life* (pp. 171–188). Dordrecht: Springer.

van Maele, D. & van Houtte, M. (2015). Trust in School: A Pathway to Inhibit Teacher Burnout? *Journal of Educational Administration, 53,* 93–115.

Mainhard, M. T., Pennings, H. J. M., Wubbels, T. & Brekelmans, M. (2012). Mapping Control and Affiliation in Teacher-Student Interaction with State Space Grids. *Teaching and Teacher Education, 28,* 1027–1037.

Matthäi, J. & Latzko, B. (2008). Wissensvermittlung oder Erziehung? Lehrer als Pädagogische Autoritäten. *Empirische Pädagogik, 22,* 1–16.

McGhie-Richmond, D., Underwood, K. & Jordan, A. (2007). Developing Effective Instructional Strategies for Teaching in Inclusive Classrooms. *Exceptionality Education Canada, 17,* 27–52.

Meier, U. (2006). Gewalt im sozialökologischen Kontext der Schule. In H. G. Holtappels, W. Heitmeyer, W. Melzer & K.-J. Tillmann (Hrsg.), *Forschung über Gewalt an Schulen. Erscheinungsformen und Ursachen, Konzepte und Präventionen* (S. 225–243). Weinheim: Juventa.

Merl, T. (2019). *un/genügend fähig. Zur Herstellung von Differenz im Unterricht inklusiver Schulklassen.* Bad Heilbrunn: Klinkhardt.

Mitchell, R. M., Kensler, L. & Tschannen-Moran, M. (2018). Student Trust in Teachers and Student Perceptions of Safety: Positive Predictors of Student Identification with School. *International Journal of Leadership in Education, 21,* 135–154.

Muijs, D., Harris, A., Chapman, C., Stoll, L. & Russ, J. (2004). Improving Schools in Socioeconomically Disadvantaged Areas – A Review of Research Evidence. *School Effectiveness & School Improvement, 15,* 149–175.

Müller, B. (2002). Anerkennung als Kernkompetenz in der Jugendarbeit. In B. Hafeneger, P. Henkenborg & A. Scheer (Hrsg.), *Pädagogik der Anerkennung. Grundlagen, Konzepte, Praxisfelder* (S. 236–248). Schwalbach/Ts.: Wochenschau Verlag.

Newman, R. & Goldin, L. (1990). Children's Reluctance to Seek Help with School Work. *Journal of Educational Psychology, 82,* 92–100.

Nickel, H. (1976). Die Lehrer-Schüler-Beziehung aus Sicht neuerer Forschungsergebnisse – ein transaktionales Modell. *Psychologie in Erziehung und Unterricht, 23,* 153–172.

Noack, A. & Mortag, I. (2012). Kompetenzorientierter Unterricht und wie er nachhaltiges Lernen gewährleisten kann. In I. Mortag & I. Nowosad (Hrsg.), *Qualität des Lebens und Qualität der Schule. Wohlfühlen in der Schule aus der Sicht der Beteiligten* (S. 179–193). Leipzig: Oficyna Wydawn. Uniw. Zielonogórskiego.

Nuttin, J. (1984). *Motivation, Planning, and Action*. Mahwah, NJ: Erlbaum.

Organisation for Economic Cooperation and Development (2005). *Die Definition und Auswahl von Schlüsselkompetenzen. Zusammenfassung*. Zugriff am 10.07.2020. Verfügbar unter http://www.oecd.org/dataoecd/36/56/35693281.pdf.

Oser, F. & Spychiger, M. (2005). *Lernen ist schmerzhaft. Zur Theorie des Negativen Wissens und zur Praxis der Fehlerkultur*. Weinheim: Beltz.

Patall, E. A., Cooper, H. & Allen, A. B. (2010). Extending the School Day or the School Year: A Systematic Review of Research (1985–2009). *Review of Educational Research, 80,* 401–436.

Pekrun, R. (2018). Emotion, Lernen und Leistung. In M. Huber & S. Krause (Hrsg.), *Bildung und Emotion* (S. 215–231). Wiesbaden: Springer VS.

Perlman, D. J. (2015). The Teacher CARE Project: Enhancing Motivation, Engagement and Effort of Amotivated Students. *Journal of Research, Policy & Teacher Education, 5,* 4–16.

Perrez, M., Huber, G. L. & Geißler, K. A. (2001). Psychologie der pädagogischen Interaktion. In A. Krapp & B. Weidenmann (Hrsg.), *Pädagogische Psychologie. Ein Lehrbuch* (S. 357–413). Weinheim: Beltz.

Petillon, H. (1982). *Soziale Beziehungen zwischen Lehrern, Schülern und Schülergruppen. Überlegungen und Untersuchungen zu Aspekten der sozialen Interaktion in vierten Grundschulklassen*. Weinheim: Beltz.

Pianta, R. C., Hamre, B. K. & Stuhlman, M. (2003). Relationships between Teachers and Children. In W. M. Reynolds & G. E. Miller (Eds.), *Handbook of Psychology. Vol. 7. Educational Psychology* (pp. 199–234). Hoboken: Wiley & Sons.

Pianta, R. C., La Paro, K. M. & Hamre, B. K. (2008). *Classroom Assessment Scoring System™: Manual K-3*. Baltimore: Brookes.

Plaßmann, A. (2004). *Macht und Erziehung - Erziehungsmacht: über die Machtanwendung in der Erziehung*. Dissertation. Christian-Albrechts-Universität zu Kiel. Zugriff am 31.05.2021. Verfügbar unter https://nbn-resolving.org/urn:nbn:de:gbv:8-diss-11972.

Prengel, A. (1990). Subjektive Erfahrungen mit Integration. In H. Deppe-Wolfinger, A. Prengel & H. Reiser (Hrsg.), *Integrative Pädagogik in der Grundschule* (S. 147–258). Weinheim: Juventa.

Prengel, A. (2002). »Ohne Angst verschieden sein?« - Mehrperspektivistische Anerkennung von Schulleistungen in einer Pädagogik der Vielfalt. In B. Hafeneger, P. Henkenborg & A. Scheer (Hrsg.), *Pädagogik der Anerkennung. Grundlagen, Konzepte, Praxisfelder* (S. 203–221). Schwalbach/Ts.: Wochenschau Verlag.

Prengel, A. (2013). *Pädagogische Beziehungen zwischen Anerkennung, Verletzung und Ambivalenz*. Opladen: Barbara Budrich.

Prengel, A. (2017). Individualisierung in der Caring Community - Zur inklusiven Verbesserung von Lernleistungen. In A. Textor, S. Grüter, I. Schiermeyer-Reichl & B. Streese (Hrsg.), *Leistung inklusive? Inklusion in der Leistungsgesellschaft. Bd. II: Unterricht, Leistungsbewertung und Schulentwicklung* (S. 13–27). Bad Heilbrunn: Klinkhardt.

Prengel, A. (2019a). Pädagogische Beziehungen im Lichte der Kinderrechte. In U. Herrmann (Hrsg.), *Pädagogische Beziehungen* (S. 73–81). Weinheim: Beltz Juventa.

Prengel, A. (2019b). *Pädagogik der Vielfalt. Verschiedenheit und Gleichberechtigung in Interkultureller, Feministischer und Integrativer Pädagogik*. Opladen: Leske & Budrich.
Prengel, A., Tellisch, C. & Wohne, A. (2016). Anerkennung im Fachunterricht. *Pädagogik, 5*, 10–13.
Prüß, F., Hamf, J., Kortas, S. & Schöpa, M. (2009). Die gesundheitsfördernde Ganztagsschule. In S. Appel, H. Ludwig, U. Rother & G. Rutz (Hrsg.), *Leben – Lernen – Leisten* (S. 178–188). Schwalbach/Ts.: Wochenschau Verlag.
Rabenstein, K. (2008). Rhythmisierung. In T. Coelen & H.-U. Otto (Hrsg.), *Grundbegriffe der Ganztagsbildung. Das Handbuch* (S. 548–556). Wiesbaden: VS Verlag für Sozialwissenschaften.
Rathmann, K. & Hurrelmann, K. (2018). Leistung und Wohlbefinden in inklusiven Schulen: Eine Einführung. In K. Rathmann & K. Hurrelmann (Hrsg.), *Leistung und Wohlbefinden in der Schule: Herausforderung Inklusion* (S. 10–20). Weinheim: Beltz Juventa.
Rauschenbach, T. (2009). *Zukunftschance Bildung*. Weinheim: Juventa.
Rauschenbach, T. (2015). Ganztagsschule – ein Projekt ohne Konzept. In T. Hascher, T.-S. Idel, S. Reh, W. Thole & K.-J. Tillmann (Hrsg.), *Bildung über den ganzen Tag. Forschungs- und Theorieperspektiven der Erziehungswissenschaft* (S. 23–37). Opladen: Barbara Budrich.
Reeve, J. & Lee, W. (2014). Students' Classroom Engagement Produces Longitudinal Changes in Classroom Motivation. *Journal of Educational Psychology, 106*, 527.
Reh, S., Idel, T.-S., Rabenstein, K. & Fritzsche, B. (2015). Ganztagsschulforschung als Transformationsforschung. Theoretische und empirische Erträge des Projekts. In S. Reh, B. Fritzsche, T.-S. Idel & K. Rabenstein (Hrsg.), *Lernkulturen. Rekonstruktion pädagogischer Praktiken an Ganztagsschulen* (S. 297–336). Wiesbaden: Springer VS.
Reich, K. (2014). 10 Bausteine einer inklusiven Schulentwicklung und Didaktik. In K. Reich (Hrsg.), *Inklusive Didaktik in der Praxis. Beispiele erfolgreicher Schulen* (S. 15–30). Weinheim: Beltz.
Reimer, G. (2006). *Unbewusste Beziehungsformen zwischen Lehrern und Schülern*. Dissertation. Universität Duisburg-Essen. Zugriff am 10.07.2020. Verfügbar unter https://duepublico2.uni-due.de/servlets/MCRFileNodeServlet/duepublico_derivate_00014676/Diss_Reimer.pdf.
Reinmann, G. & Mandl, H. (2006). Unterrichten und Lernumgebungen gestalten. In A. Krapp & B. Weidenmann (Hrsg.), *Pädagogische Psychologie. Ein Lehrbuch* (S. 613–658). Weinheim: Beltz.
Retkowski, A., Treibel, A. & Tuider, E. (Hrsg.). (2018). *Handbuch sexualisierte Gewalt und pädagogische Kontexte. Theorie, Forschung, Praxis*. Weinheim: Beltz Juventa.
Rheinberg, F. (2001). Bezugsnormen und schulische Leistungsbeurteilung. In F. E. Weinert (Hrsg.), *Leistungsmessungen in Schulen* (S. 59–71). Weinheim: Beltz.
Rheinberg, F., Bromme, R., Minsel, B., Winteler, A. & Weidenmann, B. (2001). Die Erziehenden und Lernenden. In A. Krapp & B. Weidenmann (Hrsg.), *Pädagogische Psychologie. Ein Lehrbuch* (S. 271–355). Weinheim: Beltz.
Rheinberg, F. & Vollmeyer, R. (2012). *Motivation*. Stuttgart: Kohlhammer.
Richey, P. (2016). *Lehrer-Schüler-Beziehung. Eine empirische Studie zu normativen Lehrer- und Schülererwartungen aus Lehrer-, Schüler- und Beobachterperspektive*. Baltmannsweiler: Schneider Verlag Hohengehren.

Richey, P. & Fischer, N. (2018). Lehrer-Schüler-Beziehung. Bedeutung, Möglichkeiten und Hindernisse. *Schulmagazin 5-10, 11,* 53-56.

Richey, P. & Fischer, N. (2019). Belastete Lehrkollegien - schlechtes Beziehungsklima? Wirkt sich die Belastung von Lehrkollegien auf das Beziehungsklima und schulische Wohlbefinden von Schülerinnen und Schülern aus? *Empirische Pädagogik, 33,* 414-432.

Rogers, C. R. (1969). *Freedom to Learn.* Columbus, OH: Merrill.

Romero, L. S. (2015). Trust, Behavior, and High School Outcomes. *Journal of Educational Administration, 53,* 215-236.

Romero, L. S. & Mitchell, D. E. (2018). Toward Understanding Trust: A Response to Adams and Miskell. *Educational Administration Quarterly, 54,* 152-170.

Roorda, D. L., Koomen, H. M. Y., Spilt, J. L. & Oort, F. J. (2011). The Influence of Affective Teacher-Student Relationships on Students' School Engagement and Achievement: A Meta-Analytic Approach. *Review of Educational Research, 81,* 493-529.

Rosemann, B. (1978). Bedingungsvariablen der Lehrer-Schüler-Beziehung. Erwartungskonkordanz und das Verhalten von Lehrern und Schülern. *Psychologie in Erziehung und Unterricht, 25,* 39-49.

Rosemann, B. & Bielski, B. (2001). *Einführung in die Pädagogische Psychologie.* Weinheim: Beltz.

Rosenthal, R. (1991). Teacher Expectancy Effects: A Brief Update 25 Years After the Pygmalion Experiment. *Journal of Research in Education, 1,* 3-12.

Rosenthal, R. & Jacobson, L. (1968). *Pygmalion in the Classroom.* New York: Holt, Rinehart & Winston.

Roth, G., Assor, A., Kanat-Maymon, Y. & Kaplan, H. (2006). Assessing the Experience of Autonomy in New Cultures and Contexts. *Motivation and Emotion, 30,* 361-372.

Rothland, M. (2013). Beruf: Lehrer/Lehrerin - Arbeitsplatz: Schule. Charakteristika der Arbeitstätigkeit und Bedingungen der Berufssituation. In M. Rothland (Hrsg.), *Belastung und Beanspruchung im Lehrerberuf. Modelle - Befunde - Interventionen* (S. 21-39). Wiesbaden: Springer VS.

Rotter, J. B. (1980). Interpersonal Trust, Trustworthiness, and Gullibility. *American Psychologist, 35,* 1-7.

Rubie-Davies, C. (2009). Teacher Expectations and Labeling. In L. J. Saha & A. G. Dworking (Eds.), *International Handbook of Research on Teachers and Teaching* (pp. 695-707). Springer, Boston, MA.

Rüedi, J. (2014). Zur Bedeutung positiver Beziehungen für die Klassenführung und den Umgang mit Unterrichtsstörungen. *Schulpädagogik Heute, 9,* 1-19.

Ruiz-Gallardo, J.-R., Verde, A. & Valdés, A. (2013). Garden-Based Learning: An Experience with »At Risk« Secondary Education Students. *The Journal of Environmental Education, 44,* 252-270.

Rutledge, S. A., Cohen-Vogel, L., Osborne-Lampkin, L. & Roberts, R. L. (2015). Understanding Effective High Schools. Evidence for Personalization for Academic and Social Learning. *American Educational Research Journal, 52,* 1060-1092.

Ruzek, E. A., Hafen, C. A., Allen, J. P., Gregory, A., Mikami, A. Y. & Pianta, R. C. (2016). How Teacher Emotional Support Motivates Students: The Mediating Roles of Perceived Peer Relatedness, Autonomy Support and Competence. *Learning and Instruction, 42,* 95-103.

Ryan, R. M. & Deci, E. L. (2017). *Self-Determination Theory: Basic Psychological Needs in Motivation, Development, and Wellness*. New York: Guilford Press.

von Salisch, M. (2013). *Peer-Beziehungen in der Ganztagsschule: Vielfalt, Entwicklung, Potential*. Lüneburg: Leuphana.

Salonen, P., Lehtinen, E. & Olkinuora, E. (1998). Expectations and Beyond: The Development of Motivation and Learning in a Classroom Context. In J. Brophy (Ed.), *Advances in Research on Teaching. Expectations in the Classroom* (pp. 111–150). Greenwich: JAI Press.

Sandring, S. (2013). *Schulversagen und Anerkennung. Scheiternde Schulkarrieren im Spiegel der Anerkennungsbedürfnisse Jugendlicher*. Wiesbaden: Springer VS.

Sauerwein, M. (2017). *Qualität in Bildungssettings der Ganztagsschule: Über Unterrichtsforschung und Sozialpädagogik*. Weinheim: Beltz Juventa.

Sauerwein, M. (2019). Partizipation in der Ganztagsschule – vertiefende Analysen. *Zeitschrift für Erziehungswissenschaft, 22*, 435–459.

Sauerwein, M. N. & Fischer, N. (2020). Qualität von Ganztagsangeboten. In P. Bollweg, J. Buchna, T. Coelen & H.-U. Otto (Hrsg.), *Handbuch Ganztagsbildung. Bd. 2* (S. 1523–1533). Wiesbaden: Springer VS.

Schaarschmidt, U. & Kieschke, U. (2013). Beanspruchungsmuster im Lehrerberuf. Ergebnisse und Schlussfolgerungen aus der Potsdamer Lehrerstudie. In M. Rothland (Hrsg.), *Belastung und Beanspruchung im Lehrerberuf. Modelle – Befunde – Interventionen* (S. 81–97). Wiesbaden: Springer VS.

Scheer, A. (2002). Subjektbildung in Anerkennungsverhältnissen. Über »soziale Subjektivität« und »gegenseitige Anerkennung« als pädagogische Grundidee. In B. Hafeneger, P. Henkenborg & A. Scheer (Hrsg.), *Pädagogik der Anerkennung. Grundlagen, Konzepte, Praxisfelder* (S. 26–44). Schwalbach/Ts.: Wochenschau Verlag.

Scheerens, J. (1990). School Effectiveness Research and the Development of Process Indicators of School Functioning. *School Effectiveness & School Improvement, 1*, 61–80.

Scheerens, J. & Bosker, R. (1997). *The Foundations of Educational Effectiveness*. Oxford: Pergamon.

Scherzinger, M., Roth, B. & Wettstein, A. (2019). Soziale Interaktionen in pädagogischen Beziehungen. Erfassung mit State Space Grids. In T. Ehmke, P. Kuhl & M. Pietsch (Hrsg.), *Lehrer. Bildung. Gestalten. Beiträge zur empirischen Forschung in der Lehrerbildung* (S. 314–324). Weinheim: Beltz Juventa.

Schiefele, U. & Schaffner, E. (2015). Motivation. In E. Wild & J. Möller (Hrsg.), *Pädagogische Psychologie* (S. 153–175). Berlin: Springer.

Schmitz, B. & Schmidt, M. (2007). Einführung in die Selbstregulation. In M. Landmann & B. Schmitz (Hrsg.), *Selbstregulation erfolgreich fördern. Praxisnahe Trainingsprogramme für effektives Lernen* (S. 9–18). Stuttgart: Kohlhammer.

Schmitz, E., Voreck, P., Hermann, K. & Rutzinger, E. (2006). *Positives und negatives Lehrerverhalten aus Schülersicht*. München: Lehrstuhl für Psychologie der TU München.

Schnotz, W. (2019). *Pädagogische Psychologie kompakt*. Weinheim: Beltz.

Schoneville, H. & Thole, W. (2009). Anerkennung – ein unterschätzter Begriff in der Sozialen Arbeit? *Soziale Passagen, 1*, 133–143.

Schultes, K., Petersen, K., van den Berk, I. & Stolz, K. (2016). Das Projekt »Hamburger Modell: Studierfähigkeit«. In I. van den Berk, K. Petersen, K. Schultes & K. Stolz

(Hrsg.), *Studierfähigkeit. Theoretische Erkenntnisse, empirische Befunde und praktische Perspektiven* (S. 23–24). Hamburg: Universität Hamburg.

Schulz v. Thun, F. (2015). Wahrhaftig und Klar. Mehr oder minder authentisch. *Praxis Kommunikation, 6*, 10–13.

Schüßler, I. (2004). Nachhaltiges Lernen – Einblicke in eine Längsschnittuntersuchung unter der Kategorie »Emotionalität in Lernprozessen«. *REPORT, 27*, 150–156.

Schwarzer, R. & Jerusalem, M. (2002). Das Konzept der Selbstwirksamkeit. *Zeitschrift für Pädagogik, Beiheft 44*, 28–53.

Schweer, M. (2008). Vertrauen und soziales Handeln – Eine differentialpsychologische Perspektive. In E. Jammal (Hrsg.), *Vertrauen im interkulturellen Kontext* (S. 13–26). Wiesbaden: VS Verlag für Sozialwissenschaften.

Schweer, M. (2017). Vertrauen im Klassenzimmer. In M. Schweer (Hrsg.), *Lehrer-Schüler-Interaktion. Inhaltsfelder, Forschungsperspektiven und methodische Zugänge* (S. 523–545). Wiesbaden: Springer VS.

Schweer, M. & Padberg, J. (2002). *Vertrauen im Schulalltag*. Neuwied: Luchterhand.

Schweer, M. & Thies, B. (2000). Situationswahrnehmung und interpersonales Verhalten im Klassenzimmer. In M. Schweer (Hrsg.), *Pädagogisch-psychologische Aspekte des Lehrens und Lernens in der Schule* (S. 59–78). Opladen: Leske & Budrich.

Schweer, M., Thies, B. & Lachner, R. P. (2017). Soziale Wahrnehmungsprozesse und unterrichtliches Handeln. In M. Schweer (Hrsg.), *Lehrer-Schüler-Interaktion. Inhaltsfelder, Forschungsperspektiven und methodische Zugänge* (S. 121–145). Wiesbaden: Springer VS.

Seitz, O. (1996). Zum Lehrerbild bei Hauptschülern. Ergebnisse einer Gesamterhebung bei Hauptschülern der neunten Jahrgangsstufe im Raum Nürnberg und Nürnberger Land. In W. Schumann (Hrsg.), *In der Hauptschule unterrichten: didaktische und pädagogische Aspekte in der Hauptschule* (S. 50–123). Bad Heilbrunn: Klinkhardt.

Seitz, S. (2020). Dimensionen inklusiver Didaktik – Personalität, Sozialität und Komplexität. *Zeitschrift für Inklusion online.* Zugriff am 20.07.2020. Verfügbar unter https://www.inklusion-online.net/index.php/inklusion-online/article/view/570.

Serke, B., Lütje-Klose, B., Kurnitzki, S., Pazen, C. & Wild, E. (2015). Gelingensbedingungen der sozialen Partizipation von Schülern und Schülerinnen mit Lernbeeinträchtigungen in inklusiven Grundschulklassen – ausgewählte Ergebnisse von Gruppendiskussionen in Lehrerkollegien. In I. Schnell (Hrsg.), *Herausforderung Inklusion – Theoriebildung und Praxis* (S. 253–268). Bad Heilbrunn: Klinkhardt.

Shernoff, D. J. & Vandell, D. L. (2007). Engagement in After-School Program Activities: Quality of Experience from the Perspective of Participants. *Journal of Youth and Adolescence, 36*, 891–903.

Silberman, M. (1969). Behavioral Expressions of Teachers' Attitudes Toward Elementary School Students. *Journal of Educational Psychology, 60*, 402–407.

Simon, T. (2019). Zum Inklusionsverständnis von FDQI-HU. In J. Frohn, E. Brodesser, V. Moser & D. Pech (Hrsg.), *Inklusives Lehren und Lernen. Allgemein- und fachdidaktische Grundlagen* (S. 21–27). Bad Heilbrunn: Klinkhardt.

Singer, K. (2009). *Die Schulkatastrophe. Schüler brauchen Lernfreude statt Furcht, Zwang und Auslese*. Weinheim: Beltz.

Skinner, E. A., Chi, U. & The Learning-Gardens Educational Assessment Group (2012). Intrinsic Motivation and Engagement as »Active Ingredients« in Garden-Based Edu-

cation: Examining Models and Measures Derived From Self-Determination Theory. *The Journal of Environmental Education, 43,* 16–36.
Smith, M. L. (1980). Teacher Expectations. *Evaluation in Education, 4,* 53–55.
Späth, J. F. & Jedrzejczyk, P. (2008). Operationalisierung von Vertrauen im interkulturellen Kontext. In E. Jammal (Hrsg.), *Vertrauen im interkulturellen Kontext* (S. 111–131). Wiesbaden: VS Verlag für Sozialwissenschaften.
Stadelmann, W. (2017). Was bleibt? Nachhaltiges Lernen als Ziel. *Profil, 17,* 7–12.
Stecher, L., Klieme, E., Radisch, F. & Fischer, N. (2009). Unterrichts- und Angebotsentwicklung – Kernstücke der Ganztagsschulentwicklung. In F. Prüß, S. Kortas & M. Schöpa (Hrsg.), *Die Ganztagsschule: von der Theorie zur Praxis. Anforderungen und Perspektiven für Erziehungswissenschaft und Schulentwicklung* (S. 185–201). Weinheim: Juventa.
StEG-Konsortium (2019). *Ganztagsschule 2017/2018. Deskriptive Befunde einer bundesweiten Befragung.* Frankfurt a. M.: DIPF u. a.
Steiner, C. & Fischer, N. (2011). Wer nutzt Ganztagsangebote und warum? *Zeitschrift für Erziehungswissenschaft, 14,* 185–203.
Stelling, S. (2018). *Schulisches Wohlbefinden von Kindern mit sonderpädagogischem Förderbedarf Lernen. Eine vergleichende Analyse in inklusiven Klassen und Förderschulklassen des dritten und vierten Jahrgangs.* Dissertation. Universität Bielefeld. Zugriff am 31.05.2021. Verfügbar unter https://pub.uni-bielefeld.de/record/2917002.
Stojanov, K. (2006). *Bildung und Anerkennung. Soziale Voraussetzungen von Selbst-Entwicklung und Wert-Erschließung.* Wiesbaden: VS Verlag für Sozialwissenschaften.
Sturm, T. (2013). (Re-)Produktion von Differenzen in unterrichtlichen Praktiken. *Schweizerische Zeitschrift für Bildungswissenschaften, 35,* 131–146.
Sturm, T. (2016). *Lehrbuch Heterogenität in der Schule.* München: Reinhardt.
Sturm, T., Wagener, B. & Wagner-Willi, M. (2020). Inklusion und Exklusion im Fachunterricht. Ambivalente Relationen in Schulformen der Sekundarstufe I. In I. van Ackeren, H. Bremer, F. Kessl, H.-C. Koller, N. Pfaff, C. Rotter, E. D. Kleine & U. Salaschek (Hrsg.), *Bewegungen – Beiträge zum 26. Kongress der Deutschen Gesellschaft für Erziehungswissenschaft* (S. 581–595). Opladen: Barbara Budrich.
Sutton, G. (2015). Extracurricular Engagement and the Effects on Teacher-Student Educational Relationship. *Journal of Initial Teacher Inquiry, 1,* 51–53.
Tausch, R. (2017). Personzentriertes Verhalten von Lehrern in Unterricht und Erziehung. In M. Schweer (Hrsg.), *Lehrer-Schüler-Interaktion. Inhaltsfelder, Forschungsperspektiven und methodische Zugänge* (S. 191–212). Wiesbaden: Springer VS.
Tausch, R. & Tausch, A. (1998). *Erziehungspsychologie.* Göttingen: Hogrefe.
Te Poel, K. (2020). Anerkennung und Beziehungen. Didaktische Umsetzungen? Anfragen ausgehend von theoretischen und empirischen Analysen zum Zusammenhang von Menschen- bzw. Schülerbild, Anerkennungshandeln und Lehrerhabitus. *Zeitschrift für Inklusion online.* Zugriff am 20.07.2020. Verfügbar unter https://www.inklusion-online.net/index.php/inklusion-online/article/view/571.
Teistler, N., Umlauft, S. & Wolgast, A. (2019). Die Erfassung von Lehrer-Schüler-Beziehungen: Ein Überblick zu bereits publizierten, deutschsprachigen Messinstrumenten. *Empirische Pädagogik, 33,* 456–490.
Tellisch, C. (2016). Inklusion braucht Kommunikation – Impulse für gelingende Inklusion in der Schule durch reflektierte, anerkennende Lehrer-Schüler-Interaktionen.

Zeitschrift für Inklusion online. Zugriff am 20.07.2020. Verfügbar unter https://www.inklusion-online.net/index.php/inklusion-online/article/view/339.

Tenenbaum, H. R. & Ruck, M. D. (2007). Do Teachers Hold Different Expectations for Ethnic Minority than for European-American Children? A Meta-Analysis. *Journal of Educational Psychology, 99,* 253–273.

Tenorth, H.-E. (2004). Lehrerarbeit – Strukturprobleme und Wandel der Anforderungen. In U. Beckmann, U. H. Brandt & H. Wagner (Hrsg.), *Ein neues Bild vom Lehrerberuf? Pädagogische Professionalität nach PISA* (S. 14–23). Weinheim: Beltz.

Terhart, E. (2011). Hattie, John. Visible learning. A synthesis of over 800 meta-analyses relating to achievement. London: Routledge, 2008. [Rezension]. *Zeitschrift für Pädagogik, 57,* 136–139.

Theis, D., Sauerwein, M. N. & Fischer, N. (2019). Perceived Quality of Instruction: The Relationship Among Indicators of Students' Basic Needs, Mastery Goals, and Academic Achievement. *British Journal of Educational Psychology, 90,* 176–192.

Thies, B. (2002). *Vertrauen zwischen Lehrern und Schülern.* Münster: Waxmann.

Thies, B. (2010). *Kognitive Repräsentationen in der Grundschule. Befunde zur Interaktionsregulation im Unterrichtsalltag.* Hamburg: Peter Lang.

Thies, B. (2014). Beziehungsgestaltung in der Schulklasse: Steigerung der Interaktionsqualität durch Vertrauen und Classroom Management. In C. Tillack, N. Fischer, D. Raufelder & J. Fetzer (Hrsg.), *Beziehungen in Schule und Unterricht. Teil 1. Theoretische Grundlagen und praktische Gestaltung pädagogischer Beziehungen* (S. 188–209). Immenhausen: Prolog-Verlag.

Thies, B. (2017). Forschungszugänge zur Lehrer-Schüler-Interaktion. In M. Schweer (Hrsg.), *Lehrer-Schüler-Interaktion. Inhaltsfelder, Forschungsperspektiven und methodische Zugänge* (S. 65–88). Wiesbaden: Springer VS.

Tillack, C., Fischer, N. & Kuhn, H. P. (2015). Hausaufgabenbetreuung in der Ganztagsschule – Soziale Unterstützung für Schülerinnen und Schüler mit Migrationshintergrund? *Zeitschrift für Grundschulforschung, 8,* 114–130.

Tillmann, K. (2020). Weiteres pädagogisch tätiges Personal an Ganztagsschulen. In P. Bollweg, J. Buchna, T. Coelen & H.-U. Otto (Hrsg.), *Handbuch Ganztagsbildung. Bd. 2* (S. 1379–1396). Wiesbaden: Springer VS.

Tillmann, K.-J. (2008). Die homogene Lerngruppe – oder: System jagt Fiktion. In H. Otto & T. Rauschenbach (Hrsg.), *Die andere Seite der Bildung. Zum Verhältnis von formellen und informellen Bildungsprozessen* (S. 33–39). Wiesbaden: VS Verlag für Sozialwissenschaften.

Trautmann, K. (2016). Anerkennung. Keine einfache Angelegenheit. *Pädagogik, 5,* 6–9.

Trautmann, M. & Lipkina J. (2020). Unterricht. In P. Bollweg, J. Buchna, T. Coelen & H.-U. Otto (Hrsg.), *Handbuch Ganztagsbildung. Bd. 2* (S. 1011–1022). Wiesbaden: Springer VS.

Tsai, Y.-M., Kunter, M., Lüdtke, O., Trautwein, U. & Ryan, R. M. (2008). What Makes Lessons Interesting? The Role of Situational and Individual Factors in Three School Subjects. *Journal of Educational Psychology, 100,* 460–472.

Tschannen-Moran, M. & Hoy, W. K. (2000). A Multidisciplinary Analysis of the Nature, Meaning, and Measurement of Trust. *Review of Educational Research, 70,* 547–593.

Uebach, W. (2016). *Praktikumsbericht.* Unveröffentlichtes Manuskript: Universität Kassel.

Ulich, K. (1983). *Schüler und Lehrer im Schulalltag. Eine Sozialpsychologie der Schule.* Weinheim: Beltz.

Ulich, K. (2001). *Einführung in die Sozialpsychologie der Schule.* Weinheim: Beltz.

United Nations (2008). Gesetz zu dem Übereinkommen der Vereinten Nationen vom 13. Dezember 2006 über die Rechte von Menschen mit Behinderungen sowie zu dem Fakultativprotokoll vom 13. Dezember 2006 zum Übereinkommen der Vereinten Nationen über die Rechte von Menschen mit Behinderungen vom 21. Dezember 2008. *Bundesgesetzblatt, 2008 Teil II* (35), 1419–1457.

Unterbrink, T., Zimmermann, L., Pfeifer, R., Wirsching, M., Brähler, E. & Bauer, J. (2008). Parameters Influencing Health Variables in a Sample of 949 German Teachers. *International Archives of Occupational and Environmental Health, 82,* 117–123.

Urton, K., Wilbert, J. & Hennemann, T. (2014). Der Zusammenhang zwischen der Einstellung zur Integration und der Selbstwirksamkeit von Schulleitungen und deren Kollegien. *Empirische Sonderpädagogik, 6,* 3–16.

Vansteenkiste, M., Ryan, R. M. & Soenens, B. (2020). Basic Psychological Need Theory: Advancements, Critical Themes and Future Directions. *Motivation and Emotion, 44,* 1–31.

Vansteenkiste, M., Sierens, E., Goossens, L., Soenens, B., Dochy, F., Mouratidis, A., Aelterman, N., Haerens, L. & Beyers, W. (2012). Identifying Configurations of Perceived Teacher Autonomy Support and Structure: Associations with Self-Regulated Learning, Motivation and Problem Behavior. *Learning and Instruction, 22,* 431–439.

Vodafone Stiftung (2015). *Was Eltern wollen. Informations- und Unterstützungswünsche zu Bildung und Erziehung.* Düsseldorf: Vodafone Stiftung Deutschland.

Walm, M., Schultz, C., Häcker, T. & Moser, V. (2017). »Diagnostik und Leistungsbewertung im Dienste des Lernens« – Theoretische Perspektiven auf ein inklusives Entwicklungsfeld. In A. Textor, S. Grüter, I. Schiermeyer-Reichl & B. Streese (Hrsg.), *Leistung inklusive? Inklusion in der Leistungsgesellschaft. Bd. II: Unterricht, Leistungsbewertung und Schulentwicklung* (S. 113–120). Bad Heilbrunn: Klinkhardt.

Wang, M. C., Haertel, G. D. & Walberg, H. J. (1993). Toward a Knowledge Base for School Learning. *Review of Educational Research, 63,* 249–294.

Weber, C., Winklhofer, U. & Bacher, J. (2008). Partizipation von Kindern in der Grund- und Sekundarschule. In C. Alt (Hrsg.), *Kinderleben – Individuelle Entwicklungen in sozialen Kontexten* (S. 317–343). Wiesbaden: VS Verlag für Sozialwissenschaften.

Weimer, M. (2002). *Learner-Centered Teaching: Five Key Changes to Practice.* San Francisco: John Wiley & Sons.

Weinert, F. E. (2014). Vergleichende Leistungsmessung in der Schule – eine umstrittene Selbstverständlichkeit. In F. E. Weinert (Hrsg.), *Leistungsmessung in Schulen* (S. 17–31). Weinheim: Beltz.

Weinstein, R. S. (2009). *Reaching higher.* Harvard University Press.

Weinstein, R. S., Marshall, H., Sharp, L. & Botkin, M. (1987). Pygmalion and the Student: Age and Classroom Differences in Children's Awareness of Teacher Expectations. *Child Development, 58,* 1079–1093.

Wentzel, K. R. & Brophy, J. E. (2014). *Motivating Students to Learn.* New York: Routledge.

Werning, R. (2011). Inklusive Pädagogik – Eine Herausforderung für die Schulentwicklung. *Lernende Schule, 14,* 4–8.

Werning, R. & Löser, J. M. (2010). Inklusion: aktuelle Diskussionslinien, Widersprüche und Perspektiven. *Die Deutsche Schule, 102,* 103–114.

Wigfield, A. & Eccles, J. (2000). Expectancy-Value Theory of Achievement Motivation. *Contemporary Educational Psychology, 25,* 68–81.

Wittern, J. & Tausch, A. (1983). Personzentrierte Haltungen und Aktivitäten von Lehrern und seelische Lebensqualität ihrer Schüler im Unterricht. *Psychologie in Erziehung und Unterricht, 30,* 128–134.

Wohlfarth, D., Sheras, D., Bennett, J. L., Simon, B., Pimentel, J. H. & Gabel, L. E. (2008). Student Perceptions of Learner-Centered Teaching. *Insight: A Journal of Scholarly Teaching, 3,* 67–74.

Wysujack, V. (2020). *Interaktive Handlungsweisen von Lehrpersonen unter anerkennungstheoretischer Perspektive.* Berlin: Springer VS.

Zurbriggen, C. & Venetz, M. (2016). Soziale Partizipation und aktuelles Erleben im gemeinsamen Unterricht. *Empirische Pädagogik, 30,* 98–112.